NEUKIRCHENER

W0207650

Matthias Freudenberg /
Georg Plasger (Hg.)

# Calvin-Lesebuch

2. Auflage 2009

Neukirchener

© 2008 – 2. Aufl. 2009
Neukirchener Verlag
Neukirchener Verlagsgesellschaft mbH, Neukirchen-Vluyn

Umschlaggestaltung: Andreas Sonnhüter, Düsseldorf
Umschlagabbildung: istockphoto
Druckvorlage: Dorothee Schönau
Gesamtherstellung: Hubert & Co., Göttingen
Printed in Germany
ISBN 978-3-7887-2305-7



Bibliografische Information der Deutschen Nationalbibliothek

Die Deutsche Nationalbibliothek verzeichnet diese Publikation in der Deutschen Nationalbibliografie; detaillierte bibliografische Daten sind im Internet über http://dnb.d-nb.de abrufbar.

# Vorwort

Mit Johannes Calvin (1509–1564) begegnet uns eine herausragende Persönlichkeit der Reformation des 16. Jahrhunderts. Durch ihn wurden in aller Welt Kirchen und der Glaube vieler einzelner Menschen geprägt. Dabei ist die Annäherung an Calvin bis heute durch Missverständnisse, Fehldeutungen und konfessionelle Polemik erschwert. Dazu gehört auch die Behauptung, dass sich seine in der Tat komplexen theologischen Gedanken nur wenigen Experten erschließen. Um diesem Eindruck entgegenzutreten und zu einer Lektüre seiner Schriften anzuregen, legen wir zum Calvin-Jubiläumsjahr 2009 dieses Calvin-Lesebuch vor. Wer Calvin als Theologen sowie als Zeugen des Evangeliums und seiner Zeit kennenlernen möchte, kann ihn nun selbst lesen. Calvin zu lesen heißt: sich ihm so zu nähern, wie er selbst verstanden werden will – als biblisch denkender Theologe mit Aufmerksamkeit für die Lebenssituationen der Menschen. Inmitten des Facettenreichtums seiner Texte tritt immer wieder ein Grundgedanke zu Tage: »Wir sind nicht unsere eigenen Herren. Wir sind Gottes Eigentum« (Inst. III,7,1). Dieser sich an Paulus orientierende Grund-Satz nimmt sowohl Gottes Wahl des Menschen aufgrund seiner Güte als auch die Inanspruchnahme des Menschen für ein Leben nach Gottes Gebot in den Blick. Gott im Leben und im Sterben anzugehören, bedeutet nach Calvin konkret, in der Gemeinschaft mit Jesus Christus zu leben und sich mit anderen zu seiner Gemeinde zu versammeln. In zwölf Kapiteln leitet das Lesebuch dazu an, wesentliche Aspekte von Calvins Persönlichkeit und von seinem theologischen Denken wahrzunehmen.

Calvin hat mehr als 100 Schriften, zahlreiche Predigten und Briefe, Kommentare zu den meisten biblischen Büchern und das umfangreiche Hauptwerk »Institutio Christianae Religionis« verfasst. Ein Lesebuch herzustellen heißt, auszuwählen und das Risiko einzugehen, zahlreiche zentrale Schriften auszublenden. Wer möchte, sei zum Weiterlesen in anderen greifbaren Ausgaben eingeladen. Hinter der Textauswahl steht eine doppelte Überlegung: Einerseits sollen über Abschnitte aus der »Institutio« hinaus auch Gedanken aus Calvins Bibelauslegungen, Katechismen und der Kirchenordnung präsentiert werden; hinzu treten Passagen aus kleineren Schriften, Predigten und Briefen. Zum anderen schien es uns ratsam, diese Abschnitte im Zusammenhang und ohne viele Kürzungen zu präsentieren. Fußnoten am Ende jedes Kapitels und das Quellenverzeichnis am Schluss geben Aufschluss über die Herkunft der Texte. Diese haben wir an einigen Stellen behutsam dem heutigen Sprachgebrauch angeglichen und in die neue Rechtschreibung übertragen. Bibelstellen des Originaltextes sind in runde Klammern, ergänzte Bibelangaben in eckige Klammern gesetzt.

Wir danken für die Erstellung der Druckvorlage Dorothee Schönau im Wissenschaftlichen Sekretariat der Kirchlichen Hochschule Wuppertal/Bethel sowie Tabea Brandenberg, Tabina Höver und Sarah Tabea Huland für die Texterfassung und das Korrekturlesen. Dem Neukirchener Verlag danken wir für die Aufnahme des Lesebuchs in das Verlagsprogramm und Ekkehard Starke für die verlegerische Betreuung des Projektes.

Mit dem Lesebuch verbinden wir die Hoffnung, dass Calvins Gedankenreichtum weit über das Jubiläumsjahr 2009 hinaus zum Nachdenken anregt und zur eigenen theologischen Verortung einlädt.

Wuppertal/Siegen, im Juni 2008 *Matthias Freudenberg*
*Georg Plasger*

# Inhalt

# 1 Der Reformator Johannes Calvin

Relativ selten bringt Calvin sein eigenes Leben zur Sprache. Die wichtigste Quelle für eine solche biografische Reflexion ist seine »Vorrede zum Psalmenkommentar« von 1557. Von ihr fällt ein Licht auf sein Selbstverständnis als Prediger und Anwalt des Evangeliums von der Gerechtigkeit und Barmherzigkeit Gottes. Er macht darauf aufmerksam, dass jeder in den Psalmen ein Spiegelbild seiner inneren Regungen finden kann. Die Psalmen bieten den Menschen einen Identifikationsrahmen für ihren Seelenzustand. Von hier aus lenkt Calvin den Blick auf seine eigene Person. Er entdeckt in König David, der seit alters her als Autor der Psalmen gilt, sein eigenes Leben und das der bedrängten Kirche wieder. Sein Leben bringt er nicht um seiner selbst Willen zur Sprache, sondern als Bühne, auf der Gott Regie führt. Das Verständnis von Gott als Autor des eigenen Lebens erweist seine besondere Kraft im Bestehen von Grenzerfahrungen. Diese erfährt Calvin in seinen Auseinandersetzungen um den Aufbau der Genfer Kirche (von 1536 bis 1538 und nach einer unfreiwilligen Unterbrechung seit 1541) und schließlich ein letztes Mal existenziell in der Erwartung seines Todes. Hier formuliert er 1564 ein Testament und verabschiedet sich erst 55jährig von seinen Kollegen im Pfarramt. Seine krankheitsbedingten Leiden deutet er als Hinweise auf die Begrenztheit des menschlichen Lebens und gibt ihnen den pädagogischen Sinn, sich beim dreieinigen Gott bergen zu können. Calvins Erkenntnis, dass ihm eine Grenze gesetzt ist, mündet nicht in Resignation, sondern in das Vertrauen auf Gott, dem er sich im Leben und im Sterben zugehörig weiß.

### *Leben zu Gottes Ehre* (Brief an Farel, 1542)[1]

Mein gleichsam mit Beschlag belegtes Herz gebe ich dem Herrn als Opfer hin. Deshalb brauchst du aber nicht zu argwöhnen, das wären nur Worte. Die Unseren [= die Straßburger] geloben nichts, was nicht aus dem Herzen kommt. Ich selbst bezeuge nichts anderes, als dass sie ohne Rücksichtnahme auf meine Person ausfindig machen, was am ehesten der Ehre Gottes und dem Nutzen der Kirche diene. Wenn auch nicht sehr geschickt, so bin ich doch um Ausreden nicht verlegen, mit Hilfe derer ich heimlich entschlüpfen könnte, so dass ich leicht bei den Menschen entschuldigt wäre, als stünde die Sache nicht durch mich so [schlecht]. Aber ich weiß wohl, dass ich mit Gott selbst umgehe, der Winkelzüge dieser Art erkennt. Deshalb habe ich meinen überwundenen und gebundenen Geist dem Gehorsam gegen Gott unterworfen. Und weil ich meinem Eigendenken nicht traue, übergebe ich mich der Führung von denjenigen, durch die hoffentlich der Herr selbst mit mir sprechen will.

### *Im Streit für die Wahrheit Christi* (Widmung der Institutio, 1536)[2]

Dem mächtigen und hochberühmten Herrscher Franz, Frankreichs allerchristlichstem König, den er als seinen Fürsten und Herrn zu ehren hat, entbietet Johannes Calvin Friede und Heil in Gott dem Herrn.
Als ich zum ersten Mal Hand an dieses Werk [= die Institutio] legte, dachte ich an nichts weniger, hervorragendster König, als an die Abfassung einer Schrift, die Eurer Majestät einmal überreicht werden sollte. Ich hatte mir nur vorgenommen, einige Grundbegriffe vorzutragen, um all die zu wahrer Frömmigkeit heranzubilden, die heute von religiösem Eifer ergriffen sind. Und diese mühevolle Arbeit wollte ich hauptsächlich für unsere Franzosen auf mich nehmen, von denen sehr viele, wie ich sah, nach Jesus Christus hungern und dürsten, sehr wenige aber auch nur mit den bescheidensten Kenntnissen ausgerüstet sind. Dass ich mir dies zum Ziel gesetzt habe, dafür spricht das Buch selbst, ist es doch auf eine möglichst einfache und elementare Form der Lehre zugeschnitten.
Dann aber musste ich wahrnehmen, dass die Verblendung einiger böswilliger Leute in Eurem Reich ein solches Maß angenommen hat, dass es für die gesunde Lehre dort keinen Raum mehr gibt. So schien es mir der Mühe wert zu sein, mit ein und demselben Werk denen eine Unterweisung zu geben, die zu unterrichten ich mir in erster Linie vorgenommen hatte, und zugleich Euch gegenüber ein Bekenntnis unseres Glaubens abzulegen, das Euch ein Urteil über die Art unserer Lehre erlaubt, gegen die jene Verblendeten mit einer solchen Wut entbrannt sind, dass sie heute mit Feuer und Schwert euer Reich durcheinander bringen. Denn ich gestehe ohne Scheu: Ich habe hier nahezu die Summe eben jener Lehre zusammengefasst, die diese Leute, hört man auf ihr Geschrei, mit Gefängnis, Verbannung, öffentlicher Achtung, ja mit dem Feuertod bestrafen und zu Land und Wasser ausrotten wollen. Ich weiß wohl, welch schreckliche Beschuldigungen man an euer Ohr und Herz herangetragen hat, um Euch unsere Sache so verhasst wie nur möglich zu machen. Doch muss Eure Sanftmut und Milde Euch auch dies zu erwägen gebieten: Wenn schon die bloße Erhebung der Anklage genügen sollte, dann wird es keine Unschuld mehr geben, weder in Worten noch in Taten.
Gewiss könnte jemand, um Euch missgünstig zu stimmen, nun argumentieren, diese Lehre, von der ich Euch Rechenschaft abzulegen versuche, sei längst durch die Stimmen aller Stände verurteilt und durch öffentlichen Entscheid vieler Gerichte zu Boden geschlagen. Doch sagte er damit nichts weiter, als dass sie teils durch Parteilichkeit und Macht unserer Gegner gewaltsam niedergeworfen, teils durch Lügen, Täuschungsmanöver und Verleumdungen hinterhältig, ja betrügerisch unterdrückt worden ist. Es ist nackte Macht und Gewalt, ohne Verhör Bluturteile gegen eine Sache zu fällen; es ist Betrug und Verrat, ihr, ohne dass sie's verdient, Aufruhr und Frevel nachzusagen. Damit niemand glaube, wir führten zu Unrecht über diese Dinge Klage: Ihr selbst, edelster König, könnt unser

Zeuge sein, mit welch lügenhaften Verdrehungen sie Tag für Tag bei Euch vorgeführt wird, als hätte sie nichts anderes im Auge, als alle Königreiche und Verfassungen umzustürzen, den Frieden zu untergraben, alle Gesetze abzuschaffen, Herrschaftsgebiete und Besitztümer zu zerstückeln, kurz, alle Dinge auf den Kopf zu stellen. Und doch ist das, was Ihr hört, ja nur der allerkleinste Teil. Schreckliche Dinge nämlich werden unters Volk gestreut. Wären sie wahr, die ganze Welt müsste diese Lehre und ihre Urheber mit Fug und Recht des tausendfachen Feuer- und Kreuzestodes für würdig erachten.

Wer mag sich da noch wundern, dass der Hass der Öffentlichkeit gegen sie entbrannt ist, wo man all diesen noch so absurden Anschuldigungen Glauben schenkt? Das ist's, weshalb sich alle Stände einmütig in der Verurteilung unserer Person und Lehre zusammenfinden und verschwören! Von dieser Gesinnung angesteckt und fortgerissen verkünden die bestellten Richter Urteile, die sie als Vorurteile schon von zu Hause mitgebracht haben, und glauben, ihre Pflicht schon dann ordnungsgemäß zu erfüllen, wenn sie niemanden aufs Schafott führen lassen, es sei denn, er wäre durch sein eigenes Geständnis oder durch zuverlässige Zeugenaussagen überführt. Aber welches Verbrechens? Dieser verdammten Lehre, behaupten sie. Aber mit welchem Recht verdammt? Das wäre doch die Aufgabe der Verteidigung: nicht die Lehre als Ganze abzuleugnen, sondern sie als wahr in Schutz zu nehmen! Hier aber wird uns die Möglichkeit, auch nur den Mund aufzutun, abgeschnitten. Darum ist es keine unbillige Forderung von mir, Ihr möget, unbesiegbarer König, von dieser Sache vollständig Kenntnis nehmen. Denn bisher ist sie nur ganz verworren und ohne jedes rechtliche Verfahren, mehr mit ohnmächtiger Leidenschaft als maßvoll und mit dem gesetzlich gebotenen Ernst verhandelt worden.

Glaubt nicht, es komme mir dabei auf meine persönliche Verteidigung an, um für mich selbst eine wohlbehaltene Rückkehr in mein Vaterland zu erwirken. Auch wenn ich mit aller einem Menschen zustehenden Liebe an ihm hänge, kann ich es, wie die Dinge jetzt stehen, doch ohne große Beschwerde entbehren. Nein, es ist die gemeinsame Sache aller Frommen, ja Christi selbst, die ich führe. Sie liegt heute in Eurem Reich auf alle erdenkliche Weise zerrissen und niedergetreten in einem bejammernswerten Zustand am Boden, freilich weit mehr durch die Tyrannei einiger Pharisäer als mit Eurem Wissen und Wollen. Es trägt jedoch nichts aus, hier darzustellen, wie das gekommen ist; gewiss ist: Sie liegt schwer geschlagen am Boden. So weit nämlich haben die Gottlosen es gebracht, dass die Wahrheit Christi, wenn sie nicht schon verjagt und zerstreut zugrunde gegangen ist, sich wie begraben und keiner Beachtung wert verbergen muss, und dass vollends die arme Kirche, durch grausames Morden ausgezehrt, durch Verbannung vertrieben oder durch Drohungen und Terror eingeschüchtert, nicht einmal mehr den Mund aufzutun wagt. Und selbst jetzt noch rennen sie wie gewohnt mit Irrsinn und Ver-

bissenheit kräftig gegen die schon wankende Mauer an und stürzen sich auf die Trümmer, die sie geschlagen haben. Niemand tritt unterdessen auf den Plan, der sich mit seinem Schutz solchem Wüten entgegenstellte. Und wenn schon einige Leute den Anschein erwecken wollen, sie seien der Wahrheit besonders gewogen, dann plädieren sie dafür, mit dem Irrtum und Unverstand wenig erfahrener Menschen Nachsicht zu üben. Ja, so reden sie, nennen Irrtum und Unverstand, was doch die gewisseste Wahrheit Gottes ist, nennen unerfahrene Leute, die unser Herr immerhin der Geheimnisse seiner himmlischen Weisheit für wert gehalten hat. So sehr schämen sich alle des Evangeliums.
An Euch aber ist es, huldreichster König, Ohren und Herz einer derart berechtigten Schutzschrift nicht zu verschließen, zumal eine so wichtige Sache auf dem Spiel steht: wie nämlich Gottes Ehre auf Erden unangetastet bleiben, wie Gottes Wahrheit ihr Ansehen behalten, wie das Reich, für Christus wohlverwahrt und geschützt, unter uns Bestand haben soll. Diese Sache ist Eures Gehörs wohl wert, wert Eurer gerichtlichen Klärung, wert Eures Richterstuhls, so gewiss den wahren König das Bewusstsein ausmacht, in der Verwaltung seines Reiches Gottes Diener zu sein. Denn wer zu einem anderen Zweck regiert, als damit Gottes Ehre zu dienen, der übt nicht Herrschaft aus, sondern Räuberei. Auch täuscht sich selbst, wer für sein Reich dauerhaftes Gedeihen erwartet, es sei denn, es werde mit Gottes Zepter, das heißt mit seinem heiligen Wort regiert, kann doch der Spruch des Himmels nicht hinfällig werden, in dem es heißt: »Wo die Weissagung aufhört, wird das Volk sich zerstreuen« (Spr 29,18).

### *Calvins Arbeitsbelastung* (Brief an Farel, 1539)[3]

Ich erinnere mich nicht, dieses ganze Jahr einen Tag gehabt zu haben, an dem ich mehr mit allerlei Geschäften überhäuft gewesen wäre als heute. Denn da dieser Bote auch den Anfang meines Werkes mitnehmen wollte, musste ich noch etwa zwanzig Seiten Manuskript durchlesen. Dazu musste ich Vorlesung halten und predigen, vier Briefe schreiben, einige Streitigkeiten schlichten, mehr als zehn Besuchern Rede stehen. Entschuldige also, wenn ich kurz und ungenau von allem schreibe.

### *Im Einsatz für die Reformation* (Antwort an Kardinal Sadolet, 1539)[4]

Vor nicht langer Zeit habt Ihr Euch in einem Schreiben mit dem versucherischen Ansinnen an Rat und Bürgerschaft von Genf gewandt, ob sie es nicht übers Herz brächten, sich wieder dem abgeschüttelten Joch des römischen Papstes zu unterwerfen. In diesem Schreiben habt Ihr – weil es ja nicht förderlich wäre, Leute unnötig zu verletzen, deren Gunst Ihr braucht, um zum Ziel zu kommen – genau das getan, was ein guter Redner tun muss. Ihr habt sie mit einer Menge Schmeicheleien zu umgarnen versucht, um sie auf Eure Seite zu locken. Was sich an Missgunst und Bitterkeit aufgestaut hatte, habt Ihr auf die abgewälzt, deren Arbeit es zu verdanken ist, dass sie sich von dieser Tyrannei lossagten. Und da fahrt Ihr, so weit es Gott zulässt, mit geschwellten Segeln auf die Männer los, die diese Stadt mit ihren falschen Künsten unter dem Vorwand des Evangeliums in die von Euch beklagten Religions- und Kirchenwirren gestoßen haben. Ich selbst, Sadolet, bekenne mich nun als einen von denen, auf die Ihr mit solcher Feindschaft losstürmt und dreinschlagt. Zwar bin ich erst dorthin berufen worden, als der [neue] Gottesdienst schon eingeführt und die äußere Gestalt der Kirche gebessert war. Dennoch habe ich alles, was Farel und Viret aufgebaut haben, nicht nur durch ausdrückliche Zustimmung gebilligt, sondern mich auch bemüht, es nach Kräften zu erhalten und zu festigen, und kann daher keine von der ihren verschiedene Sache vertreten. Hätte es sich nur um eine persönliche Beleidigung gehandelt, so würde ich Euch das um des Ansehens Eurer Gelehrsamkeit und Bildung willen wahrhaftig gerne nachsehen. Da ich aber mein Amt, das sich – woran ich nicht zweifle – unverbrüchlich auf Gottes Berufung gründet, auf meiner Seite tödlich getroffen sehe, wäre es Treulosigkeit und nicht Nachsicht, wollte ich hier schweigen und kein Aufhebens davon machen.

In jener Gemeinde habe ich zuerst das Lehramt, später auch das Amt eines Pastors wahrgenommen. Dass ich dieses Wirkungsfeld übernahm, verteidige ich mit vollem Recht mit meiner ordnungsgemäßen Berufung. Mit welchem Maß an Glaube und Frömmigkeit ich es versehen habe, das wortreich darzulegen, besteht jedoch kein Anlass. Ich will mir keinerlei Scharfblick, Bildung, Klugheit oder Gewandtheit, ja nicht einmal Sorgfalt zuschreiben. Dass ich aber mit der Lauterkeit, die Gottes Werk wohl ansteht, hier tätig gewesen bin, dessen bin ich mir vor dem Angesicht meines Richters Christus und vor all seinen Engeln bewusst, und alle redlichen Menschen stellen mir hierhin ein glänzendes Zeugnis aus. Wenn es also feststeht, dass dieser Dienst vom Herrn stammt – und das tritt gewiss klar zu Tage, sobald man den Streitfall nur untersucht –, ich aber ihn schweigend von Euch zerpflücken und verdächtigen lassen wollte: Wer müsste ein solches Schweigen nicht als Pflichtvergessenheit verurteilen? Das also sieht jeder, dass ich durch den unwiderstehlichen Zwang meines Amtes gebunden bin und unmöglich darum herumkomme, mich Euren Anschuldigungen entgegenzustellen, wenn ich meine von Gott mir übertragene Arbeit nicht in offenkundiger Fahnenflucht im Stich lassen und verraten wollte. Wenn ich freilich im Augenblick von der Verwaltung der Genfer Kirche freigestellt bin, so darf das noch nicht dazu führen, dass ich sie nicht weiterhin mit väterlicher Liebe umsorgte; denn hat Gott mich einmal an ihre Spitze gestellt, so hat er meine Treue für immer an sie gebunden. Wohlan denn, wo ich sehe, wie dieser Kirche, deren Heil mir Gott über alles auf die Seele gebunden hat, ernsthafteste Nachstellungen bereitet werden und ihr schwere Gefahr droht, wenn sich niemand dazwischen wirft: Wer darf mir da den Rat geben, ich solle – schweigend und in Sicherheit – ihren Tod abwarten? Was für Sorglosigkeit – ich bitte Euch – gehörte denn dazu, tatenlos und sozusagen gähnend beim Untergang eines Menschen einzunicken, dessen Leben zu schützen und zu erhalten man auf dem Posten stehen soll! Doch jedes weitere Reden dürfte hier ganz überflüssig sein, da Ihr selbst mich aller Schwierigkeit enthebt. Denn wenn schon eine nicht gerade nahe Nachbarschaft ein solches Gewicht für Euch hat, dass Ihr Eure freundliche Gesinnung den Genfern gegenüber öffentlich bezeugen wollt und dabei ohne Bedenken mich und meinen Ruf mit solchem Ungestüm angreift, dann wird man mir schon aus menschlichem Anstand das Recht zugestehen, in der Sorge für das öffentliche Wohl einer Bürgerschaft, die mir durch ein ganz anderes Recht als das der Nachbarschaft anbefohlen ist, Euren Plänen und Anläufen ins Wort zu fallen, die ohne Zweifel auf ihr Verderben zielen. Überdies, um auf die Genfer Kirche einmal so gut wie keine Rücksicht zu nehmen – obwohl ich mir die Sorge um sie gewiss nicht weniger vom Hals schaffen kann als die um meine eigene Seele – und so von diesem Eifer ganz unbeeinflusst zu sein: Dürfte ich es denn unbesehen hinnehmen, wenn gleichwohl mein Dienst, der mir, wie ich weiß, doch von Christus aufgetragen ist und für den ich darum im Notfall mit dem eigenen Blut einstehen muss, zu Unrecht dem Spott preisgegeben und geschmäht wird?

So jedenfalls müssen nicht nur billig denkende Leser urteilen, sondern auch Ihr selbst, Sadolet, müsst bereitwillig anerkennen, dass mich viele – und was für berechtigte! – Gründe dazu nötigen, in diesen Kampf einzusteigen, wenn anders die schlichte, bescheidene Verteidigung meiner Unschuld gegen Eure verleumderischen Anschuldigungen ein Kampf genannt werden darf. Meiner Unschuld, sage ich, obgleich ich meine Sache nicht führen kann, ohne zugleich meine Amtsbrüder mit einzuschließen, da ich mit ihnen in allen Überlegungen, die die Gemeindeleitung betreffen, in einer Weise verbunden bin, dass ich gerne auf mich nehme, was immer man über sie gesagt haben mag. Die Gesinnung aber, in der ich diesen Streit mit Euch aufnehme, möchte ich – es ist der Mühe wert – auch in seinem ganzen Verlauf unter Beweis stellen und bewähren. Ich will dafür sorgen, dass jedermann erkennt, wie ich Euch nicht nur durch Qualität und Recht der Sache, durch ein gutes Gewissen, ein lauteres Herz und aufrichtige Rede weit überlegen bin, sondern mich auch beträchtlich maßvoller erzeige, indem ich Milde und Bescheidenheit nicht außer Acht lasse. Es wird freilich mancherlei geben, was Euren Übermut sticht oder gar schwer verletzt. Doch will ich mir Mühe geben, dass kein zu rauer Ton über meine Lippen kommt, es müsste denn die Ungerechtigkeit Eurer Anklage, die mich zuerst angriff, oder der Zwang der Sache selbst ihn mir abpressen. Doch selbst dann soll diese Schroffheit ein bestimmtes Maß an Hitze und Leidenschaft nicht überschreiten oder auch nur mit einem Schein von Unverschämtheit aufrichtige Gemüter beleidigen.

### *Verhalten bei Streitigkeiten* (Brief an Myconius, 1542)[5]

Mir liegt so viel am öffentlichen Frieden und der Eintracht, dass ich mich selbst sehr zusammennehme. Selbst die Feinde werden gezwungen, dieses Lob mir zuzugestehen. Freiwillig werden täglich auch einige von den Feinden zu Freunden, andere ziehe ich freundlich an mich und empfinde dabei auch einigen Fortschritt, wenn er auch nicht überall gelingt. Als ich ankam, konnte ich mit großem Beifall unsere Gegner in Harnisch bringen und mit vollen Segeln gegen jene ganze Gruppe vorgehen, die uns verletzt hatte. Ich habe davon Abstand genommen. Ich könnte, wenn es mir gefiele, jeden Tag nicht nur ungestraft, sondern mit dem Beifall Vieler Tadel aussprechen. Ich unterlasse das, ja ich fliehe so etwas unter äußerster Zurückhaltung, damit ich nicht durch ein Wörtlein irgendjemanden verunglimpfe, schon gar nicht alle zu gleicher Zeit. Der Herr möge mich in dieser Denkart bestärken.

### *In Kämpfe verstrickt* (Brief an d'Enzinas, 1552)[6]

Farel und Viret waren zehn ganze Tage hier, und ich baue darauf, dass sie unsere Geduld reichlich bezeugen werden. Denn sie haben gesehen, wie viel traurige Erfahrungen, die nur uns angehen, wir still übergehen, wie viel Beschimpfungen wir hinunterschlucken, wie viel Sünden wir verzeihen. Aber vieles kann ich nicht zugeben, ohne treulos Christus und die mir von ihm anvertraute Herde zu verraten. So brauchst du fortan nicht zu erschrecken, wenn du auch in Zukunft von meinen Kämpfen hörst. Nur eins bitte ich dich, halte mich nicht für so ehrgeizig, dass ich aus eigener Begier die Feinde und den Kampf suche. Nichts wäre mir lieber als ruhige, wissenschaftliche Arbeit, wenn mir nur der, unter dessen Kommando ich diene, Freiheit dazu gäbe. Übrigens – um dir offen zu sagen, was ich denke – es hat mich sehr gewundert, warum du gerade Hedio auswählst und mir als Vorbild zeigst. Deine Sorglosigkeit in dieser Wahl macht, dass du mich nicht dazu bringst, zu tun, was du möchtest.

### *König David als Vorbild* (Vorrede zum Psalmenkommentar, 1557)[7]

[Wir erfahren in den Psalmen] nicht nur, dass uns ein Weg des Vertrauens zu Gott offen steht, sondern dass wir auch unsere Schwächen, die wir aus Scham den Menschen nicht eingestehen möchten, vor ihm offen bekennen dürfen. Ebenfalls finden wir hier regelrechte Anweisungen, wie wir Gott das Dankopfer, das ihm nach seinen Worten am kostbarsten und von angenehmstem Duft ist, gebührend darbringen sollen. Nirgendwo sonst kann man von einer größeren Fülle glänzender Lobeshymnen der einzigartigen Güte Gottes gegenüber der Kirche und allen seinen Werken lesen. Nirgendwo sonst werden so viele Befreiungstaten erzählt oder so herrliche Zeugnisse seiner väterlichen Vorsehung und Fürsorge uns gegenüber vorgetragen. Schließlich erfahren wir nirgendwo sonst ausführlicher über die Art und Weise, wie wir Gott loben sollen, oder werden stärker dazu ermuntert, unsere Pflichten als Gläubige zu erfüllen. Obwohl dieses Buch so voll ist an Vorschriften, wie man ein heiliges, frommes und gerechtes Leben führen soll [vgl. Tit 2,12], lehrt es uns doch in der Hauptsache, das Kreuz zu tragen. Dies ist die rechte Bewährung unseres Gehorsams, wenn wir unseren eigenen Neigungen den Abschied geben, uns Gott unterwerfen und unser Leben so von seinem Willen lenken lassen, dass auch die schwersten Lasten uns angenehm werden, weil sie von ihm selber kommen. Schließlich werden [hier] nicht nur Loblieder auf Gottes Güte im Allgemeinen angestimmt, um fromme Gemüter anzuleiten, allein bei ihm zur Ruhe zu kommen, so dass sie in aller Not von ihm sichere Hilfe erwarten: Vielmehr wird uns die Vergebung der Sünden aus Gnade, die uns allein mit Gott versöhnt und uns Ruhe und Frieden mit ihm verschafft, so ans Herz gelegt, dass uns nichts zur Erkenntnis des ewigen Heils fehlt.

Wenn im Übrigen die Arbeit, die ich auf diese Kommentierungen verwendet habe, für die Leser nützlich ist, sollen sie wissen: Meine reichlichen Erfahrungen aus den Kämpfen, in denen der Herr mich auf die Probe gestellt hat, haben mir gehörig dabei geholfen, nicht nur die von mir [in den Psalmen] entdeckte Lehre für die Gegenwart nutzbar zu machen, sondern auch einen möglichst freien Weg gebahnt zu finden, um die Absicht der einzelnen Verfasser der Psalmen zu erkennen. Da unter diesen David der Wichtigste ist, hat es mir zum Verständnis seiner Klagen über die inneren Missstände der Kirche erheblich genützt, dass ich dasselbe oder Ähnliches, was er beklagt, von den inneren Feinden der Kirche erlitten habe. Auch wenn ich sehr weit hinter ihm zurückstehe, nur langsam und unter großer Mühe nach den vielen Leistungen strebe, durch die er sich auszeichnete, und noch an ganz anderen Fehlern leide, scheue ich mich dennoch nicht, das zu vergleichen, was ich mit ihm gemeinsam habe. Zwar habe ich beim Lesen der Zeugnisse seines Glaubens, seiner Geduld, seines Eifers, seines Zorns und seiner Redlichkeit mit Recht ungezählte Seufzer ausgestoßen, dass wir einander so unähnlich sind. Trotzdem hat es mir sehr genützt, [bei ihm] wie in einem Spiegel sowohl die Anfänge meiner Berufung als auch den weiteren Verlauf meiner Tätigkeit zu erblicken. Umso sicherer musste ich erkennen, dass alles, was dieser herausragende König und Prophet ertragen hat, mir [als Vorbild] zur Nachahmung gegeben wurde.

Es ist gleichgültig zu erwähnen, wie viel niedriger meine Stellung ist. Doch wie [David] von den Schafweideplätzen fort zur höchsten Königswürde erhoben wurde, hat Gott mich aus meinen dunklen und geringen Anfängen emporgehoben und mich mit dem so ehrenvollen Amt betraut, Verkündiger und Diener des Evangeliums zu sein. Mein Vater hatte mich schon als kleinen Jungen zum [Studium] der Theologie bestimmt. Als er aber sah, dass die Rechtswissenschaft die, die sich ihr verschrieben haben, in aller Regel reicher macht, bewegte ihn diese Aussicht plötzlich zur Änderung seines Plans. So kam es, dass ich vom Studium der Philosophie abgebracht wurde und zur Rechtswissenschaft wechselte. So sehr ich dem Willen meines Vaters gehorsam war und versuchte, mich diesem Studium treu zu widmen, so hat doch Gott schließlich durch den verborgenen Zügel seiner Vorsehung meinen Weg in eine andere Richtung gelenkt.

Zunächst aber war ich dem Aberglauben des Papsttums so hartnäckig erlegen, dass es nicht leicht war, mich aus diesem tiefen Sumpf herauszuziehen. Darum hat [Gott] mein trotz seiner Jugend schon recht starres Herz durch eine unerwartete Bekehrung zur Gelehrsamkeit gebracht. Erfüllt vom Geschmack an wahrer Frömmigkeit, entbrannte ich in einem solchen Eifer, darin Fortschritte zu machen, dass ich die übrigen Studien zwar nicht fallen ließ, wohl aber ziemlich nachlässig betrieb. Noch war kein Jahr vergangen, da kamen alle, die nach der reinen Lehre verlangten, zu mir, dem Neuling und Anfänger, um zu lernen. Von Natur aus schüchtern, habe ich die Zurückgezogenheit und Ruhe stets geschätzt und deshalb danach gestrebt, im Verborgenen zu leben. Das ist mir aber so wenig vergönnt gewesen, dass aus jedem Versteck gleichsam eine öffentliche Schule wurde. Während es meine einzige Absicht war, unbeachtet in Ruhe leben zu können, hat Gott mich so von Ort zu Ort getrieben, dass er mich nirgends Ruhe finden ließ, bis ich meinem Widerstand zum Trotz ins helle Licht [der Öffentlichkeit] gezogen wurde. Ich verließ mein Vaterland und reiste nach Deutschland in der Absicht, in irgendeinem verborgenen Winkel versteckt meine mir seit langem versagte Ruhe zu genießen.

Doch siehe, als ich mich unerkannt in Basel verborgen hielt, wurden in Frankreich viele fromme Leute verbrannt und, weil die Scheiterhaufen bei den Deutschen überall für große Empörung sorgten, niederträchtige verlogene Büchlein verbreitet, um diese [Empörung] zu dämpfen: [Darin hieß es,] nur Wiedertäufer und Unruhestifter seien so grausam verfolgt worden, die durch ihre verkehrten Ansichten nicht nur die Religion, sondern auch die gesamte öffentliche Ordnung zerstören wollten. Meiner Auffassung nach wurden [diese Lügen] vom [französischen] Hof in die Welt gesetzt, um einerseits durch die fälschliche Beschuldigung der heiligen Märtyrer das schändliche Vergießen unschuldigen Blutes zu vertuschen, und um andererseits später weiter morden zu können, ohne dadurch Mitleid anderer zu erregen. Würde ich dazu schweigen, träfe mich – so meinte ich – der Vorwurf des Verrats, es sei denn, ich träte dem nach Kräften entgegen. Aus diesem Grund habe ich meinen Unterricht [in der christlichen Religion] geschrieben: erstens, um meine Brüder, deren Tod in den Augen des Herrn so viel galt, gegen eine ungerechte Verleumdung zu verteidigen; zweitens, um für die vielen Verfolgten, denen dieselbe Strafe drohte, wenigstens etwas Mitleid und Anteilnahme im Ausland zu wecken. Allerdings war das damals [noch] nicht das umfangreiche und mühevoll ausgearbeitete Werk, das jetzt vorliegt, sondern nur ein kurzes Handbuch zu dem einzigen Zweck, den Glauben derer zu bezeugen, die nach meinem Eindruck von gottlosen und niederträchtigen Schmeichlern in verbrecherischer Weise verleumdet wurden.

Dass es nicht in meiner Absicht lag, mir damit einen Namen zu machen, geht deutlich aus meiner baldigen Abreise [aus Basel] hervor, zumal dort niemand wusste, dass ich der Verfasser war. Auch andernorts habe ich das stets verschwiegen und geplant, von diesem Verhalten nicht abzuweichen. Dann aber wurde ich in Genf nicht in erster Linie durch einen Rat oder eine Ermahnung, sondern vielmehr durch eine furchtbare Beschwörung Wilhelm Farels festgehalten, als ob Gott vom Himmel her seine starke Hand auf mich gelegt hätte. Weil ich auf direktem Weg nach Straßburg reisen wollte, [dieser Weg] mir aber durch Kriegshandlungen verschlossen war, entschied ich mich dafür, rasch durch [Genf] zu ziehen und nicht länger als eine Nacht in der Stadt zu bleiben. Durch das Wirken dieses hervorragenden Mannes und Pierre Virets war hier vor kurzem das Papsttum abgeschafft worden. Noch aber waren die Verhältnisse ungeordnet und die Stadt in schlimme und gefährliche Parteien gespalten. Ein Mann, der nach schändlichem Abfall wieder ins Lager der Papstanhänger zurückgekehrt ist, sorgte sofort für die Offenlegung meiner Identität. Farel aber – von unglaublichem Eifer zur Verbreitung des Evangeliums beseelt – richtete alle Anstrengungen beharrlich darauf, mich dazubehalten. Als er sah, dass ich mich in aller Stille dem Privatstudium hingeben wollte, und erkannte, dass er durch Bitten nichts bei mir erreichen konnte, ließ er sich zu einem Fluch hinreißen: Gott möge meine Ruhe verwünschen, wenn ich mich in einer solchen Notlage der Hilfeleistung entziehe. Dieser Schrecken erschütterte mich derart, dass ich die begonnene Reise nicht fortsetzte. Da mir meine Schüchternheit und Ängstlichkeit bewusst waren, verpflichtete ich mich nicht zur Übernahme eines bestimmten Amtes.

Kaum waren vier Monate vergangen, da griffen uns von der einen Seite die Wiedertäufer an und von der anderen Seite ein böser Abweichler, der auf die geheime Unterstützung einiger Adliger vertraute und uns viel Mühe bereiten konnte. Unterdessen suchten uns Unruhen in der Stadt heim, eine nach der anderen, die eigenartigerweise nicht abrissen. Ich, der ich von Natur aus einen ängstlichen, weichen und zarten Charakter habe, wie ich gestehen muss, geriet schon gleich zu Anfang in die Zwangslage, mich solchen wilden Fluten auszusetzen. Auch wenn ich in ihnen nicht unterging, legte ich doch keinen ausgesprochen großen Mut an den Tag. Daher habe ich mich über meine Verbannung inmitten dieser Wirren mehr, als es recht gewesen wäre, gefreut.

Gelöst und frei von der Fessel dieser Berufung hatte ich beschlossen, als Privatmann ein ruhiges Leben zu führen. Doch da berief mich der ausgezeichnete Diener Christi Martin Bucer erneut durch eine ähnliche Beschwörung, wie sie Farel gebraucht hatte, auf einen neuen Posten zurück. Erschreckt durch das Beispiel des Jona [Jona 1,1–16], das er mir vorgehalten hatte, setzte ich meine Lehrtätigkeit fort. Auch wurde ich, obwohl ich mir immer treu blieb und jedes Erregen von Aufsehen vermied, ohne zu wissen, wie es dazu kam, zu Reichstagen hinzugezogen, wo ich – ob ich es wollte oder nicht – unvermeidlich in das Blickfeld vieler Leute trat. Später, als sich der Herr über die Stadt [Genf] erbarmte, die Unruhen erstickte und mit seiner wunderbaren Macht verbrecherische Pläne und blutige Unternehmungen vereitelte, drängte sich gegen meinen Herzenswunsch die Notwendigkeit auf, meinen früheren Posten wieder einzunehmen. Wenn mir auch das Wohl dieser Kirche so am Herzen lag, dass ich mich nicht geweigert hätte, für sie den Tod auf mich zu nehmen, legte mir doch meine Furchtsamkeit eine bunte Mischung von Entschuldigungsgründen nahe, mir eine so schwere Last ungern erneut aufzuhalsen. Schließlich aber siegten mein Pflichtgefühl und meine Treue, so dass ich zu der Herde zurückkehrte, von der ich gewaltsam fortgerissen worden war. Mit welcher Trauer, unter wie viel Tränen und in welcher Angst [ich das getan habe]: Dafür ist Gott mein bester Zeuge und viele fromme Leute, die gewünscht hätten, dass mir diese Last erspart geblieben wäre, wenn sie nicht dieselbe Befürchtung, die auf mir lastete, auch gebunden hätte.

Es wäre eine lange Geschichte, wenn ich erzählen wollte, mit wie viel Kämpfen mich [Gott] seit dieser Zeit geplagt und mit welchen Prüfungen er mich auf die Probe gestellt hat. Um aber die Leser nicht mit nutzlosem Gerede zu langweilen, wiederhole ich jetzt nur kurz, was ich schon oben angesprochen habe. Ich erfuhr großen Trost darin, dass David mir durch seine Spuren den Weg gewiesen hat. Denn die Philister und andere äußere Feinde haben diesen heiligen König durch ständige Kriege zermürbt, aber noch schwerer kränkte ihn die Bosheit und Niedertracht treuloser Menschen in seinem eigenen Reich. Ebenso habe ich, von allen Seiten angegriffen, fast keinen Augenblick Ruhe gehabt vor äußeren oder inneren Kämpfen. Da der Teufel auf vielfältige Weise und oft versucht hat, die Ordnung dieser Kirche zu zerstören, kam es schließlich dazu, dass ich – unkriegerisch und ängstlich wie ich bin – unter Einsatz meines eigenen Leibes tödliche Zusammenstöße verhindern musste. Ganze fünf Jahre lang mussten wir ununterbrochen kämpfen, um die Kirchenzucht aufrecht zu erhalten, da böse Menschen mit allzu großer Macht und auch ein Teil des Volkes, der durch ihre Verlockungen verdorben war, eine zügellose Freiheit propagierten. Diesen Weltmenschen, welche die himmlische Lehre verachteten, war es gleichgültig, ob die Kirche unterging, wenn sie nur die [von ihnen] angestrebte Macht bekamen, um so zu leben, wie es ihnen gerade gefiel. Viele trieb auch Hunger und Armut, andere maßloser Ehrgeiz oder schnödes Streben nach Gewinn zu dem Wahn, alles durcheinander zu bringen und sich selber lieber mit uns zugrunde zu richten, als sich der Ordnung zu fügen. Ich gehe davon aus, dass sie in dieser langen Zeitspanne kaum etwas von dem ausgelassen haben, was in der Werkstatt des Teufels üblicherweise hergestellt wird. Erst ihre schmähliche Niederlage konnte ihren dreisten Machenschaften ein Ende bereiten, was aber auch für mich ein trauriges Schauspiel war. Denn obwohl sie jede Strafe verdient hatten, wäre es mir doch lieber gewesen, wenn sie heil und unversehrt geblieben wären. Das hätte auch geschehen können, wenn sie sich nicht gegen jeden vernünftigen Rat gesperrt hätten.

Diese fünf Jahre andauernde Prüfung war für mich hart und beschwerlich. Ebenso sehr quälte mich aber ihre Bosheit, da sie nicht aufhörten, mich und meinen Dienst mit gewaltigen Verleumdungen zu bekämpfen. Wenn auch die Mehrheit von ihnen so sehr vom Wunsch verblendet war, mich zu schmähen, dass sie ihre Frechheit alsbald ohne jede Scham zeigten, und andere ihre Schlauheit nicht davor bewahrte, überführt zu werden und sich auf der ganzen Linie zu blamieren, empörte mich doch aufs Schlimmste, ertragen zu müssen, dass eine Anschuldigung, von der man schon hundertmal entlastet wurde, immer wieder neu ohne allen Grund erhoben wurde. Weil ich lehrte, dass die Welt durch Gottes geheimnisvolle Vorsehung regiert wird, begehrten freche Leute dagegen auf und behaupteten, dass ich auf diese Weise Gott zum Urheber der Sünde gemacht habe. Diese haltlose Verleumdung wäre, wenn sie keine bereitwilligen Hörer gefunden hätte, leicht in sich zusammengefallen. Aber Eifersucht, Neid, Undankbarkeit und Bosheit nahmen die Herzen vieler für sich ein, so dass sie vor keiner noch so verkehrten und verrückten Lüge zurückschreckten. Andere legten es darauf an, die ewige Vorherbestimmung Gottes, welche die Verworfenen von den Erwählten scheidet, umzustürzen. Wieder andere machten sich zu Anwälten des freien Willens. Bald schon zog weniger Unwissenheit als vielmehr ein mir unbegreiflicher verkehrter Eifer viele auf ihre Seite. Wären es offenkundige Feinde gewesen, die mich belästigten, hätte ich es noch ertragen können. Sie haben sich aber unter dem Namen »Bruder« verborgen und aßen nicht nur das heilige Brot Christi, sondern haben es auch anderen ausgeteilt, und rühmten sich auch noch lauthals, Prediger des Evangeliums zu sein: Wie abscheulich ist es doch, dass sie so böse Kriege [gegen mich] führen? Da konnte ich wahrlich mit vollem Recht wie David klagen: »Der Mensch, dem ich vertraute und mit dem ich mein Brot teilte, trat mich unter die Füße.« (Ps 41,10). Und wiederum Psalm 55,14[f.]: »Mein Freund und Gefährte, der mit mir zum Tempel Gottes pilgerte, mit dem ich mich einvernehmlich beraten habe, hat mich wie ein Feind mit Beschimpfungen angegriffen.«

Die einen verbreiten alberne Gerüchte über mein Vermögen, die anderen über meine gewaltige Macht. Von wieder anderen wird mein Luxusleben hervorgehoben – dabei bin ich doch mit einer einfachen Lebensweise und gewöhnlicher Kleidung zufrieden. Kann man den für allzu luxuriös halten, der auch von den einfachsten Leuten kein größeres Maßhalten verlangt, als er es selber an den Tag legt? Wenn diejenigen, die meine Macht beneiden, doch selber einmal in meiner Position wären! Denn sie meinen, dass die Arbeitslast, von der ich erdrückt werde, für mich ein Königreich sei. Wenn ich einige zu meinen Lebzeiten nicht davon überzeugen kann, dass ich nicht reich bin, so wird mein Tod das dann ja offenbaren. Allerdings räume ich ein, dass ich keineswegs arm bin, da ich nicht nach mehr verlange, als [für mich] ausreichend ist. Obwohl diese Lügen ohne jede Substanz sind, finden sie doch bei vielen Leuten deshalb Beifall, weil die meisten Menschen darin das einzige Mittel sehen, um die eigenen Fehler zu verdecken, wenn Schwarz und Weiß vermischt werden. [Auch erhofft man sich,] dass dies der beste Weg sei, um straflos und in Willkür zu leben, wenn sie das Ansehen der Diener Christi zerstören. Dazu kommen noch auf Beifall bedachte Komödianten, über die sich [schon] David in Psalm 35,16 beklagt. Damit [meine ich] nicht nur Schmarotzer, sondern alle, die sich durch falsche Verdächtigungen bei den Mächtigen einschmeicheln.

Auch wenn ich schon längst an solches um sich greifendes Unrecht gewöhnt und beinahe schon dagegen abgehärtet bin, kann es trotzdem geschehen, dass ich, wenn ihre Frechheit zunimmt, gelegentlich doch von ihren verletzenden Stichen getroffen werde. Aber es blieb nicht dabei, von den eigenen Nachbarn so unmenschlich behandelt zu werden, sondern auch von der Nordsee her hat irgendein Unwetter eine Schar von Nichtsnutzen gegen mich in Stellung gebracht. Ich meine damit auch innere Feinde der Kirche, die sich [zwar] herrlich des Evangeliums Christi rühmen, [aber] noch heftigere Angriffe als die Feinde gegen mich vortragen, weil ich ihre grobschlächtige Auffassung vom fleischlichen Essen Christi nicht teile. Von ihnen möchte ich auch mit David sagen: »Während ich auf Frieden aus bin, fangen sie Krieg an.« (Ps 120,7). Nun zeigt sich schon darin die ungeheuere Undankbarkeit all dieser Leute, dass sie einen Mann, der sich unablässig bei der Verteidigung der gemeinsamen Sache abmüht und dem sie hätten beistehen sollen, von der Seite angreifen und ihm in den Rücken fallen. Wahrlich, hätten sie nur eine Spur von menschlichem Anstand, dann müsste schon die Wut der Anhänger des Papstes, die sich mit maßlosem Angriff gegen mich richtet, selbst ihren größten Hass [gegen mich] stillen.

Auch David war einmal in derselben Lage. Obwohl er sich große Verdienste um sein Volk erworben hatte, hassten ihn doch viele grundlos, wie er in Psalm 69,5 beklagt: »Ich soll bezahlen, was ich nicht geraubt habe.« Wenn ich nun ohne Anlass vom Hass derer angegriffen werde, deren Pflicht es wäre, mich zu unterstützen, war es für mich ein großer Trost, dass ich mich an ein so hervorragendes Vorbild halten kann. Diese Erfahrung bedeutete für mich eine große Hilfe beim Verstehen der Psalmen, um nicht wie ein Fremder in einem unbekannten Land zu wandeln. Wenn ich mich nicht irre, werden auch die Leser merken, dass ich bei der

Erklärung der geheimen Gedanken Davids und aller anderen wie von persönlichen Erfahrungen rede.
Weiter habe ich mich ernsthaft darum bemüht, diesen Schatz zum gemeinsamen Nutzen aller Glaubenden zu heben. Wenn ich auch nicht erreicht habe, was ich wollte, verdient wenigstens mein Versuch Anerkennung. Ich beanspruche jedoch nichts weiter, als dass jeder gerecht und offen mein Werk nach dem Nutzen und der Frucht beurteilt, die er daraus gewinnt. Was ich gesagt habe, wird sicher die Lektüre selber deutlich zeigen: Ich war keinesfalls darauf aus zu gefallen, es sei denn, soweit ich [meinen Lesern] von Nutzen sein könnte. Deshalb war ich immer auf eine schlichte Lehrweise bedacht und habe, um jede Wichtigtuerei zu vermeiden, von Widerlegungen [gegenteiliger Deutungen] möglichst Abstand genommen, obwohl sich hier ein weites Feld auftut, um Beifall zu ernten. Gegenteilige Deutungen habe ich nur dann erwähnt, wenn die Gefahr bestand, dass durch ihr Verschweigen die Leser im Zweifel und verwirrt zurückgelassen würden. Ich weiß wohl, welch großer Reiz für viele darin liegt, wenn ich eine umfangreiche Masse Stoff angehäuft hätte, um mir ein glänzendes Ansehen zu verschaffen. Mir aber lag mehr daran, für den Aufbau der Kirche zu sorgen. Gebe Gott, der mir dieses Wollen gab, dass ihm nun auch der Erfolg entspreche!

### *Letzter Wille* (Calvins Testament, 1564)[8]

Im Namen Gottes. Ich, Johannes Calvin, Diener an Gottes Wort in der Kirche von Genf, fühle mich von verschiedenen Krankheiten so zerschlagen, dass ich nicht anders denken kann, als dass Gott mich bald aus dieser Welt heimholen will, und habe mich deshalb entschlossen, ein Testament und eine Äußerung meines Letzten Willens schriftlich aufsetzen zu lassen in folgender Form: Zuerst danke ich Gott, dass er Mitleid gehabt hat mit mir, seiner armen Kreatur, und hat mich herausgezogen aus dem Abgrund des Götzendienstes, in dem ich steckte, um mich ans Licht des Evangeliums zu ziehen und mich teilhaben zu lassen an der seligmachenden Lehre, deren ich nicht wert war; er hat auch seine Barmherzigkeit weiter walten lassen und hat mich getragen mit allen meinen Fehlern und Schwachheiten, mit denen ich hunderttausendmal verdient hätte, von ihm verworfen zu werden. Und nicht nur das, sondern noch mehr: Er hat seine Gnade an mir so weit gehen lassen, dass er mich und meine Arbeit zur Förderung und Verkündigung der Wahrheit seines Evangeliums brauchte. So erkläre ich, dass ich leben und sterben will in diesem Glauben und keine andere Hoffnung und Zuversicht habe als darauf, dass er mich aus Gnaden angenommen hat, worauf all meine Seligkeit beruht; ich nehme die Gnade an, die er mir in unserem Herrn Jesus Christus erwiesen hat, und stütze mich auf das Verdienst seines Leidens und Sterbens, auf dass dadurch alle meine Sünden begraben seien; auch bitte ich

ihn, er wolle mich waschen und reinigen durch das Blut dieses unseres großen Erlösers, das vergossen worden ist für alle armen Sünder, damit ich erscheinen könne vor seinem Angesicht, sein Bild an mir tragend.
Ich erkläre auch, dass ich nach dem Maß der Gnade, die er mir verliehen hat, mich bemüht habe, sein Wort rein zu lehren in Predigten und Schriften und die Heilige Schrift getreulich auszulegen. Auch habe ich in allen Streitigkeiten, die ich mit den Feinden der Wahrheit durchzufechten hatte, nie Hinterlist noch Sophisterei gebraucht, sondern bin stets ehrlich vorgegangen in der Verteidigung seiner Sache. Aber ach, das Wollen, das ich hatte, und mein Eifer, wenn ich so sagen darf, waren so kalt und feige, dass ich mich recht schuldig fühle in allem und überall, und wäre nicht seine unendliche Güte, so wäre all mein leidenschaftliches Streben nichts als Rauch gewesen; ja, die Gnadengaben, die er mir verliehen, machten mich nur noch schuldiger; so bleibt meine Zuflucht, dass er der Vater der Barmherzigkeit ist und sich auch als der Vater eines so elenden Sünders zeigen und erweisen wird.
Im Übrigen ist mein Wunsch, dass mein Leib nach meinem Tod begraben werde auf die gewöhnliche Weise, und so will ich auf den Tag der seligen Auferstehung warten. Was nun die Anordnungen über das bisschen Hab und Gut betrifft, das mir Gott gegeben hat, so ernenne und setze ich ein als meinen einzigen Erben meinen herzlich geliebten Bruder, Antoine Calvin, jedoch nur ehrenhalber, indem ich ihm von Rechts wegen den Becher hinterlasse, den ich von Herrn de Varennes erhalten habe, und ihn bitte, sich damit zufriedenzugeben; dessen bin ich ja auch gewiss, weil er weiß, dass ich das nur deshalb tue, damit das wenige, das ich hinterlasse, seinen Kindern verbleibe. Danach vermache ich der Akademie zehn Taler und der Stipendienstiftung für arme Fremde ebensoviel. Ebenso der Jeanne, Tochter des Charles Costan und meiner Stiefschwester von väterlicher Seite, die Summe von zehn Talern. Dann den Söhnen meines oben genannten Bruders, Samuel und Jean, meinen Neffen, jedem vierzig Taler. Und meinen Nichten Anne, Susanne und Dorothee jeder dreißig Taler. Dagegen meinem Neffen David, ihrem Bruder, vermache ich, weil er leichtsinnig und flatterhaft gewesen ist, nur fünfundzwanzig Taler als Strafe.
Das ist im Ganzen alles Gut, das mir Gott gegeben hat, nach dem, wie ich es bestimmen und schätzen konnte nach dem Wert meiner Bücher sowie der Möbel, des Hausrats und alles übrigen. Wenn sich jedoch noch mehr fände, so soll es unter meine genannten Neffen und Nichten verteilt werden, wobei David nicht ausgeschlossen sein soll, wenn ihm Gott die Gnade gibt, fortan sich maßvoller und gesetzter zu benehmen. Doch glaube ich, es wird diese Verteilung nicht mehr viel Schwierigkeit machen, besonders wenn meine Schulden gezahlt sind, womit ich meinen Bruder beauftragt habe; auf ihn verlasse ich mich dabei und ernenne ihn zum Vollstrecker dieses Testaments, zusammen mit dem hochansehnlichen Herrn Laurent de Normandie; ich gebe ihnen Vollmacht, das In-

ventar aufzunehmen ohne weitere gerichtliche Förmlichkeit und meinen Hausrat zu verkaufen, um Geld daraus zu machen und zu erhalten zur Ausführung des in diesem Testament am 25. April 1564 niedergelegten Inhalts. So ist es. Johannes Calvin.

### *Abschied mit Stil* (Abschiedsrede an die Genfer Pfarrer, 1564)[9]

Meine Brüder, weil ich Euch etwas über den Zustand nicht nur dieser Kirche, sondern auch über den vieler anderer gleichsam von ihr abhängigen Kirchen zu sagen habe, wird es gut sein, mit einem Gebet zu beginnen. So wird Gott mir die Gnade zuteil werden lassen, alles ohne Ehrgeiz zu sagen, sondern stets den Blick auf seine Ehre zu lenken und weiterhin dafür zu sorgen, dass sich ein jeder von Euch das merken und zunutze machen kann, was ich nun sagen werde.
Es könnte so scheinen, als ob ich mich zu sehr in den Vordergrund stelle und es mir nicht derart schlecht geht, wie ich glauben machen möchte. Aber ich versichere Euch, dass ich mich, so sehr ich mich schon früher überaus elend gefühlt habe, dennoch niemals in einem solchen schwachen Zustand befunden habe, wie es jetzt der Fall ist. Wenn man mich anfasst, um mich einfach nur auf das Bett zu legen, werde ich bewusstlos und falle sofort in Ohnmacht. Ferner leide ich unter einer Kurzatmigkeit, die mich immer mehr erdrückt. Ich bin in jeder Hinsicht das Gegenteil von anderen Kranken: Wenn sie sich dem Tod nähern, schwindet ihnen ihr Verstand, und sie werden verwirrt. Ich bin wahrlich ziemlich benommen, aber es hat den Anschein, dass Gott meine ganzen Geisteskräfte gleichsam in mir zurückhält und einschließt. Ich glaube freilich, dass mir das Sterben sehr wohl Mühe bereiten und ziemlich schwer fallen wird. Weiter könnte ich die Fähigkeit zu sprechen verlieren, obwohl mein Verstand jetzt noch klar ist. Schließlich habe ich auch [in meinem Testament] erklärt und zum Ausdruck gebracht, was man nach meinem Willen mit mir machen soll. Bevor Gott mich zu sich nimmt, wollte ich darum noch gerne zu Euch sprechen. Nicht, dass ich meinte, Gott könnte nicht anders mit mir verfahren. Doch wäre es verwegen von mir, seinen Ratschluss ergründen zu wollen.
Als ich zum ersten Mal in diese Kirche kam, war so gut wie nichts vorhanden. Man predigte, und das war schon alles. Man suchte wohl nach Götzenbildern und verbrannte sie. Aber es gab keine Reformation. Alles befand sich in einem wüsten Durcheinander. Der gute Meister Wilhelm Farel war da und dann der blinde Courault, der nicht blind geboren, sondern in Basel erblindet ist. Darüber hinaus war noch Antoine Saunier zugegen und der schöne Prediger Froment, der seine Schürze abgelegt hat, auf die Kanzel stieg und dann wieder in sein Geschäft zurückkehrte, wo er über die Leute herzog und insofern doppelt predigte. Ich habe hier unter erstaunlichen Kämpfen mein Leben verbracht: Um Spott mit mir

zu treiben, wurde ich abends vor meiner Türe mit fünfzig oder sechzig Arkebusenschüssen begrüßt. Was meint ihr, wie das einen armen und furchtsamen Schüler, wie ich es damals war und – ich gestehe es ein – immer gewesen bin, erschrecken musste?
Bald darauf wurde ich [1538] aus dieser Stadt verjagt und zog nach Straßburg, von wo aus ich nach einiger Zeit [1541] wieder zurückgerufen wurde. Als ich der Ausführung meiner Aufgabe nachkommen wollte, hatte ich indes nicht weniger Mühe als vorher. Man hat die Hunde hinter mir hergehetzt und geschrien: »Fass, fass!«, und sie haben nach meinem Rock und nach meinen Beinen geschnappt. Ich ging in den Rat der Zweihundert, als man sich gegenseitig bekämpft hat, und hielt die anderen zurück, die auch dorthin gehen wollten, aber dort nichts zu suchen hatten. Und wenn sie sich auch damit gebrüstet haben, alles so gemacht zu haben wie Nicolas de Gallars, befand ich mich schon dort. Und als ich hineinging, sagte man zu mir: »Mein Herr, gehen Sie fort! Auf Sie haben wir es nicht abgesehen!« Ich erwiderte ihnen: »Das werde ich nicht tun! Los, Ihr Frevler, tötet mich, und mein Blut wird über Euch kommen, und diese Bänke werden es selbst von Euch fordern!« So war ich persönlich bei den Kämpfen anwesend, und Ihr werdet die Erfahrung machen, dass nicht geringere, sondern noch größere bevorstehen. Denn Ihr lebt in einem verkehrten und verdorbenen Volk, und wenn es auch gute Leute darunter gibt, so ist das Volk doch verkehrt und böse. Ihr werdet mit ihm zu tun bekommen, wenn Gott mich hinweggenommen hat. Denn obwohl ich eigentlich nichts weiß, so weiß ich doch, dass ich dreitausend Aufläufe verhindert habe, die andernfalls in Genf stattgefunden hätten. Aber fasst Mut und bleibt stark, denn Gott wird sich dieser Kirche bedienen und sie am Leben erhalten, und ich versichere Euch, dass Gott sie bewahren wird.
Ich habe viele Schwächen gehabt, die Ihr ertragen musstet, und all das, was ich getan habe, ist im Grunde nichts wert. Die schlechten Menschen werden diesen Ausspruch gewiss ausschlachten. Aber ich sage noch einmal, dass all mein Tun nichts wert ist und ich eine elende Kreatur bin. Ich kann allerdings wohl von mir sagen, dass ich das Gute gewollt habe, dass mir meine Fehler immer missfallen haben und dass die Wurzel der Gottesfurcht in meinem Herzen gewesen ist. Und Ihr könntet sagen, dass mein Bestreben gut gewesen ist. Darum bitte ich Euch, dass Ihr mir das Schlechte verzeiht. Wenn es aber auch etwas Gutes gegeben hat, so richtet Euch danach und folgt ihm nach.
Was meine Lehre betrifft, habe ich treu gelehrt, und Gott hat mir die Gnade des Schreibens erwiesen, was ich so gewissenhaft getan habe, wie es mir möglich gewesen ist. Keine einzige Stelle der Schrift habe ich wissentlich verdreht oder falsch ausgelegt. Ich hätte wohl Scharfsinn beweisen können, wenn ich es auf Spitzfindigkeit angelegt hätte. Aber ich habe dies alles mit Füßen getreten und mich immer um die einfache Rede bemüht. Gegenüber niemandem habe ich jemals irgendetwas aus Hass ge-

schrieben, sondern immer das treu vorgebracht, was nach meiner Ansicht der Ehre Gottes dient.

Was unseren Zustand im Inneren betrifft, habt Ihr Herrn von Beza gewählt, um an meine Stelle zu treten. Achtet darauf, ihn zu entlasten, denn die Belastung ist groß, kostet Mühe und hat ein solches Ausmaß, dass man unter dieser Bürde eigentlich zu Boden gedrückt werden müsste. Darum achtet darauf, ihn zu entlasten. Von ihm weiß ich, dass er guten Willens ist und das tun wird, was er kann.

Jeder möge die Pflicht im Auge haben, die er nicht nur gegenüber der Kirche, sondern auch gegenüber der Stadt hat. Dieser habt Ihr versprochen, ihr ebenso im Unglück wie im Glück zu dienen. Auf diese Weise möge jeder seiner Berufung gerecht werden und nicht versuchen, sich seiner Aufgabe zu entziehen und untätig zu sein. Denn wenn Menschen im Untergrund verschwinden, um [dem öffentlichen Geschehen] zu entwischen, wird man in der Tat wohl sagen, dass sie sich keine Gedanken darüber gemacht und für keine Sache Mühe aufgewendet haben. Darum schaut auf die Verpflichtung, die Ihr vor Gott habt.

Achtet weiter darauf, dass kein Streit und keine bösen Worte zwischen Euch aufkommen, wie Ihr Euch manchmal schon gegenseitig mit beißendem Spott überzogen habt. Das kann gut sein, wenn es im Scherz gesprochen wird. Aber das Herz wird dabei doch Verbitterung empfinden, und insofern ist dies alles wertlos und keineswegs christlich. Darum sollte man sich davor hüten und stattdessen in gutem Einvernehmen und in aufrichtiger Freundschaft miteinander leben.

Folgenden Punkt habe ich noch vergessen: Ich bitte Euch auch, nichts zu verändern oder etwas Neues einzuführen. Oft verlangt man nach Neuerungen. Ich habe diesen Wunsch nicht aus dem Ehrgeiz heraus, dass meine Einrichtungen fortbestehen und man sie beibehält, ohne etwas Besseres anzustreben, sondern darum, weil alle Änderungen gefährlich sind und bisweilen Schaden anrichten.

---

1 Brief an Wilhelm Farel vom 24.10.1542, in: Johannes Calvin 1509–1564. Eine Gabe zu seinem 400. Todestag, hg. v. *J. Rogge*, Berlin 1963, 141.

2 Widmungsschreiben der Institutio (1536), in: CStA 1.1,66–73.

3 Brief an Wilhelm Farel vom 20.4.1539, in: Briefe I,111f.

4 Antwort an Kardinal Jacob Sadolet (1539), in: CStA 1.2,346–353.

5 Brief an Oswald Myconius vom 14.3.1542, in: Johannes Calvin 1509–1564. Eine Gabe zu seinem 400. Todestag, hg. v. *J. Rogge*, Berlin 1963, 145.

6 Brief an Francesco d'Enzinas vom Dez. 1552, in: Briefe II,618.

7 Vorrede zum Psalmenkommentar vom 22.7.1557, in: CStA 6,22–41.

8 Calvins Testament vom 25.4.1564, in: Briefe III,1279–1281.

9 Abschiedsrede an die Genfer Pfarrer vom 28.4.1564, in: CStA 2,297–301.

# 2 Gott und sich selbst erkennen

In Calvins Theologie spielt die Frage der Erkenntnis eine zentrale Rolle. Die Institutio beginnt mit dem Satz, dass alle menschliche Weisheit in der Gottes- und Selbsterkenntnis besteht. Die Selbsterkenntnis ist bei Calvin vor allem die Erkenntnis der eigenen Sünde, die Gotteserkenntnis besteht in der unfassbaren Zuwendung Gottes. Beide verweisen aufeinander und stehen in Wechselwirkung zueinander, so dass Calvin nicht allein den Weg von der Sündenerkenntnis zur Gotteserkenntnis geht, sondern auch umgekehrt. Dabei ist Erkenntnis nicht allein kognitiv zu verstehen, sondern ist Ausdruck der Beziehung zwischen Mensch und Gott. Diese verwirklicht sich, wie vor allem der Abschnitt aus dem Genfer Katechismus zeigt, indem der Mensch Gott vertraut, ihm gehorcht und alles Gute von ihm erwartet – und alles geschieht zu seiner Verehrung. Dass das in diesem Leben immer nur ansatzweise gelingen kann, zeigt Calvin in seiner Auslegung zu I Korinther 13,12: Alle Erkenntnis bleibt Stückwerk. Darum ist es nötig, auf die Bibel Bezug zu nehmen, und deshalb sind Predigt und Sakrament nötig, durch die sich Gott im Heiligen Geist zu erkennen gibt. Denn für Calvin ist es entscheidend, dass zur rechten Gotteserkenntnis der Mensch nicht aus eigener Kraft gelangen kann.

## *Unsere Weisheit besteht aus Gottes- und Selbsterkenntnis* (Institutio, 1559)[1]

(Institutio I,1,1). All unsere Weisheit, sofern sie wirklich den Namen Weisheit verdient und wahr und zuverlässig ist, umfasst im Grunde eigentlich zweierlei: die Erkenntnis Gottes und unsere Selbsterkenntnis. Diese beiden aber hängen vielfältig zusammen, und darum ist es nun doch nicht so einfach zu sagen, welche denn an erster Stelle steht und die andere aus sich heraus bewirkt. Es kann nämlich erstens kein Mensch sich selbst betrachten, ohne sogleich seine Sinne darauf zu richten, Gott anzuschauen, in dem er doch »lebt und webt« (Apg 17,28). Denn all die Gaben, die unseren Besitz ausmachen, haben wir ja offenkundig gar nicht von uns selber. Ja, selbst unser Dasein als Menschen besteht doch nur darin, dass wir unser Wesen in dem einigen Gott haben! Und zweitens kommen ja diese Gaben wie Regentropfen vom Himmel zu uns hernieder, und sie leiten uns wie Bächlein zur Quelle hin.
Noch viel deutlicher aber wird gerade in unserer Armut der unermessliche Reichtum aller Güter erkennbar, der in Gott wohnt. Besonders

zwingt uns der jämmerliche Zerfall, in den uns der Abfall des ersten Menschen hineingestürzt hat, unsere Augen emporzurichten. Hungrig und verschmachtend sollen wir von Gott erflehen, was uns fehlt, aber zugleich auch in Furcht und Erschrecken lernen, demütig zu sein. Denn der Mensch birgt ja in jeder Hinsicht eine Welt von Elend in sich, und seitdem wir der göttlichen Zier verlustig gegangen sind, macht eine beschämende Blöße unendlich viel Schande offenbar. Ist es aber so, dann muss ja notwendig jeder Mensch vom Bewusstsein seines heillosen Zustandes wenigstens zu irgendeinem Wissen um Gott getrieben werden: Wir empfinden unsere Unwissenheit, Eitelkeit, Armut, Schwachheit, unsere Bosheit und Verderbnis – und so kommen wir zu der Erkenntnis, dass nur in dem Herrn das wahre Licht der Weisheit, wirkliche Kraft und Tugend, unermesslicher Reichtum an allem Gut und reine Gerechtigkeit zu finden ist. So bringt uns gerade unser Elend dahin, Gottes Güter zu betrachten, und wir kommen erst dann dazu, uns ernstlich nach ihm auszustrecken, wenn wir angefangen haben, uns selber zu missfallen. Denn von Natur hat jeder Mensch viel mehr Freude daran, sich auf sich selber zu verlassen, und das gelingt ihm auch durchaus – solange er sich selber noch nicht kennt, also mit seinen Fähigkeiten zufrieden ist und nichts von seinem Elende weiß oder wissen will. Wer sich also selbst erkennt, der wird dadurch nicht nur angeregt, Gott zu suchen, sondern gewissermaßen mit der Hand geleitet, ihn zu finden.
(Institutio I,1,2). Aber andererseits kann der Mensch auf keinen Fall dazu kommen, sich selbst wahrhaft zu erkennen, wenn er nicht zuvor Gottes Angesicht geschaut hat und dann von dieser Schau aus dazu übergeht, sich selbst anzusehen. Denn uns ist ja ein mächtiger Hochmut geradezu angeboren, und darum kommen wir uns stets durchaus untadelig, weise und heilig vor, wenn uns nicht handgreifliche Beweise unsere Ungerechtigkeit, Beflecktheit, Torheit und Unreinheit vor Augen halten und uns so überführen. Dazu kommt es aber gar nicht, wenn wir bloß auf uns selber sehen und nicht zugleich auf den Herrn; denn er ist doch die einzige Richtschnur, nach der solch ein Urteil über uns selbst erfolgen kann. Wir sind ja von Natur alle zur Heuchelei geneigt, und so befriedigt uns schon irgendein leerer Schein von Gerechtigkeit ebenso sehr, wie es die Gerechtigkeit selber nur könnte. Und weil unter uns und um uns rein nichts zu erblicken ist, das nicht mit schrecklichster Unreinheit befleckt wäre, so begeistert uns, solange wir über die Grenzen menschlicher Unreinheit nicht hinausblicken, schon das, was bloß ein bisschen weniger besudelt ist, weil wir es bereits für ganz rein halten. Es geht wie bei einem Auge, das ausschließlich an den Anblick schwarzer Farbe gewöhnt ist – und das dann schon für schneeweiß hält, was vielleicht grau oder geschwärztes Weiß ist. Überhaupt können wir uns an dem leiblichen Sinnesorgan – dem Auge – ein Beispiel nehmen, wie sehr wir in der Beurteilung unserer inneren Tüchtigkeit Trugbildern erliegen. Denn wenn wir am lichten Tage die Erde anschauen oder das, was uns umgibt, so wähnen wir wohl,

ein starkes und durchdringendes Sehvermögen zu besitzen. Sobald wir aber die Sonne mit offenem Auge stracks anblicken wollen, so wird jene Sehkraft, die den Dingen dieser Erde gegenüber völlig ausreichte, ganz überwältigt und geblendet, so dass wir bekennen müssen, dass diese Sehkraft, so scharf sie im Irdischen war, gegen die Sonne geradezu Schwachsichtigkeit ist! Genau so ist es bei der Betrachtung unseres geistlichen Besitzes. Lenken wir den Blick nicht über die Erde hinaus, so sind wir mit der eigenen Gerechtigkeit, Weisheit und Tugend reichlich zufrieden und schmeicheln uns mächtig – es fehlte, dass wir uns für Halbgötter hielten! Aber wenn wir einmal anfangen, unsere Gedanken auf Gott emporzurichten, wenn wir bedenken, was er für ein Gott sei, wenn wir die strenge Vollkommenheit seiner Gerechtigkeit, Weisheit und Tugend erwägen, der wir doch gleichförmig sein sollten – so wird uns das, was uns zuvor unter dem trügerischen Gewand der Gerechtigkeit anglänzte, zur fürchterlichsten Ungerechtigkeit; was uns als Weisheit wundersam Eindruck machte, wird grausig als schlimmste Narrheit offenbar, was die Maske der Tugend an sich trug, wird als jämmerlichste Untüchtigkeit erfunden! So wenig kann vor Gottes Reinheit bestehen, was unter uns noch das Vollkommenste zu sein schien.

(Institutio I,1,3). Daher kommt es, dass nach vielfach wiederholten Berichten der Schrift die Heiligen von Furcht und Entsetzen durchrüttelt und zu Boden geworfen wurden, sooft ihnen Gottes Gegenwart widerfuhr. Menschen, die zuvor, ohne seine Gegenwart, sicher und stark dastanden – jetzt, da er seine Majestät offenbart, sehen wir sie derart in Schrecken und Entsetzen gejagt, dass sie geradezu in Todesangst niederfallen, ja vor Schrecken vergehen und fast zunichte werden! Daran merken wir, dass den Menschen erst dann die Erkenntnis seiner Niedrigkeit recht ergreift, wenn er sich an Gottes Majestät gemessen hat. Beispiele solcher Erschütterung haben wir im Richterbuche wie auch bei den Propheten. Es ging soweit, dass im Volke Gottes die Redewendung in Gebrauch kam: »Wir müssen sterben; denn wir haben den Herrn gesehen« (Ri 13,22; Jes 6,5; Ez 1,28 u.a.). Und wenn das Buch Hiob den Menschen durch das Bewusstsein seiner Torheit, Ohnmacht und Beflecktheit zu Boden werfen will, so dienen ihm stets die Beschreibungen von Gottes Weisheit, Kraft und Reinheit zum Beweise. Das ist berechtigt. Wir sehen, wie auch Abraham, nachdem er einmal von nahem des Herrn Herrlichkeit erschaut hat, umso besser erkennt, dass er »Erde und Asche« ist (Gen 18,27). Elia vermag sein Nahen nicht mit unverdecktem Antlitz zu ertragen (I Kön 19,13). Solcher Schrecken liegt in seinem Anblick! Was soll auch der Mensch tun, der doch Staub ist und ein Wurm, wenn selbst die Cherubim in heiliger Scheu ihr Angesicht verhüllen müssen! (Jes 6,2). Eben dies spricht Jesaja aus: »Der Mond wird sich schämen und die Sonne mit Schanden bestehen, wenn der Herr der Heerscharen König sein wird« (Jes 24,23). Das heißt: Wenn er seine Herrlichkeit in voller Nähe offenbaren wird, dann versinkt auch das sonst Leuchtendste in Finsternis.

Gewiss: Gotteserkenntnis und Selbsterkenntnis sind fest miteinander verknüpft. Aber die rechte Ordnung in der Lehre verlangt, dass wir zunächst die Gotteserkenntnis und dann die Selbsterkenntnis behandeln.

### *Wesen und Aufgabe der Gotteserkenntnis* (Institutio, 1559)[2]

(Institutio I,2,1). Erkenntnis Gottes ist nun für mein Verständnis nicht allein darin beschlossen, dass wir wissen: Es ist ein Gott. Wir sollen auch festhalten, was uns von ihm zu wissen nötig ist, was zu seiner Ehre dient, was uns zuträglich ist. Denn es kann von einem eigentlichen Erkennen Gottes keine Rede sein, wo Ehrfurcht und Frömmigkeit fehlen. Und dabei denke ich noch nicht einmal an jene Weise der Erkenntnis Gottes, durch welche in sich verlorene und verdammte Menschen in Christus, dem Mittler, Gott als Erlöser ergreifen. Hier ist bloß von jener ursprünglichen und einfachen Erkenntnisweise die Rede, zu welcher schon die Ordnung der Natur führen würde, wenn Adam nicht gefallen wäre. Es kann zwar gewiss in dieser Verderbnis der Menschheit kein Mensch Gott als den Vater, den Urheber seines Heils, noch irgendwie als den gnädigen Gott erkennen, ehe denn Christus ins Mittel tritt, um uns den Frieden mit Gott zu erringen. Gleichwohl ist es etwas anderes, Gott zu erkennen als den Schöpfer, der uns mit seiner Macht trägt, mit seiner Vorsehung leitet, mit seiner Güte pflegt, mit der Fülle seiner Segnungen begleitet, und wiederum etwas anderes, die Gnade der Versöhnung zu ergreifen, die uns in Christus zukommt. Weil uns nun der Herr erstens einfach als der Schöpfer entgegentritt – in seinem Werke, der Welt, wie auch der allgemeinen Lehre der Schrift – und dann fernerhin im Angesicht Christi als der Erlöser, so ergibt sich eine doppelte Erkenntnis Gottes. Hier ist von der erstbezeichneten Erkenntnis die Rede. Es folgt dann die zweite nach ihrer Ordnung.

Obwohl man nun Gott innerlich nicht erfassen kann, ohne ihm zugleich irgendeine Verehrung zu erweisen, so genügt es doch nicht, einfach festzuhalten, er sei der Einige, der von allen angebetet und verehrt werden müsse. Wir müssen vielmehr auch überzeugt sein, dass er der Brunnquell aller Güter ist, damit wir nichts Gutes suchen außer in ihm. Dies meine ich, weil er die Welt, wie er sie einst schuf, so noch stets mit unendlicher Macht trägt, mit seiner Weisheit ordnet, mit seiner Güte erhält, weil er insbesondere die Menschheit mit Gerechtigkeit und Gericht regiert, mit Barmherzigkeit gewähren lässt, mit seiner Wehr schützt und überhaupt, weil nirgendwo ein Tröpfchen Weisheit oder Licht, oder Gerechtigkeit, oder Kraft, oder Heiligkeit, oder gewisser Wahrheit sich findet, das nicht von ihm her flösse und dessen Ursprung nicht er wäre! Auf diese Weise lernen wir, alles von ihm zu erwarten und zu erbitten und mit Danksagung alles als seine Gabe anzuerkennen. Denn diese Wahrnehmung der

Macht und Güte Gottes ist für uns der rechte Lehrmeister der Frömmigkeit, aus der die Religion entsteht. Frömmigkeit nenne ich die mit Liebe verbundene Ehrfurcht vor Gott, welche aus der Erkenntnis seiner Wohltaten herkommt. Solange aber der Mensch nicht empfindet, dass er Gott alles verdankt, dass Gott ihn durch seine väterliche Fürsorge umfängt und alle seine Güter über ihn ausschüttet, sodass nichts außer ihm zu suchen ist – solange unterwirft er sich ihm niemals in freiwilliger Dienstbereitschaft. Ja, wo er nicht all sein Heil auf ihn gründet, da wird er sich ihm nimmermehr wahrhaftig und von Herzen ganz übergeben.
(Institutio I,2,2). Deshalb ist es unnützes Gedankenspiel, wenn einige sich eifrig um die Frage nach Gottes »Sein« und »Wesen« mühen. Uns liegt mehr daran, zu wissen, was für ein Gott er ist und was seiner Art gemäß ist. Denn wozu soll es dienen, mit Epikur einen Gott zu bekennen, der die Fürsorge um die Welt von sich wirft und nur in der Muße seine Ergötzung findet? Was hilft es auch, einen Gott zu erkennen, mit dem wir nichts zu schaffen haben? Zweck und Ziel der Gotteserkenntnis soll doch vielmehr sein, dass wir lernen, Gott zu fürchten und zu ehren, ferner: dass wir unter ihrer Leitung alles von ihm erbitten und ihm alles in Dankbarkeit zuschreiben lernen. Wie sollte denn der Gedanke an Gott anders in deinem Herzen Raum gewinnen, als dass du sogleich bedächtest: Du bist sein Gebilde und kraft der Erschaffung seinem Befehl unterstellt und hörig; dein Leben verdankst du ihm, all dein Tun und Planen soll sich nach ihm ausrichten? Wenn das so ist, dann ergibt sich sofort weiter, dass dein Leben schändlich verdorben ist, wenn es nicht zu seinem Dienste da ist! Denn sein Wille muss das Gesetz unseres Lebens sein. Andererseits aber gewinnst du nur dazu eine klare Anschauung Gottes, dass du ihn als Brunnquell und Ursprung alles Guten erkennst. Daraus müsste dann das Begehren entstehen, ihm anzuhangen, Vertrauen und Zuversicht auf ihn zu setzen – wenn den menschlichen Verstand nicht die eigene Verkehrtheit vom rechten Suchen abbrächte. Denn zunächst erträumt sich ein frommer Sinn nicht irgendeinen Gott, sondern richtet sein Augenmerk auf den Einigen und Wahren. Er dichtet ihm auch nicht an, was ihm in den Sinn kommt, sondern ist zufrieden, ihn so anzunehmen, wie er sich selber offenbart und erweist, hütet sich auch immerzu mit höchstem Fleiß, dass er nicht in verwegenem Leichtsinn weiter gehe, als Gottes Wille reicht, und freventlich herumstreife. Da er ihn so erkannt hat als den, der alles ordnet, so vertraut er sich ihm an als dem Hüter und Hort und überlässt sich ganz seiner Treue. Denn er weiß ja, dass Gott der Urheber alles Guten ist, und darum flüchtet er unter seinen Schutz und erwartet seine Hilfe, wo etwas drückt oder mangelt. Er ist überzeugt von seiner Güte und Barmherzigkeit, und darum vertraut er sich ihm fest an und zweifelt nicht, dass gegen all sein Unglück Gottes Güte ein Heilmittel haben werde. Er kennt ihn als den Herrn und Vater, und deshalb hält er ihn auch für wert, in allen Stücken auf seinen Befehl zu achten, seine Majestät zu ehren, seine Ehre auszubreiten und seinen Geboten zu gehor-

chen. Er sieht, dass Gott ein gerechter Richter ist, bewaffnet mit seiner Unerbittlichkeit, alle Laster zu strafen, und darum hat er seinen Richtstuhl allezeit vor Augen, und die Furcht Gottes hindert ihn, seinen Zorn zu reizen. Indessen schreckt ihn der Gedanke an das Gericht doch nicht so sehr, dass er etwa fliehen möchte, auch wenn es ihm möglich wäre. Denn er kennt ihn ebenso sehr als den Vergelter für die Bösen, wie als den Wohltäter gegen die Gottesfürchtigen – gehört es doch für ihn nicht weniger zu Gottes Ehre, dass für die Gottlosen und Gesetzlosen Strafe, als dass für die Gerechten der Lohn des ewigen Lebens bei ihm aufgehoben ist! Zudem hält er sich nicht etwa bloß aus Angst vor dem Gericht von der Sünde zurück, sondern weil er Gott als Vater liebt und verehrt, ihm als dem Herrn Gehorsam und Dienst erweist – gäbe es auch keine Hölle, so scheute er sich doch, ihn zu kränken. Das ist reine und unverfälschte Religion: Glaube und ernste Gottesfurcht miteinander verbunden! So schließt die Furcht freiwillige Verehrung Gottes in sich und bringt den rechten Gottesdienst mit sich, wie ihn das Gesetz verordnet. Das letztere muss besonders bemerkt werden; denn alle Menschen miteinander verehren Gott, aber nur wenige erweisen ihm die rechte Ehrfurcht. Denn überall ist ein großes Gepränge der Zeremonien, aber selten ist die Aufrichtigkeit des Herzens.

## *Rechte Erkenntnis ist rechte Gottesverehrung* (Genfer Katechismus, 1545)[3]

Frage 1. Was ist der Sinn des menschlichen Lebens? Die Erkenntnis Gottes unseres Schöpfers.
Frage 2. Aus welchem Grund sagst du dies? Er hat uns ja dazu geschaffen und in diese Welt gestellt, um in uns verherrlicht zu werden. So ist es nichts als recht und billig, dass unser Leben, dessen Ursprung er ist, wiederum seiner Verherrlichung diene.
Frage 3. Was ist nun das höchste Gut des Menschen? Genau dasselbe.
Frage 4. Warum hältst du gerade die Gotteserkenntnis für das höchste Gut? Wenn sie uns fehlt, sind wir trauriger dran als irgendein Tier.
Frage 5. Wir sehen daher also klar genug, dass dem Menschen nichts Schlimmeres zustoßen kann, als gottlos zu leben. So verhält es sich.
Frage 6. Welches ist nun aber die wahre und rechte Erkenntnis Gottes? Diejenige, bei welcher ihm die angemessene und geschuldete Ehre erwiesen wird.
Frage 7. In welcher Weise wird er dann recht geehrt? Wenn wir all unser Vertrauen auf ihn setzen, wenn wir uns bemühen, ihm mit unserem ganzen Leben zu dienen, indem wir seinem Willen gehorchen, wenn wir ihn in allen Nöten anrufen und unser Heil, und was wir sonst uns an Gutem nur wünschen können, bei ihm suchen, und endlich, indem wir mit Herz und Mund ihn als alleinigen Urheber alles Guten anerkennen.

## *Auf der Erde gibt es nur unvollkommene Erkenntnis* (zu I Korinther 13,12, 1546)[4]

»Wir sehen jetzt durch einen Spiegel«. Das ist die Anwendung des Gleichnisses. Das Maß unseres jetzigen Wissens entspricht unserer Unvollkommenheit. Wir können noch nicht mit Gewissheit die Geheimnisse des Reiches Gottes erkennen und ihren vollen Anblick genießen. Wir sehen sie nur unklar wie in einem Spiegel, »in einem dunklen Wort«, das heißt wie ein Rätsel. Dieser Spiegel ist die Predigt des Evangeliums, die Gott als Mittel gesetzt hat, um sich uns darin zu offenbaren. Die Engel dagegen brauchen weder Predigt noch Sakramente; ihnen zeigt Gott sein Bild nicht in einem Spiegel, sondern direkt und ungetrübt sehen sie ihn. Wir aber, die wir nicht auf solcher Höhe stehen, schauen ihn nur in seinem Wort, den Sakramenten und dem ganzen Dienst seiner Kirche. Unser Schauen ist noch dunkel und nicht von der Klarheit, die am Ende der Tage sein wird. Dasselbe sagt Paulus in II Korinter 5,6f.: »Solange wir im Leibe wohnen, weilen wir fern von dem Herrn; denn wir wandeln im Glauben und nicht im Schauen.« Die Erkenntnis Gottes, die wir jetzt aus seinem Wort haben, ist gewiss und wahr und hat nichts Trügerisches. Aber im Vergleich damit, dass wir Gott einst von Angesicht zu Angesicht sehen werden, muss man diese Erkenntnis »dunkel« nennen.

## *Gotteserkenntnis ist nicht mit der Vernunft erreichbar* (Institutio, 1559)[5]

(Institutio II,2,18). Jetzt wollen wir auseinandersetzen, was die menschliche Vernunft vermag, wenn es sich um das Reich Gottes und die geistliche Einsicht handelt. Diese geistliche Einsicht besteht vor allem in drei Stücken: (1) Gott zu erkennen, (2) seine väterliche Huld gegen uns, auf der unser Heil ruht, und (3) die rechte Weise unser Leben gemäß der Richtschnur des Gesetzes zu gestalten. In den beiden ersten Stücken, besonders im zweiten, sind selbst die sonst gescheitesten Menschen blinder als die Maulwürfe. Ich leugne freilich nicht, dass man hie und da bei den Philosophen verständige und gescheite Aussagen über Gott zu lesen bekommt; aber sie schmecken doch immer gewissermaßen nach schwindelsüchtiger Phantasie. Zwar hat ihnen der Herr, wie gesagt, eine geringe Ahnung von seiner Gottheit zuteil werden lassen, damit sie sich in ihrer Unfrömmigkeit nicht mit Unkenntnis entschuldigen können. Auch hat er sie zuweilen getrieben, Dinge auszusprechen, deren Zugestehen sie selber überwindet. Aber wo sie etwas gesehen haben, da geschah das doch so, dass sie von dieser Schau nicht im Mindesten zur Wahrheit geleitet wurden, geschweige denn sie erreichten. Es ist, wie wenn ein Wandersmann, der auf dem Felde ist, den Schein eines nächtlichen Blitzes einen Augenblick lang nach allen Seiten wahrnimmt: Er sieht ihn, aber es geschieht doch mit schnell vergehender Schau, die, ehe er einen Fuß rühren kann, von der nächtlichen Finsternis wieder verschlungen ist; so wird er mit Hilfe dieses Lichtes doch kaum wieder auf den rechten Weg gebracht! Und außerdem: Mit wie vielen und wie furchtbaren Lügen sind doch jene Tröpfchen Wahrheit, die sie von ungefähr über ihre Bücher sprengen, besudelt! Und schließlich haben sie von jener Gewissheit um Gottes Wohlgefallen gegen uns, ohne die der Menschengeist notwendig voll unermesslicher Verwirrung ist, nie auch nur etwas geahnt. Die eigentliche Wahrheit wäre es doch, dass wir begriffen, wer der wahre Gott ist und wie er sich zu uns verhalten will – aber dahin kann unsere Vernunft eben nicht gelangen, dahin kann sie nicht dringen, ja nicht einmal sich ausrichten!

### *Die Bibel als Quelle der Gottes- und Selbsterkenntnis* (Institutio, 1559)[6]

(Institutio II,2,19). Aber wir sind ja berauscht von der törichten Hochschätzung unserer Erkenntniskraft und lassen uns deshalb sehr ungern überzeugen, dass sie in göttlichen Dingen völlig blind und stumpf ist. Deshalb bin ich der Meinung, das sei besser mit Schriftzeugnissen als mit Vernunftgründen zu beweisen. Sehr fein lehrt es Johannes an der oben bereits angeführten Stelle: »In ihm war das Leben, und das Leben war das Licht der Menschen, und das Licht scheint in der Finsternis, und die Finsternis hat's nicht begriffen« (Joh 1,4f.). Da zeigt er: Gewiss wird des Menschen Seele vom Glanz göttlichen Lichtes angestrahlt, so dass es ihr – mag es auch eine kleine Flamme oder gar nur ein Funken sein – nie gänzlich fehlt; aber trotzdem begreift sie Gott auch in solcher Erleuchtung nicht. Warum? Weil ihr Verstehen, wenn es auf Gottes Erkenntnis ankommt, eitel Finsternis ist! Wenn nämlich der Heilige Geist die Menschen als »Finsternis« bezeichnet, so spricht er ihnen damit jede Fähigkeit zu geistlicher Erkenntnis ab. Deshalb zeigt er auch, dass die Gläubigen, die Christum im Glauben annehmen, nicht von dem Geblüt noch von dem Willen eines Mannes, sondern aus Gott geboren sind (Joh 1,13). Und das heißt: Das Fleisch trägt solche hohe Weisheit nicht in sich, dass es Gott und das Seine erkenne, wenn es nicht von Gottes Geist erleuchtet wird. So bezeugt ja auch Christus, das Bekenntnis des Petrus sei eine besondere Offenbarung des Vaters (Mt 16,17).

### *Gottes- und Selbsterkenntnis sind Werk des Heiligen Geistes* (Institutio, 1559)[7]

(Institutio II,2,20). Wären wir wirklich überzeugt, dass unserer Natur das abgeht, was der himmlische Vater seinen Auserwählten durch den Geist der Wiedergeburt zuteil werden lässt, – und das steht doch außer Zweifel!

– so wäre hier gar kein Anlass zu irgendwelchen Bedenken. Denn das gläubige Volk spricht bei dem Propheten: »Du bist die Quelle des Lebens, und in deinem Lichte sehen wir das Licht!« (Ps 36,10). Dasselbe bezeugt der Apostel mit den Worten: »Niemand kann Christum einen Herrn heißen ohne im Heiligen Geist« (I Kor 12,3). Und als Johannes der Täufer die Stumpfheit seiner Jünger sieht, da ruft er aus: »Niemand kann etwas nehmen, es werde ihm denn von oben herab gegeben« (Joh 3,27). Dabei versteht er unter der »Gabe« die besondere Erleuchtung und nicht etwa die allgemeine Begabung; denn er klagt ja, dass er mit all seinen Worten, in denen er seinen Jüngern Christus gerühmt, nichts erreicht habe. »Ich sehe«, so will er sagen, »dass Worte nicht ausreichen, um Menschenherzen über göttliche Dinge zu belehren, wenn nicht zuvor der Herr durch seinen Geist Verstand gegeben hat.« Sogar Mose, der dem Volk seine Gleichgültigkeit zum Vorwurf macht, bemerkt doch zugleich, es könne in den Geheimnissen Gottes zu keinerlei Weisheit gelangen ohne sein besonderes Geschenk. »Deine Augen haben die großen Zeichen und Wunder gesehen, aber der Herr hat euch bis auf diesen heutigen Tag noch nicht gegeben ein Herz, das verständig sei, Ohren, die da hören, und Augen, die da sehen« (Dtn 29,2f.). Wäre es noch ein schärferer Ausdruck, wenn er uns der Betrachtung der Werke Gottes gegenüber als Klötze bezeichnen würde? Daher verheißt der Herr auch durch den Propheten als besondere Gnade, er werde den Israeliten ein Herz geben, um von ihnen erkannt zu werden! (Jer 24,7). Damit deutet er recht fein an: Der Menschengeist hat genau soviel geistliches Verständnis, wie er zuvor von ihm erleuchtet ist! Das bestätigt auch Christus mit eigenem Wort ganz klar: »Niemand kann zu mir kommen, es werde ihm denn gegeben von meinem Vater« (Joh 6,44). Wieso? Ist er denn nicht selbst das lebendige Ebenbild des Vaters, in dem uns der ganze Glanz seiner Herrlichkeit entgegentritt? Eben deshalb konnte er gar nicht besser darlegen, wie unsere Fähigkeit zur Gotteserkenntnis beschaffen ist, als dadurch, dass er uns die Augen abspricht, um dieses Ebenbild Gottes zu erkennen, wo es uns doch so klar vor Augen gestellt wird! Wie – ist er denn nicht dazu zur Erde gekommen, dass er des Vaters Willen den Menschen offenbare? Und hat er nicht dieses Werk seiner Sendung treu vollbracht? So ist es gewiss; aber seine Predigt bewirkt nichts, wenn ihm nicht der Geist als innerer Lehrmeister den Weg zu den Herzen bahnt. Und deshalb kommen nur die zu ihm, die es vom Vater hören und von ihm dazu gelehrt sind. Wie geht aber solches Lernen und Hören zu? Eben so, dass der Geist in wundersamer und einzigartiger Kraft Ohren zum Hören und einen Sinn zum Verstehen schafft! Und damit das nicht als etwas Neues erscheine, führt der Herr dabei (Joh 6,45) die Weissagung des Jesaja an. Der verheißt die Auferbauung der Kirche und lehrt dabei, dass die, welche zum Heil gerufen werden, Gottes Schüler sein sollen (Jes 54,13). Wenn also Gott an dieser Stelle etwas Besonderes von seinen Auserwählten aussagt, so spricht er offenkundig nicht von jener Unterweisung, die zugleich auch den Unfrommen und Ungläubigen eigen ist. Wir müssen also erkennen: Nur dem steht der Eingang in Gottes Reich offen, dem der Heilige Geist durch seine Erleuchtung einen neuen Sinn gegeben hat. So bezeugt es am klarsten der Apostel Paulus; er verwirft zunächst alle menschliche Weisheit und erklärt sie für Torheit und Eitelkeit; dann lässt er sich absichtlich auf die oben genannte Fragestellung ein und kommt zu dem Ergebnis: »Der natürliche Mensch vernimmt nichts vom Geiste Gottes, es ist ihm eine Torheit und kann es nicht erkennen; denn es muss geistlich beurteilt werden« (I Kor 2,14). Wen nennt er hier »natürlicher Mensch«? Doch offenbar den, der sich auf das Licht der Natur verlässt. Und der, sage ich, begreift nichts von den geistlichen Geheimnissen Gottes! Wieso das? Unterlässt er es aus Bequemlichkeit? Nein, er vermag auch nichts, wenn er sich noch so anstrengt, denn es will eben geistlich beurteilt sein. Und was bedeutet das? Diese Dinge sind der menschlichen Einsicht gänzlich verborgen und werden also nur durch die Offenbarung des Geistes zugänglich, und deshalb gelten sie notwendig als Torheit, wo die Erleuchtung durch den Geist Gottes fehlt. Kurz vor dieser Stelle hatte Paulus gezeigt, wie das, was Gott »denen bereitet hat, die ihn lieben«, über alle Fassungskraft der Augen, Ohren und Sinne hinausgeht. Ja, er hatte bezeugt, die menschliche Weisheit sei geradezu ein Vorhang, der den Menschengeist hindere, Gott zu schauen! Was wollen wir mehr? Der Apostel sagt, Gott habe die Weisheit dieser Welt zur Torheit gemacht (I Kor 1,20) – und wir wollen ihr einen Scharfsinn beimessen, mit dem sie zu Gott und den unzugänglichen Geheimnissen des Himmelreichs durchzudringen vermöchte? Solcher Wahnwitz sei ferne von uns!

---

1 Institutio (1559) I,1,1–3.
2 Institutio (1559) I,2,1f.
3 Genfer Katechismus von 1545, in: CStA 2,16f.
4 Kommentar zu I Kor 13,12, in: Auslegung der Heiligen Schrift. Neue Reihe. In Zusammenarbeit mit anderen hg. v. *O. Weber*, Bd. 16: Auslegung des Römerbriefes und der beiden Korintherbriefe, Neukirchen 1960, 435.
5 Institutio (1559) II,2,18.
6 Institutio (1559) II,2,19.
7 Institutio (1559) II,2,20.

# 3 Gemeinschaft mit Jesus Christus

Calvins Lehre von der Person und dem Werk Jesu Christi nimmt mit der klassischen Zwei-Naturen-Lehre sowie dem Versöhnungs- und dem Stellvertretungsgedanken zentrale Elemente der altkirchlichen Christologie auf. Hinzu tritt die (Wieder-)Entdeckung einer Beschreibung von Jesu Christi Wesen, das sich gesamtbiblischen Einsichten verdankt und nur vereinzelt bei den Kirchenvätern angeklungen ist: die Lehre von den drei Ämtern Christi als König, Priester und Prophet. Damit eröffnet er in der Institutio und in seinem Genfer Katechismus von 1542/45 eine auch für das Wesen der Kirche Jesu Christi relevante Debatte, die in der Neuzeit über die Konfessionsgrenzen hinaus ökumenischen Charakter erhält. Weiter begegnet uns Calvin in den Texten – darin Luther verwandt – als Theologe des Kreuzes Jesu Christi, indem er einerseits sein ganzes Leben von der Signatur des Kreuzes bestimmt sieht und andererseits im Kreuzestod den universalen Vollzug der Vergebung der Sünden und die vollkommene Aufrichtung des Heils entdeckt. Calvins Rede von der Auferstehung Jesu ist aufs Engste mit dem Kreuz verbunden als Inkraftsetzung und zugleich Bestätigung der in seinem Tod geschehenen Erlösung. In ihr wurzelt zugleich der Anbruch eines neuen Lebens, das die Glaubenden in der Gemeinschaft mit Christus sowie in christlicher Freiheit und Verantwortung gestalten sollen. Konsequent versteht Calvin das Endgericht als eine Begegnung mit dem auferstandenen Christus und insofern dessen Erwartung als tröstlichen Gedanken.

*Person und Dienste Jesu Christi* (Genfer Katechismus, 1545)[1]

Frage 32. Was bedeutet der Name »Jesus«, bei dem du ihn nennst? Der griechische Name bedeutet »Retter«. Im Lateinischen gibt es keinen Eigennamen, mit welchem diese Bedeutung gut wiedergegeben werden könnte. Daher hat sich dafür die Bezeichnung »Erlöser« eingebürgert. Zudem hat ein Engel auf Geheiß Gottes selbst dem Sohne Gottes diesen Namen gegeben [Mt 1,21].
Frage 33. Ist dies denn mehr, als wenn Menschen ihn so genannt hätten? In jedem Fall. Denn wenn ihn Gott so genannt haben wollte, dann musste er dies auch in Wahrheit verkörpern.
Frage 34. Was bedeutet nun die folgende Bezeichnung »Christus«? Mit diesem Titel wird sein Amt noch besser erklärt. Er bedeutet nämlich, vom Vater zum König, Priester und Propheten gesalbt zu sein.

Frage 35. Woher weißt du das? Weil die Schrift diesen drei Tätigkeiten die Salbung zuordnet. Weiterhin schreibt sie diese drei, von denen die Rede ist, oft Christus zu.
Frage 36. Aber mit welcher Art Öl wurde er gesalbt? Nicht mit einem sichtbaren, so wie es bei der Salbung der alten Könige, Priester und Propheten gebraucht wurde, sondern mit einem besseren, nämlich der Gnadengabe des Heiligen Geistes, welcher die eigentliche Wahrheit jener äußeren Salbung ist [Jes 61,1; Ps 45,8].
Frage 37. Welcher Art ist nun sein Königtum, von dem du sprichst? Es ist geistlich, weil es in Wort und Geist Gottes besteht, die Gerechtigkeit und Leben mit sich bringen.
Frage 38. Und das Priestertum? Es ist die Pflicht und das Vorrecht, vor Gottes Angesicht zu treten, um Gnade zu erlangen und um seinen Zorn durch die Darbringung eines Opfers, das ihm genehm ist, zu stillen.
Frage 39. In welchem Sinn nennst du Christus nun »Prophet«? Weil er bei seinem Kommen in die Welt sich bei den Menschen als Gottes Gesandter und Ausleger bekannt hat, und dies mit dem Ziel, den Willen des Vaters vollständig darzulegen und so alle Offenbarungen und Prophezeiungen zu vollenden [Jes 7,14; Hebr 1,1f.].
Frage 40. Ziehst du daraus irgendwelchen Nutzen? O ja; denn all dies zielt ja auf nichts anderes ab als auf unser Bestes. Denn Christus ist vom Vater mit all dem begabt worden, um es uns mitzuteilen, damit wir alle aus seiner Fülle schöpfen [Joh 1,16].
Frage 41. Erkläre mir das etwas ausführlicher. Er wurde vom Heiligen Geist erfüllt und mit der vollkommenen Fülle all seiner Gaben ausgestattet, damit er sie uns mitteile, jedem in dem Maße, welches der Vater für uns als zuträglich erkennt. Daher schöpfen wir aus ihm als der einzigen Quelle all unsere geistlichen Güter [Eph 4,7].
Frage 42. Was bringt uns sein Königsamt? Durch seine Wohltat sind wir zu einem frommen und heiligen Leben in Freiheit der Gewissen befreit und mit seinen geistlichen Gütern versehen worden. So sind wir nun auch ausgerüstet mit der Kraft, die den Sieg über die stets vorhandenen Feinde unserer Seele – Sünde, Fleisch, Teufel und Welt – zu bringen vermag.
Frage 43. Wozu dient sein Priesteramt? Zunächst ist er darin Mittler, dass er uns mit dem Vater versöhnt; dann darin, dass uns durch ihn der Zugang zum Vater eröffnet worden ist, damit wir voller Vertrauen vor sein Angesicht treten, um uns selbst und alles, was unser ist, ihm als Opfer darzubringen. So macht er uns gleichsam zu Teilhabern an seinem Priestertum [Hebr 7–10; 13,15].
Frage 44. Dann bleibt das Prophetenamt. Das Amt eines Lehrers der Seinen wurde dem Sohne Gottes zu dem Zweck übertragen, dass er sie mit der wahren Erkenntnis des Vaters erleuchte, in der Wahrheit erziehe und zu vertrauten Schülern Gottes mache.

Frage 45. Alles, was du sagst, läuft also darauf hinaus, dass die Bezeichnung »Christus« diese drei Ämter umfasst, vom Vater dem Sohne gegeben, damit er deren Kraft und Nutzen den Seinen vermittle. So ist es.
Frage 46. Warum nennst du ihn Gottes »eingeborenen Sohn«, wenn Gott uns doch alle dieser Bezeichnung würdigt? Wir sind nicht von Natur Gottes Kinder, sondern Gott setzt uns aus gnädiger Annahme an diesen Platz. Aber der Herr Jesus, der von Gott gezeugt und eins mit dem Wesen des Vaters ist, wird mit größtem Recht Gottes einziger Sohn genannt; denn er allein ist es von Natur aus [Eph 1,5; Joh 1,14; Hebr 1,2–5].
Frage 47. Du meinst also, dass ihm diese Würde eignet, weil sie ihm von Natur aus gebührt, uns aber wird sie als gnädige Wohltat gewährt, insofern wir seine Glieder sind. Genau. Im Hinblick auf diese Übereignung wird er an anderer Stelle der Erstgeborene unter vielen Brüdern genannt [Röm 8,29; Kol 1,18].
Frage 54 [gem. der frz. Ausgabe]. Inwiefern nennst du ihn »unsern Herrn«? So wie er vom Vater eingesetzt worden ist, damit er über uns herrsche, Gottes Regiment im Himmel und auf Erden ausübe und das Haupt der Menschen und Engel sei [Eph 5,23; Kol 1,18].

## *Zum Sohn Gottes eingesetzt* (zu Römer 1,4, 1540)[2]

»Als Sohn Gottes eingesetzt …« Vielleicht eher »bestimmt«, da [Paulus] offenbar meint, das Ereignis der Auferstehung sei wie ein göttlicher Beschluss, durch welchen [Christus] zum Sohn Gottes erklärt wurde, so wie es Psalm 2,7 heißt: »Heute habe ich dich gezeugt.« Jene Zeugung bezieht sich auf diese Bekanntmachung. Freilich nennen hier nun einige im Besonderen drei Eigenschaften der Gottheit Christi und verstehen darunter zunächst die Kraft der Wunder, dann das Zeugnis des Geistes und schließlich die Auferstehung von den Toten. Ich will diese Drei aber lieber auf folgende Weise zu einer Einheit zusammenfassen: Christus ist zum Sohn Gottes erklärt worden durch das öffentliche Hervortreten der himmlischen Macht eben dieses Geistes in seiner Auferstehung von den Toten. Und diese Macht wird dadurch erfasst, dass sie durch eben denselben Geist in unseren Herzen versiegelt wird. Diese Auslegung wird durch den Satz des Apostels gestützt. Er sagt nämlich, [Christus] sei zum Sohn Gottes in Macht eingesetzt worden. Das heißt doch, dass es Gottes eigene Macht war, die in ihm erstrahlte, und er selbst sich damit unzweifelhaft als Gott erwies. Diese [Macht] zeigte sich in der Tat in seiner Auferstehung. So hebt derselbe Paulus an anderer Stelle, wo er bekennt, im Tode [Christi] sei die Schwachheit des Fleisches offenbar geworden, die Kraft des Geistes in der Auferstehung hervor (II Kor 13,4). Uns aber wird jene Herrlichkeit nicht erkennbar, bis derselbe Geist sie in unseren Herzen versiegelt. Ebenso fasst Paulus sowohl [die Macht], die sich in Christi Auferstehung zeigt, wie auch das Zeugnis, das die einzelnen Gläubigen in ihren Herzen fühlen, als ein und dieselbe wunderbare Wirkung des Geistes zusammen. Dies geht unstreitig daraus hervor, dass er die Heiligung ausdrücklich anführt, als wollte er [damit] sagen: Indem der Geist heiligt, bekräftigt und beweist er jenes Zeugnis seiner Kraft, das er einmal [in der Auferstehung Christi] gegeben hat. Die Schrift beschreibt den Heiligen Geist eben oft mit Bezeichnungen, die dem jeweiligen Zusammenhang angepasst sind. So wird er vom Herrn [Christus] wegen der Wirkung, von der er an jener Stelle spricht, Geist der Wahrheit genannt [Joh 14,17]. Die göttliche Macht ist, sagt [Paulus], so in Christus zutage getreten, dass er aus eigener Kraft auferstanden ist, wie er anderswo bezeugt: »Zerstört diesen Tempel, und in drei Tagen werde ich ihn neu errichten« [Joh 2,19], »Niemand nimmt mein Leben von mir« [Joh 10,18] und Weiteres. Denn den Sieg über den Tod, dem er wegen der Schwäche des Fleisches unterworfen war, hat er nicht mit Erbitten [fremder] Hilfe, sondern durch die Wirksamkeit seines eigenen himmlischen Geistes errungen.

### *Jesus Christus, der für uns Gekreuzigte* (Institutio, 1559)[3]

(Institutio II,16,5). Fragt man nun, auf welche Weise Christus die Sünde getilgt, dem Streit zwischen uns und Gott ein Ende gemacht und uns die Gerechtigkeit erworben hat, die uns Gott wieder geneigt und gnädig macht, so ist darauf allgemein zu antworten: Er hat das durch den Gehorsam während seines ganzen Lebens für uns vollbracht. Das beweist das Zeugnis des Paulus: »Gleichwie durch eines Menschen Ungehorsam viele Sünder geworden sind, also auch durch eines Gehorsam werden viele Gerechte« (Röm 5,19). Auch an anderer Stelle zeigt er deutlich, dass Christus mit seinem ganzen Leben uns die Vergebung erworben hat, die uns vom Fluch des Gesetzes frei macht: »Als aber die Zeit erfüllt war, da sandte Gott seinen Sohn, geboren von einem Weibe und unter das Gesetz getan, auf dass er die, so unter dem Gesetz waren, erlöste ...« (Gal 4,4). Christus selbst spricht es bei seiner Taufe aus: »Es gebührt uns, alle Gerechtigkeit zu erfüllen« (Mt 3,15): Ein Teil der Gerechtigkeit wurde also schon dadurch erfüllt, dass er den Auftrag des Vaters im Gehorsam ausführte. Kurz, seit dem Tage, da er »Knechtsgestalt annahm«, hat er auch begonnen, das Lösegeld für unsere Befreiung darzubringen!
Wenn freilich die Schrift näher bestimmen will, wie es zu unserem Heil gekommen ist, so spricht sie es in besonderer Weise und eigentlich dem Tode Christi zu. Er selbst hat es ja als sein Amt bezeichnet, »sein Leben zu geben zu einem Lösegeld für viele« (Mt 20,28). Und Paulus sagt, er sei »um unserer Sünden willen dahingegeben« (Röm 4,25). Johannes der Täufer rief es laut aus: »Siehe, das ist Gottes Lamm, welches der Welt Sünde trägt!« (Joh 1,29). Und Paulus lehrt an einer anderen Stelle: »Wir werden ohne Verdienst gerecht aus seiner Gnade durch die Erlösung, so durch Christum Jesum geschehen ist, welchen Gott vorgestellt hat zu ei-

nem Gnadenstuhl [durch den Glauben] in seinem Blut ...« (Röm 3,24f.). Auch sagt er, wir seien »durch sein Blut gerecht« gemacht und »durch den Tod seines Sohnes« versöhnt (Röm 5,9f.). Und dann wiederum: »Er hat den, der von keiner Sünde wusste, für uns zur Sünde gemacht, auf dass wir würden Gerechtigkeit Gottes in ihm!« (II Kor 5,21). Ich will aber nicht allen Stellen nachgehen – es ist eine unübersehbare Fülle, und viele werden an ihrem Platz noch genannt werden. Deshalb geht das sogenannte Apostolische Glaubensbekenntnis in richtiger Reihenfolge von der Geburt Christi gleich zu seinem Tod und zu seiner Auferstehung über: Denn darauf ruht in der Hauptsache unser vollkommenes Heil. Damit wird der Gehorsam, den er darüber hinaus in seinem ganzen Leben geleistet hat, gewiss nicht übergangen. Paulus hat ja auch sein ganzes Leben bis zum Ende zusammengefasst, wenn er von ihm sagt: »Er erniedrigte sich selbst und nahm Knechtsgestalt an ... und ward gehorsam bis zum Tode, ja zum Tode am Kreuz ...« (Phil 2,7f.). Die Hauptsache ist dabei, dass es ein freiwilliger Gehorsam war; denn nur ein freiwillig dargebrachtes Opfer konnte zur Gerechtigkeit führen! Deshalb bezeugt der Herr: »Ich lasse mein Leben für die Schafe ...« (Joh 10,15) und fügt dann ausdrücklich hinzu: »Niemand nimmt es von mir!« [Joh 10,18]. Deshalb sagt ja auch Jesaja: »Er war wie ein Schaf, das verstummte vor seinem Scherer« (Jes 53,7). Die Leidensgeschichte im Evangelium berichtet auch, wie er den Kriegsknechten frei entgegengegangen ist (Joh 18,4), wie er vor Pilatus ohne jede Verteidigung dagestanden hat, um sich seinem Richterspruch zu unterwerfen (Mt 27,11). Das hat er gewiss nicht ohne Kampf fertiggebracht; denn er hatte ja unsere Schwachheit angenommen, und auf diese Weise musste der Gehorsam sichtbar werden, den er dem Vater leistete. Es war ein einzigartig herrlicher Erweis seiner Liebe gegen uns, dass er mit namenloser Angst kämpfte, dass er unter jenen furchtbaren Todesschrecken sich selber vergessen hat, um uns zu helfen. Das müssen wir festhalten: Es konnte nur dann Gottes Gerechtigkeit im Opfer Genüge geschehen, wenn sich Christus aus eigener Entscheidung selbst verleugnete und sich Gottes Willen gehorsam unterwarf und gänzlich hingab. Dazu führt der Verfasser des Hebräerbriefs eine sehr passende Stelle aus den Psalmen an: »Im Buch des Gesetzes ist von mir geschrieben; deinen Willen, mein Gott, tue ich gerne, und dein Gesetz habe ich in meinem Herzen. Da sprach ich: ›Siehe, ich komme‹ ...« (Hebr 10,7.9; Ps 40,8f.). Weil unser erschrockenes Gewissen nun nur in dem Opfer und der Reinigung, welche die Sünden tilgen, seine Ruhe finden kann, so wird mit Recht unser Blick da hin gerichtet, und im Tod Christi ersteht uns der Grund unseres Lebens!

Wir hatten angesichts unserer Verschuldung vor Gottes himmlischem Richtstuhl die Verdammnis zu erwarten; deshalb nennt das Glaubensbekenntnis an erster Stelle die Verurteilung vor Pontius Pilatus, dem Statthalter von Judäa: Wir sollen wissen, dass der Gerechte die Strafe, die uns drohte, wirklich auf sich genommen hat! Wir konnten Gottes furchtbarem Gericht nicht entgehen, und da hat sich Christus von einem sterblichen, ja lasterhaften, gottlosen Menschen verurteilen lassen, um uns herauszureißen. Dass der Statthalter mit Namen genannt wird, soll nicht nur die Glaubwürdigkeit des geschichtlichen Berichts unterstützen, sondern wir sollen dadurch lernen, was uns Jesaja sagt: »Die Strafe lag auf ihm, auf dass wir Frieden hätten, und durch seine Wunden sind wir geheilt!« (Jes 53,5). Denn zur Behebung der auf uns lastenden Verdammnis war es nicht ausreichend, dass Christus den Tod in irgendeiner beliebigen Gestalt erlitten hätte; sollte unsere Erlösung vollgültig zustande kommen, so musste es eine Todesart sein, bei der er unsere Verdammnis auf sich nahm, die Sühne für unsere Sünde selbst vollbrachte – und uns so von beidem, von Verdammnis und Sühnenotwendigkeit, befreite! Wäre er von Räubern erwürgt oder bei einem Volksaufstand im Tumult umgebracht worden, so hätte in diesen beiden Arten des Sterbens das wesentliche Merkmal der Genugtuung gefehlt. Aber er wird als Angeklagter vor den Richtstuhl gestellt, Zeugenaussagen klagen ihn an und beschuldigen ihn, der Richter selbst überantwortet ihn zum Tode: Da sehen wir, dass er sich als strafbarer Übeltäter hat behandeln lassen! Hier sind nun zwei Dinge anzumerken, die schon in Weissagungen der Propheten vorhergesagt sind und dem Glauben unendlich viel Trost und Stärkung bringen. Wenn wir hören, wie Christus vom Richter zum Tode verurteilt und zwischen Mördern gehenkt wurde, so sehen wir darin die Erfüllung der Weissagung, die denn auch der Evangelist anführt: »Er ist unter die Übeltäter gerechnet« (Jes 53,12; Mk 15,28). Was bedeutet das? Er tritt an die Stelle des Sünders, nicht an die des Gerechten und Unschuldigen; denn er erduldete den Tod nicht um der Unschuld willen, sondern um der Sünde willen! Und wenn wir anderseits hören, wie ihn der gleiche Mund, der das Verdammungsurteil über ihn spricht, auch für unschuldig erklärt – denn Pilatus sah sich ja mehr als einmal gezwungen, Christi Unschuld öffentlich zu bezeugen! –, so soll uns ins Gedächtnis kommen, was wir bei einem anderen Propheten lesen können: »Er bezahlt, was er nicht geraubt hat« (Ps 69,5). So sehen wir, wie Christus in der Rolle eines schuldbeladenen Sünders auftritt – aber es strahlt zugleich auch seine Unschuld hell auf, und es wird ganz deutlich, dass er nicht eigene, sondern fremde Schuld trägt! Er hat also »gelitten unter Pontius Pilatus«, und er ist dabei durch feierlichen Richterspruch den Übeltätern zugesellt worden; und doch geschieht das in der Weise, dass der gleiche Pontius Pilatus ihn auch gerecht sprechen muss, wie er ja selbst bezeugt: »Ich finde keine Schuld an ihm« (Joh 18,38). Das also ist unsere Lossprechung: Auf das Haupt des Sohnes Gottes wird die Schuld gelegt, die doch uns der Strafe auslieferte! An dieses Eintreten Christi für uns sollen wir immer denken, damit wir nicht unser Leben lang zittern und in Angst sitzen – als ob Gottes gerechte Vergeltung, die doch der Sohn Gottes auf sich selbst genommen hat, uns noch immer drohte!

(Institutio II,16,6). Auch in der Art des Todes, den Christus erlitten hat, liegt ein besonderes Geheimnis. Das Kreuz war verflucht – nicht nur nach menschlicher Ansicht, sondern durch eine Bestimmung des Gesetzes Gottes. Wurde also Christus ans Kreuz geschlagen, so zog er sich damit den Fluch zu. Aber es musste so geschehen, damit wir von allem Fluch, der uns um unserer Sünden willen drohte, ja der wirklich auf uns lag, frei würden, indem er auf ihn überging. Auch dafür bietet das Gesetz eine schattenhafte Vorbildung. Denn das hebräische Wort »ascham«, das eigentlich »Sünde« heißt, ist auch der Ausdruck für die um der Sünde willen dargebrachten Opfer und Sühnopfer! Durch diese Namensübertragung wollte der Heilige Geist uns zeigen, dass diese Opfer sozusagen »Reinigungsopfer« wären, welche den auf der Übeltat des Menschen ruhenden Fluch auf sich nahmen! Was nun aber in den mosaischen Opfern bildlich dargestellt ist, das wird an Christus, dem Urbilde, das dem allen zugrunde lag, offenbar. Er hat, um die wahre Versöhnung zu vollbringen, seine Seele als Sündopfer dargebracht, das heißt also als ein für die Sünde genugtuendes Opfer, wie der Prophet sagt (Jes 53,5.10); auf ihn ist alle Befleckung und Strafe geworfen, und uns wird sie nun nicht mehr zugerechnet. Das hat uns mit größerer Deutlichkeit der Apostel bezeugt: »Er hat den, der von keiner Sünde wusste, für uns zur Sünde gemacht, auf dass wir würden Gerechtigkeit Gottes in ihm« (II Kor 5,21). Denn der Sohn Gottes, selbst doch ganz rein von jeder Übeltat, hat unsere Sünde und Schande auf sich genommen und uns dafür mit seiner Reinheit umkleidet. Darauf scheint es sich zu beziehen, wenn Paulus von der Sünde sagt, sie sei »in seinem Fleische verdammt« worden (Röm 8,3). Denn der Vater hat die Gewalt der Sünde vernichtet, als sein Fluch auf Christi Fleisch übertragen wurde. Dieser Ausdruck will also zeigen: Christus ist in seinem Tode dem Vater als ein genugtuendes Opfer dargebracht worden; und durch sein Opfer ist nun die Versöhnung vollbracht, so dass wir nicht mehr vor Gottes Zorn zu erschrecken brauchen. Jetzt verstehen wir auch, was der Prophet meint, wenn er sagt: »Der Herr aber warf unser aller Sünde auf ihn« (Jes 53,6); Christus ist, um uns von all unserem Unflat zu reinigen, durch solche übertragende Zurechnung ganz mit der Sünde bedeckt worden. Dafür ist das Kreuz, an das er geheftet wurde, ein Zeichen, wie uns der Apostel sagt: »Christus ... hat uns erlöst vom Fluch des Gesetzes, da er ward ein Fluch für uns; denn es steht geschrieben: ›Verflucht ist jedermann, der am Holz hängt‹ – auf dass der Segen Abrahams unter die Heiden käme in Christo Jesu ...« (Gal 3,13f.). Das meint auch Petrus, wenn er sagt: »Welcher unsere Sünden selbst hinaufgetragen hat ... auf das Holz ...« (I Petr 2,24); denn an diesem Zeichen des Fluchs erkennen wir umso deutlicher, dass die Last, die uns niederdrückte, ihm aufgelegt worden ist. Allerdings dürfen wir dabei nun keinesfalls daran denken, der Fluch habe ihn selbst überwältigt: Nein, er hat ihn auf sich genommen und ihn damit selbst niedergeschlagen, zerbrochen, zunichte gemacht! Deshalb findet der Glaube in Christi Verdammung die Recht-

fertigung, in dem Fluch, der auf ihm lag, den Segen. Deswegen preist Paulus den Sieg, den Christus am Kreuz errungen hat, gewaltig hoch – als wäre das Kreuz, das doch sonst voller Schmach war, zu einem Triumphwagen geworden! »Er hat ausgetilgt die Handschrift, so wider uns war ... und hat sie an das Kreuz geheftet, und hat ausgezogen die Fürstentümer und die Gewaltigen und sie schaugetragen öffentlich ...« (Kol 2,14f.). Das ist nicht verwunderlich: Denn Christus hat sich – wie ein anderer Apostel sagt – »durch den ewigen Geist Gott geopfert« (Hebr 9,14), und daher kommt diese Umkehrung aller Dinge! Aber diese Gewissheit muss feste Wurzel in unserem Herzen schlagen und uns ganz durchdringen, und deshalb müssen wir immer dieses Opfers, dieser Reinigung gedenken. Wir könnten gar nicht die Gewissheit haben, dass Christus unsere Erlösung, unser Lösegeld und unser »Gnadenstuhl« ist, wenn er nicht unser Opfer wäre! Deshalb spricht die Schrift immer vom Blut, wo sie davon redet, wie unsere Erlösung zustande kam. Freilich ist Christi Blut nicht allein als Sühnopfer geflossen, es war auch gewissermaßen ein Bad, in dem wir Reinigung von unserer Befleckung gefunden haben.
(Institutio II,16,7). Nun folgt im Glaubensbekenntnis: »Gestorben und begraben«. Auch hier ist wieder wahrzunehmen, wie sich Christus, um unser Lösegeld zu bezahlen, überall an unsere Stelle gesetzt hat. Denn der Tod hielt uns ja unter seinem harten Joch gefangen – und da begab er sich an unserer statt in seine Gewalt, um wiederum uns von ihr zu befreien! Das meint der Apostel, wenn er schreibt: »auf dass er ... für alle den Tod schmeckte!« (Hebr 2,9). Denn durch sein Sterben hat er bewirkt, dass wir nicht sterben, oder, was dasselbe ist, durch seinen Tod hat er uns das Leben erkauft! Nur darin ist er von uns ganz verschieden: Er hat sich in die Gewalt des Todes begeben, nicht um von diesem verschlungen zu werden, sondern um ihn, der doch uns zu verschlingen drohte, selbst zu verschlingen! Er hat sich dem Tod unterworfen, nicht um von seiner Macht erdrückt zu werden, sondern um ihn selbst zu Boden zu werfen, der doch uns allezeit drohte und schon über unseren Sturz frohlockte! Endlich ist er gestorben, um durch den Tod den zunichte zu machen, der des Todes Gewalt hat, das ist: den Teufel (Hebr 2,14), und um die zu erlösen, »die durch Furcht des Todes im ganzen Leben Knechte sein mussten« (Hebr 2,15). Das ist die erste Frucht, die uns sein Tod gebracht hat.
Die zweite Wirkung des Todes Christi für uns ist die, dass er uns in die Gemeinschaft seines Sterbens hineinzieht; dadurch hat er unsere irdischen Glieder getötet, so dass sie nicht weiter ihr böses Werk tun, dadurch hat er auch unseren alten Menschen zunichte gemacht, dass er jetzt nicht mehr gedeiht und seine Früchte bringt! Und dazu ist er auch begraben worden, nämlich, dass wir jetzt selbst mit an seinem Begräbnis teilhaben und damit auch der Sünde begraben werden. Denn nach Paulus sind wir Christo durch einen gleichen Tod einverleibt, und mit ihm sind wir begraben und dadurch der Sünde gestorben; durch sein Kreuz ist »uns die Welt gekreuzigt und wir der Welt!« (Gal 2,19; 6,14). Wir sind mit ihm

gestorben (Kol 3,3). Aber damit will uns der Apostel nicht etwa bloß ermuntern, das Vorbild seines Todes gewissermaßen an uns zu Darstellung und Ausdruck zu bringen; sondern er erklärt uns, dass in dem Tode Christi eine solche Kraft wohnt, die nun in allen Christenmenschen sichtbar werden muss, wenn sie den Tod Christi an sich nicht nutzlos und fruchtlos machen wollen!
So empfangen wir also einen doppelten Segen von dem Tod und dem Begrabensein Christi: die Befreiung vom Tode, dessen Leibeigene wir waren, und die Abtötung unseres Fleisches.

## *Jesus Christus, der Auferweckte* (Institutio, 1559)[4]

(Institutio II,16,13). Nun folgt im Glaubensbekenntnis: »Am dritten Tage wieder auferstanden von den Toten«. Ohne die Auferstehung wäre alles, was wir bisher gesagt haben, eitel Stückwerk. Denn in der Kreuzigung, im Tode, im Begräbnis Christi wird ja lauter Schwachheit offenbar, und der Glaube muss also über das alles hinwegkommen, um zu rechter Kraft zu gelangen. Wir haben in seinem Tode wahrhaftig bereits die ganze Erfüllung des Heilswerks, weil wir durch ihn mit Gott versöhnt sind, weil durch ihn Gottes gerechtem Urteil genuggetan, der Fluch aufgehoben, die Strafe getragen ist. Und doch heißt es in der Schrift nicht, dass wir durch seinen Tod, sondern »durch die Auferstehung Jesu Christi von den Toten« »wiedergeboren« sind »zu einer lebendigen Hoffnung!« (I Petr 1,3). Denn wie er in seiner Auferstehung als der Sieger über den Tod hervorkam, so beruht auch der Sieg unseres Glaubens letztlich auf seiner Auferstehung. Wie das zugeht, lässt sich besser mit den Worten des Paulus ausdrücken: »Er ist um unserer Sünden willen dahingegeben und um unserer Gerechtigkeit willen auferweckt« (Röm 4,25). Damit will er doch wohl sagen: Durch seinen Tod ist die Sünde abgetan, aber durch seine Auferstehung ist die Gerechtigkeit uns erworben und wiederhergestellt. Wie aber hätte er uns im Tode vom Tode frei machen können, wenn er ihm selbst unterlegen wäre? Wie hätte er uns den Sieg erringen können, wenn er selbst den Kampf verloren hätte? Unser Heil ist also auf Tod und Auferstehung Christi gleichermaßen begründet, und zwar so: Durch den Tod ist die Sünde abgetan und der Tod überwunden, durch die Auferstehung ist uns die Gerechtigkeit wiedererworben und das Leben geschenkt. Dabei ist aber zu beachten, dass uns erst durch die Gabe der Auferstehung die Kraft und Wirkung seines Todes zukommt. Deshalb betont auch Paulus, dass Christus durch seine Auferstehung »kräftig erwiesen« sei als »Sohn Gottes« [Röm 1,4]; denn erst da hat er erstmalig seine himmlische Macht bewiesen, die der klare Spiegel seiner Gottheit ist und auf der unser Glaube sicher ruhen kann. Auch an anderer Stelle lehrt Paulus: »Und ob er wohl gekreuzigt ist in der Schwachheit, so ist er doch auferstanden in der Kraft des Geistes« (II Kor 13,4). Im gleichen Sinne

redet er an anderer Stelle von der Vollkommenheit: »zu erkennen ihn und die Kraft seiner Auferstehung«. Da schließt er denn freilich gleich an: »und die Gemeinschaft seiner Leiden, auf dass ich seinem Tode ähnlich werde« (Phil 3,10). Dazu passt ganz ausgezeichnet das Wort des Petrus: »Gott hat ihn auferweckt von den Toten und ihm die Herrlichkeit gegeben, auf dass ihr Glauben und Hoffnung an Gott haben möchtet« (I Petr 1,21); das bedeutet nicht, dass der Glaube, der sich auf Christi Tod verlässt, etwa wanke, sondern es hat seinen Grund darin, dass die Kraft Gottes, die uns im Glauben bewahrt, sich in der Auferstehung am deutlichsten geoffenbart hat. Deshalb müssen wir im Auge behalten: Wo vom Tode allein die Rede ist, da ist zugleich auch die Kraft der Auferstehung mit einbegriffen; dieses gleiche Einbegriffen sein findet statt, wo von der Auferstehung ohne ausdrückliche Nennung des Todes gesprochen wird: Auch da sind die Wirkungen des Todes mit bedacht. Aber in der Auferstehung hat er die Palme erstritten, so dass er »die Auferstehung und das Leben« geworden ist; deshalb sagt Paulus, der Glaube sei abgetan, eitel und trügerisch sei das Evangelium, wenn wir die Gewissheit der Auferstehung nicht fest im Herzen tragen dürften (I Kor 15,17). An anderer Stelle preist er den Tod Christi als festes Bollwerk gegen alle Schrecken der Verdammnis, und fährt dann doch, um den Lobpreis zu erhöhen, fort: »der gestorben ist, ja vielmehr, welcher auch auferwecket ist, welcher ist zur Rechten Gottes und vertritt uns« (Röm 8,34).
Weiter habe ich oben gezeigt, wie von unserem Teilhaben am Kreuz auch die Ertötung unsres Fleisches abhängt. Hier müssen wir sehen, wie wir auch von der Auferstehung eine ganz entsprechende Wirkung empfangen. Der Apostel sagt: »So sind wir ja mit ihm begraben ... in den Tod, auf dass, gleichwie Christus ist auferweckt von den Toten, also sollen auch wir in einem neuen Leben wandeln« (Röm 6,4). Im Kolosserbrief leitet er aus der Gewissheit, dass wir »mit Christus gestorben sind« (Röm 3,3), die Folgerung ab: »So tötet nun eure Glieder, die auf Erden sind« (Röm 3,5); und ganz in derselben Weise folgert er: »Seid ihr nun mit Christo auferstanden – so suchet, was droben ist, und nicht, was auf Erden ist« (Röm 3,1f.). Damit ermuntert er uns nicht allein, uns an Christi Auferstehung gleichsam ein Vorbild zu nehmen und nach einem neuen Leben uns auszustrecken, sondern er will uns sagen: Durch seine Kraft geschieht es wirklich, dass wir zur Gerechtigkeit erneuert werden!
Aber es wird uns aus der Auferstehung noch eine dritte Frucht zuteil: Die Auferstehung ist wie ein Unterpfand, das wir empfangen und das uns gewiss macht, dass auch wir selbst auferstehen werden, sie ist der wahre und sichere Grund unserer Auferstehung! Darüber redet Paulus ausführlich im 15. Kapitel des ersten Korintherbriefes. Anmerkungsweise will ich noch einfügen, dass durch die Worte: »Christus ist auferstanden von den Toten« zum Ausdruck kommt: Er war wirklich tot und ist wahrhaftig auferstanden; er hat also den gleichen Tod erlitten, den die übrigen Menschen von Natur sterben müssen, und in dem gleichen sterblichen Flei-

sche, das er an sich genommen hat, ist er in die Unsterblichkeit aufgenommen worden!

(Institutio II,16,14). Der Auferstehung schließt sich nun mit gutem Grunde die Himmelfahrt an. Schon in der Auferstehung hat Christus seine Herrlichkeit und Kraft in größerer Fülle sichtbar zu offenbaren angefangen. Denn schon da hörte sein niedriger und unedler Wandel im sterblichen Leben auf, schon da trat die Schande des Kreuzestodes zurück. Aber erst durch seine Aufnahme in den Himmel hat er in Wahrheit die Herrschaft angetreten. Das zeigt der Apostel mit seiner Lehre, er sei gen Himmel gefahren, »auf dass er alles erfüllte« (Eph 4,10). Dem Anschein nach mag da ein Widerspruch bestehen; aber Paulus zeigt, wie doch in Wirklichkeit alles wohl zusammenstimmt: Er ist eben so von uns gegangen, dass er uns nun auf viel segensreichere Art gegenwärtig sein kann als während der Zeit seines Erdenwandels, als er sich noch auf die niedrige Wohnstatt des Fleisches beschränkte. So berichtet Johannes die herrliche Aufforderung: »Wen da dürstet, der komme zu mir und trinke« (Joh 7,37); aber er setzt doch gleich hinzu: Der Heilige Geist war den Gläubigen noch nicht gegeben; »denn Jesus war noch nicht verklärt« (Joh 7,39). Der Herr hat es seinen Jüngern auch selbst bezeugt: »Es ist für euch gut, dass ich hingehe. Denn so ich nicht hingehe, so kommt der Tröster nicht zu euch« (Joh 16,7). Angesichts seiner leiblichen Abwesenheit hält er ihnen den Trost vor: »Ich will euch nicht als Waisen lassen; ich komme zu euch« [Joh 14,18]. Das geschieht zwar unsichtbar, aber um so herrlicher; denn nun dürfen sie, durch gewissere Erfahrung belehrt, darum wissen, dass jene Herrschaft, die er nun ergriffen hat, und diese Macht, die er ausübt, den Gläubigen nicht nur zum seligen Leben, sondern auch zum fröhlichen Sterben ausreicht! Und wir sehen ja auch, wie viel reichlicher er seinen Geist nun ausgegossen, wie viel herrlicher er sein Reich ausgebreitet und wie viel größere Macht er darin erzeigt hat, den Seinen beizustehen und seine Feinde zu Boden zu werfen. Er ist in den Himmel aufgenommen, und er hat damit seine leibliche Gegenwart unserem Blick entzogen. Aber das hat er nicht getan, um etwa jetzt nicht mehr den Gläubigen zur Seite zu stehen, die auf der Erde pilgern, sondern um desto mehr mit gegenwärtiger Kraft Himmel und Erde zu regieren! Ja, was er uns verheißen hat: »Siehe, ich bin bei euch alle Tage bis an der Welt Ende«, das hat er mit seiner Himmelfahrt in Erfüllung gehen lassen. Denn wie sein Leib über alle Himmel erhoben ist, so geht nun auch seine Kraft und Wirkung weit hinaus über alle Grenzen von Himmel und Erde! Ich will das lieber mit den Worten Augustins sagen als mit meinen eigenen: »Christus sollte durch den Tod hingehen, um sich zur Rechten Gottes zu setzen, und von da wird er wiederkommen, zu richten die Lebendigen und die Toten, und zwar in leiblicher Gegenwart, wie es die rechte Lehre und die Glaubensregel ausspricht! Denn in geistlicher Gegenwart wollte er ja nach seiner Auffahrt stets bei den Seinen sein« (zum Johannesevangelium, 78).

(Institutio II,16,15). Deshalb heißt es auch jetzt weiter: »sitzend zur Rechten des Vaters«. Das Bild ist von den Fürsten hergenommen, die ihre Statthalter zur Seite haben, welchen sie Regiment und Herrschaft anvertrauen. In diesem Sinne heißt es von Christus, durch den sich der Vater verherrlichen und durch dessen Hand er regieren will, er sei zur Rechten des Vaters erhöht. Das bedeutet dann etwa: Er ist zum Herrn über Himmel und Erde gesetzt und hat diese ihm vom Vater anvertraute Herrschaft feierlich angetreten. Er hat aber nicht nur dies getan, sondern er übt sein Regiment auch aus, bis er zum Gericht wiederkommt. So versteht es der Apostel; er sagt: »Der Vater hat ihn gesetzt zu seiner Rechten im Himmel über alle Fürstentümer, Gewalt, Macht, Herrschaft und alles, was genannt mag werden, nicht allein in dieser Welt, sondern auch in der zukünftigen« (Eph 1,20f.; Phil 2,9). Oder er sagt auch: »Er hat alles unter seine Füße getan« (I Kor 15,27) »und hat ihn gesetzt zum Haupt der Gemeinde über alles« (Eph 1,22). Da sieht man, was dieses Sitzen zur Rechten des Vaters bedeuten soll: Alle Kreaturen im Himmel und auf Erden sollen seine Majestät anerkennen, sollen durch seine Hand regiert werden, auf seinen Wink achten, seiner Kraft unterworfen sein! Das wollen auch die Apostel ausdrücken: Wenn sie von diesem Sitzen zur Rechten Gottes reden, so sprechen sie damit stets aus, dass alles seiner Herrschaft unterstellt ist (Apg 2,30–36; 3,21; Hebr 1,8). Wer hier bloß die Seligkeit ausgedrückt finden will, der geht also nicht den richtigen Weg. Es hat hier auch nichts zu bedeuten, dass in der Apostelgeschichte Stephanus bezeugt, er sehe den Herrn vor sich stehen (Apg 7,55); denn hier handelt es sich doch nicht um die Stellung des Körpers, sondern um die Herrscherherrlichkeit; »Sitzen« bedeutet also hier nichts anderes als den himmlischen Thron und Richterstuhl innehaben!

(Institutio II,16,16). Hieraus empfängt der Glaube mannigfaltige Frucht. Er erkennt zunächst, dass ihm der Herr durch seine Himmelfahrt den Zugang zum Himmelreich, der durch Adam verschlossen war, wieder eröffnet hat. Denn er ist ja in unserem Fleisch, gleichsam in unserem Namen in den Himmel eingegangen, und so ergibt sich, was der Apostel so ausspricht, wir seien in ihm bereits gewissermaßen »in das himmlische Wesen gesetzt« (Eph 2,5f.). Wir warten nicht mit bloßer Hoffnung auf den Himmel, sondern haben ihn in unserem Haupte bereits inne.

Zum Zweiten erkennt der Glaube, dass es uns sehr zugute kommt, wenn er zur Rechten des Vaters sitzt. Denn er ist in das Allerheiligste, »das nicht mit Händen gemacht ist«, eingegangen und tritt jetzt vor dem Angesicht des Vaters immerdar für uns ein als Beistand und Fürsprecher (Hebr 7,25; 9,11f.; Röm 8,34). Er wendet Gottes Blick auf seine Gerechtigkeit hin und von unserer Sünde weg. Er versöhnt den Vater mit uns und bahnt uns mit seiner Fürbitte Weg und Zugang zu seinem Thron. Er lässt den Vater gegen uns gnädig und gütig sein, obwohl er sonst dem elenden Sünder nur Schrecken einflößen würde.

Und zum Dritten richtet der Glaube seinen Blick auf seine Macht: Auf ihr ruht unsere Kraft und Stärke, unsere Macht und unser Ruhm gegen alle Gewalten der Hölle! Denn er ist in den Himmel eingegangen und »hat das Gefängnis gefangen geführt« (Eph 4,8), hat unsere Feinde entmachtet, sein Volk aber reich gemacht, und überhäuft es noch alle Tage mit geistlichen Reichtümern! Er thront in der Höhe, um seine Kraft auch uns zuteil werden zu lassen, uns dadurch zu geistlichem Leben zu erwecken, mit seinem Geiste zu heiligen, seine Kirche mit allerlei Gnadengaben zu zieren, sie unter seinem Schutz vor allem Schaden zu behüten, in seiner Kraft die Hand der wütenden Feinde des Kreuzes und unserer Seligkeit festzuhalten – überhaupt, um alle Gewalt auszuüben im Himmel und auf Erden, bis dass er alle seine Feinde, die ja auch uns feind sind, »zum Schemel seiner Füße legt« (Ps 110,1) und den Bau seiner Kirche vollendet hat! Das ist die wahre Verfassung seines Reiches, das ist die Gewalt, die ihm der Vater gegeben hat, bis dass er auch das Letzte vollbringt und wiederkommt, »zu richten die Lebendigen und die Toten«! (Institutio II,16,17). Christus schenkt den Seinen klare Erweise seiner ganz gegenwärtigen Kraft. Aber sein Reich ist auf der Erde unter der Niedrigkeit des Fleisches gewissermaßen verborgen, und darum wird der Glaube mit vollem Recht dazu aufgerufen, jene sichtbare Gegenwart Christi zu bedenken, die er am Jüngsten Tage offenbaren wird. Denn er wird sichtbar vom Himmel wiederkommen, wie man ihn hat auffahren sehen (Apg 1,11; Mt 24,30). Allen wird er erscheinen mit der unaussprechlichen Herrlichkeit seines Reiches, im Glanz der Unsterblichkeit, angetan mit der unermesslichen Gewalt göttlicher Majestät, begleitet von dem Heer der Engel! So sollen wir also unseren Erlöser erwarten auf jenen Tag, an dem er die Schafe von den Böcken trennen wird, die Erwählten von den Verworfenen (Mt 25,31–33). Seinem Gericht wird kein Lebendiger, kein Toter entlaufen! Denn an den Enden der Erde wird man den Schall der Posaune vernehmen, der alle Menschen vor seinen Richterstuhl fordert – die, welche dieser Tag noch lebendig findet, und die, welche der Tod bereits herausgerissen hat (I Thess 4,16f.). Einige verbinden hier mit den Wörtern »Lebendige und Tote« einen anderen Sinn; ja, auch einige der Kirchenväter haben in der Erklärung dieses Ausdrucks beträchtlich geschwankt. Aber meine Deutung ist doch wohl klar und einleuchtend, und sie entspricht dem Sinn des Glaubensbekenntnisses sicher am meisten, weil dies doch für jedermann verständlich geschrieben ist. Dem widerspricht auch nicht das Wort des Apostels, wonach es allen Menschen gesetzt sei, einmal zu sterben (Hebr 9,27). Denn die Menschen, die das Jüngste Gericht in diesem sterblichen Dasein erleben werden, werden zwar nicht nach dem natürlichen Lauf der Dinge sterben, aber die Verwandlung, die sie erleiden werden, ist doch dem Tode ganz ähnlich und heißt deshalb auch mit Recht »Tod«. Denn sicherlich »werden zwar nicht alle entschlafen«, es »werden aber alle verwandelt werden!« (I Kor 15,51). Was heißt das? In einem Augenblick wird ihr sterbliches

Wesen vergehen und weggenommen werden, und sogleich wird es in ein neues Wesen umgewandelt (I Kor 15,52). Dieses Weggenommenwerden des Fleisches ist aber doch unzweifelhaft der Tod; es bleibt also trotzdem wahr, dass »Lebendige und Tote« vor den Richterstuhl gefordert werden sollen: Da werden zuerst die Toten auferstehen, die »in Christo« entschlafen sind, und dann werden die Lebenden, die noch auf Erden übrig sind, zugleich mit ihnen dem Herrn entgegen, in die Luft entrückt werden (I Thess 4,16ff.). Der Ausdruck »Die Lebendigen und die Toten« ist augenscheinlich aus der von Lukas überlieferten Rede des Petrus (Apg 10,42) und aus der feierlichen Beteuerung, die Paulus dem Timotheus gibt, entnommen (II Tim 4,1).

(Institutio II,16,18). Herrlich ist der Trost, den wir daraus empfangen, dass das Gericht bei dem Herrn liegt, der uns selbst zu Mitgenossen seiner Ehre im Gericht verordnet hat. So wird er also gewiss nicht zu unserer Verdammnis zu Gericht sitzen! Denn wie sollte er, der gnädigste Fürst, sein eigenes Volk verderben? Wie sollte er, das Haupt, seine Glieder zunichte machen? Wie sollte der Fürsprecher seine Schützlinge verdammen (Röm 8,33)? Der Apostel wagt es ja, auszurufen, es könne keiner auftreten, uns zu verdammen, wenn doch Christus hier ist, für uns einzutreten. Noch sicherer ist es aber, dass Christus selber, der Fürsprecher, uns nicht verdammen wird – er hat uns doch in seinen Bund, seinen Schutz aufgenommen! Das bereitet uns eine herrliche Zuversicht, dass wir vor keinen anderen Richtstuhl gestellt werden als den unseres Erlösers, von dem wir die Seligkeit erwarten dürfen! Er wird ganz gewiss die Verheißung der ewigen Seligkeit, die er uns jetzt durch das Evangelium verkündigen lässt, dann gerade durch seinen Richterspruch in Vollzug setzen. Dass also der Vater den Sohn damit geehrt hat, ihm das »Gericht zu übergeben« (Joh 5,22) – das hat er zugleich in der Fürsorge für das Gewissen der Gläubigen getan, die sonst vor dem Gericht erzittern müssten.

(Institutio II,16,19). Unser ganzes Heil, alles, was dazu gehört, ist allein in Christus beschlossen (Apg 4,12). Deshalb dürfen wir auch nicht das geringste Stücklein anderswoher ableiten. Suchen wir das Heil, so sagt uns schon der Name Jesus: Es liegt bei ihm (I Kor 1,30). Geht es uns um andere Gaben des Geistes, so finden wir sie in seiner Salbung! Geht es um Kraft – sie liegt in seiner Herrschaft, um Reinheit – sie beruht auf seiner Empfängnis, um Gnade – sie bietet sich uns dar in seiner Geburt, durch die er uns in allen Stücken gleich geworden ist, auf dass er könnte Mitleiden haben mit unseren Schwachheiten (Hebr 2,17; 4,15). Fragen wir nach Erlösung – sie liegt in seinem Leiden, nach Lossprechung – sie liegt in seiner Verdammnis, nach Aufhebung des Fluchs – sie geschieht an seinem Kreuz (Gal 3,13), nach Genugtuung – sie wird in seinem Sühnopfer vollzogen, nach Reinigung – sie kommt uns zu in seinem Blut, nach Versöhnung – wir haben sie um seines Abstieges zur Hölle willen, nach der Absterbung unseres Fleisches – sie beruht auf seinem Begräbnis, nach dem neuen Leben – es erscheint in seiner Auferstehung, nach Unsterblichkeit – auch sie wird uns da zuteil. Wir möchten Erben des Himmels sein – wir können es; denn er ist in den Himmel eingegangen; wir begehren Schutz und Sicherheit, Reichtum aller Güter: In seinem Reich finden wir sie! Wir möchten zuversichtlich dem Gericht entgegensehen: Wir dürfen es, denn ihm ist das Gericht übertragen! Und endlich: In ihm liegt ja die Fülle aller Güter, und deshalb sollen wir aus dieser Quelle schöpfen, bis wir satt werden, nicht aus einem anderen! Denn wer sich mit ihm allein nicht zufrieden gibt, sondern sich von allerlei Hoffnungen hin und her treiben lässt – mag er auch »besonders« auf ihn schauen! – der verfehlt den rechten Weg, weil er mit seinem Dichten und Trachten zum Teil in anderer Richtung geht! Freilich kann diese Art Unglaube gar nicht einschleichen, wenn man einmal die ganze Unermesslichkeit seiner Güter recht erkannt hat!

## *Zu Jesus Christus gehören* (zu Römer 14,8f., 1540)[5]

[V. 8f.] »Denn unser keiner lebt sich selbst, und keiner stirbt sich selbst. Leben wir, so leben wir dem Herrn, sterben wir, so sterben wir dem Herrn. Ob wir nun leben oder sterben: wir sind des Herrn. Denn dazu ist Christus gestorben und wieder auferstanden und lebendig geworden, dass er über Lebende und Tote herrsche.«
[Paulus] verstärkt nun den vorigen Grundsatz durch einen vom Ganzen auf den besonderen Fall bezogenen Schluss: »Es ist nicht erstaunlich, dass wir alle einzelnen Handlungen unseres Lebens auf den Herrn beziehen müssen, da ja auch das Leben selbst zu seinem Ruhm beitragen soll.« Erst dann nämlich ist das Leben eines Christenmenschen richtig geordnet, wenn es den Willen Gottes zum Ziel hat. Wenn du also all dein Tun nach seinem Urteil ausrichten musst, wäre es Unrecht, überhaupt etwas zu beginnen, von dem du annimmst, es missfalle ihm, oder gar [etwas zu tun], von dem du nicht überzeugt bist, dass es ihm gefällt.
»So leben wir dem Herrn.« Hier ist nicht wie in Römer 6,8 gemeint, es gehe darum, durch seinen Geist belebt zu werden, sondern darum, für seinen Willen und Befehl bereitzustehen und alles auf seinen Ruhm hin auszurichten. Denn dem Herrn gilt es nicht nur zu leben, sondern auch zu sterben. Das heißt: Tod und Leben sind seinem Ermessen anheim zu stellen. Die beste Begründung fügt [Paulus] gleich hinzu: Denn »ob wir nun leben oder sterben, sind wir des Herrn.« Daraus folgt ja, dass er die Verfügungsgewalt über unser Leben und unsern Tod hat. Der Zweck dieser Lehre liegt offen zu Tage. So nämlich wird Gott die Herrschaft über Leben und Tod zugesprochen, dass einem jeden seine Lage wie ein von ihm auferlegtes Joch tragbar ist. Ihm steht es zu, jedem [von uns] seinen Posten und seinen Kurs anzuweisen. So werden wir nicht nur daran gehindert, planlos dies oder jenes ohne Gottes Geheiß in Angriff zu neh-

men, vielmehr wird uns in allen Beschwernissen und Unannehmlichkeiten Geduld verordnet. Will sich also unser Fleisch einmal von den Widerwärtigkeiten [des Lebens] zurückziehen, dann sollen wir daran denken, dass jeder, der nicht frei und nicht sein eigener Herr ist, Recht und Ordnung umstürzt, wenn er sich nicht vom Willen seines Herrn abhängig macht. Auch auf diese Weise wird uns eine Richtschnur für unser Leben und Sterben gegeben: Wenn [Gott] uns das Leben durch ständige Drangsal und Mattigkeit verlängert, sollen wir nicht danach streben, vor der Zeit zu sterben. Will er uns aber plötzlich mitten in der Blüte unseres Lebens abrufen, sollen wir immer zum Abschied bereit sein.

»Denn dazu ist Christus gestorben.« Das ist eine Bestätigung der Überlegung, die er zuvor angestellt hatte. Denn um zu beweisen, es gelte dem Herrn zu leben und zu sterben, hatte Paulus dargelegt, dass wir, ob wir nun leben oder sterben, in der Macht Christi stehen. Nun zeigt er, wie sehr Christus mit Recht diese Macht über uns für sich beanspruchen kann, da er sie durch einen hohen Preis selbst erworben hat. Denn durch die Hingabe in den Tod zu unserem Heil erwarb er sich eine Herrschaft, welche auch durch seinen Tod nicht zerstört werden konnte; durch die Auferstehung aber empfing er unser ganzes Leben zum Eigentum. Durch seinen Tod und seine Auferstehung also hat er verdient, dass wir im Tod wie im Leben der Ehre seines Namens dienen. Dass hier steht: »er ist auferstanden und wieder lebendig geworden«, bedeutet soviel, wie dass ihm durch die Auferstehung ein neuer Zustand des Lebens zuteil geworden ist. Und weil das Leben, das er jetzt besitzt, keinem Wandel mehr unterliegt, muss auch seine Herrschaft über uns ewig sein.

1 Genfer Katechismus von 1545, in: CStA 2,24–31.
2 Kommentar zu Röm 1,4, in: CStA 5.1,46–49.
3 Institutio (1559) II,16,5–7.
4 Institutio (1559) II,16,13–19.
5 Kommentar zu Röm 14,7–9, in: CStA 5.2,694–697.

# 4 Person und Werk des Heiligen Geistes

Der Heilige Geist ist ebenso Gott wie der Sohn und der Vater – deshalb ist die Person des Heiligen Geistes nur im Zusammenhang mit der Trinitätslehre zu bedenken. Dabei ist es eine Besonderheit der Trinitätslehre Calvins, dass er den drei göttlichen Personen spezifische Eigenarten zuerkennt. Deshalb gilt vom Heiligen Geist beides: Es ist der Geist des Vaters und des Sohnes. Und aufgrund des biblischen Zeugnisses ist er ganz Gott. Andererseits ist der Heilige Geist in besonderer Weise tätig (Inst. I). Der größte Teil der Institutio, nämlich die Bücher drei und vier und damit nahezu zwei Drittel des Umfangs, ist dem Wirken des Heiligen Geistes gewidmet, das inhaltlich äußerst eng mit Jesus Christus verbunden ist. Der Geist Jesu Christi hat die Aufgabe, dessen Werk zu den Menschen zu bringen (Inst. III). Das Meisterstück des Heiligen Geistes ist deshalb der Glaube. Durch den Heiligen Geist wirkt Gott in der Kirche und leitet die Seinen, und er ist es auch, der die Christen im Abendmahl mit Christus verbindet. Niemals kommt die Kirche in den Besitz des Geistes, vielmehr ist sie dauerhaft auf die Verheißung des Geistes angewiesen (Inst. IV). Die präzise Bindung des Geistes an Christus führt auch in der Verwendung des Begriffs »Geist« zur Unterscheidung der Geister, wie Calvin in der Schrift gegen die Libertiner erklärt.

*Der Glaube an den Heiligen Geist* (Genfer Katechismus, 1545)[1]

Frage 88. Kommen wir zum dritten Teil. Er spricht vom Glauben an den Heiligen Geist.
Frage 89. Was bringt er uns? Er zielt darauf ab, dass wir erkennen: So wie Gott uns durch den Sohn erlöst und gerettet hat, gibt er uns nun durch den Geist Anteil an dieser Erlösung und diesem Heil.
Frage 90. Wie geschieht dies? Da das Blut Christi unsere Reinigung bewirkt, müssen unsere Gewissen durch den Geist damit besprengt und abgewaschen werden [I Petr 1,11].
Frage 91. Dies bedarf noch einer genaueren Erläuterung. Ich verstehe das so: Der Geist Gottes, der in unseren Herzen wohnt, bewirkt, dass wir die Kraft Christi fühlen. Dass wir Christi Wohltaten mit dem Verstand erfassen, wird von der Erleuchtung durch den Heiligen Geist bewirkt; seine Überzeugungskraft bewirkt, dass sie in unseren Herzen versiegelt werden. Er allein schafft dafür in uns Raum. Er bewirkt unsere Wiedergeburt und macht uns zu neuen Geschöpfen. Alle uns in Christus dargereichten Ga-

ben empfangen wir also durch die Kraft des Geistes [Röm 5,5; Eph 1,13; Tit 3,5f.].

### *Die Gottheit des Heiligen Geistes* (Institutio, 1559)[2]

(Institutio I,13,14). Ohne alle Dunkelheit ist das Zeugnis des Mose in der Schöpfungsgeschichte: Der Geist habe über dem Abgrund oder dem ungestalteten Stoff geschwebt (Gen 1,2). Dadurch zeigt er, dass nicht nur die Schönheit der Welt, wie man sie jetzt erblickt, durch die Kraft des Geistes ihren Bestand hat, sondern dass der Geist bereits, ehe all diese Zier aufkam, die ungeordnete Masse erhalten hat. Keinerlei Ausflüchte gestattet auch der Ausspruch bei Jesaja: »Und nun sendet mich Gott der Herr und sein Geist« (Jes 48,16); denn er teilt damit die höchste Befehlsgewalt bei der Sendung der Propheten auch dem Geiste zu, woraus seine göttliche Majestät hervorleuchtet. Aber der beste Beweis kommt doch, wie ich bereits sagte, aus vertrauter Erfahrung. Denn hoch über alle Kreatur ist erhaben, was ihm die Schrift beilegt und was wir selbst in sicherer Erfahrung der Frömmigkeit lernen. Denn er ist überall gegenwärtig und erhält, nährt und belebt alle Dinge im Himmel und auf Erden. Schon dadurch wird er der Zahl der Geschöpfe entnommen, dass ihn keinerlei Grenzen umschließen. Aber dass er seine Kraft in alles ergießt und dadurch allen Dingen Wesen, Leben und Bewegung verleiht, das ist offenkundig göttlich. Und wenn weiterhin die Wiedergeburt zu unvergänglichem Leben höher und viel erhabener ist als alles gegenwärtige Wachsen und Werden, wie muss man dann über den Geist urteilen, aus dessen Kraft solches Leben hervorgeht? Denn dass er selbst nicht durch Übertragung, sondern durch seine eigene Kraft der Urheber der Wiedergeburt ist, das lehrt die Schrift an vielen Stellen. Er ist aber nicht allein der Urheber der Wiedergeburt, sondern auch der Begründer künftiger Unsterblichkeit. Es werden also dem Geist genau wie dem Sohn alle Wirksamkeiten der Gottheit, und zwar besonders die ganz eigentümlichen, zugeschrieben. Wenn doch der Geist die Tiefen des Gottes erforscht, der unter den Geschöpfen keinen Ratgeber hat (I Kor 2,10.16), wenn er Weisheit und Redefähigkeit darreicht (I Kor 12,10), wo doch der Herr dem Mose sagt, das sei ausschließlich sein Werk (Ex 4,11), dann gelangen wir durch ihn derart zur Gemeinschaft mit Gott, dass wir seine Kraft als lebendig machende an uns erfahren. Unsere Rechtfertigung ist sein Werk, von ihm kommt Kraft, Heiligung, Wahrheit, Gnade und was man nur Gutes erdenken kann. Denn es ist ein Geist, von dem alle Gaben kommen. Besonders ist hier der Satz des Paulus erwähnenswert: Wie mannigfaltig auch die Gaben sind, wie vielfältig und verschieden sie verteilt sind, »es ist ein Geist« (I Kor 12,4). Damit stellt er fest, dass der Geist nicht etwa bloß der Anfang und die Quelle, sondern wirklich der Urheber ist. Das drückt er noch klarer kurz danach so aus: »Dies alles aber wirket derselbe eine Geist und teilt einem jeglichen seines zu, nach dem er will.« (I Kor 12,11). Wäre der Geist nicht eine Seinsweise in Gott, so würde ihm sicherlich in keiner Weise Wahl und Wille zugeschrieben. Deshalb misst also Paulus dem Geist mit voller Klarheit göttliche Macht bei und zeigt, dass er als eigene Wesenheit in Gott wohne.

Auch bedient sich die Schrift, wenn sie vom Geiste redet, des Namens »Gott«. Denn Paulus folgert daraus, dass der Geist in uns wohnt, dass wir ein Tempel Gottes sind (I Kor 3,17; 6,19; II Kor 6,16). Darüber darf man nicht schnell hinweggehen. Denn Gott verheißt so oft, er werde sich uns als seinen Tempel erwählen, und erfüllt diese Verheißung dadurch, dass der Geist in uns wohnt! Augustin hat sicher mit seiner ausgezeichneten Bemerkung recht: Wenn wir den Befehl erhielten, dem Geist aus Holz und Stein einen Tempel zu bauen, wo doch solche Verehrung einzig Gott gebührt, so wäre das ja schon ein klarer Beweis für seine Gottheit; wie viel klarer ist er aber nun, da wir ihm nicht einen Tempel bauen, sondern selbst ein Tempel sein sollen! (Brief 170). Der Apostel schreibt einmal, wir seien Gottes Tempel, das andere Mal in völlig gleichem Sinne, wir seien Tempel des Heiligen Geistes! Und als Petrus den Ananias tadelte, dass er »dem Heiligen Geiste gelogen« habe, da sagte er, Ananias habe »nicht Menschen, sondern Gott gelogen« (Apg 5,3f.). Und wo Jesaja den Herrn der Heerscharen redend einführt (Jes 6,9), da lehrt Paulus, es sei der Heilige Geist, der da rede (Apg 28,25f.). Überhaupt: Wo die Propheten immer wieder sagen, die Worte, die sie redeten, seien solche des Herrn der Heerscharen, da nennen Jesus und die Apostel den Heiligen Geist. Auch daraus geht hervor, dass er wahrhaftig »der Herr« ist, der der höchste Urheber aller Prophetie ist. Wo andererseits Gott sich darüber beschwert, dass er durch des Volkes Halsstarrigkeit herausgefordert werde, da sagt Jesaja, es sei sein Heiliger Geist betrübt worden (Jes 63,10). Und wenn endlich die Lästerung des Geistes weder in dieser Welt noch in der zukünftigen vergeben werden soll, während doch der, der den Sohn lästert, Vergebung empfangen kann (Mt 12,31; Mk 3,29; Lk 12,10), so ist auch das ein klarer Ausdruck der göttlichen Majestät des Geistes, die zu verletzen oder anzutasten ein unvergebbarer Frevel ist. Mit voller Absicht übergehe ich viele Zeugnisse, die die Alten hier genannt haben. Ihnen schien es angebracht, hier z.B. die Psalmstelle anzuführen: »Die Himmel sind durch des Herrn Wort gemacht und all ihr Heer durch den Geist seines Mundes« (Ps 33,6), um zu beweisen, die Welt sei ebenso sehr des Heiligen Geistes Werk wie das des Sohnes. Aber da es in den Psalmen üblich ist, dasselbe zweimal zu sagen, und da ferner bei Jesaja »Geist seines Mundes« soviel bedeutet wie »Wort« (Jes 11,4), so scheint mir dies eine schwache Beweisstelle zu sein. Ich wollte deshalb nur kurz das berühren, auf das sich der fromme Sinn mit Sicherheit stützen kann.

### *Der Heilige Geist verbindet mit Christus* (Institutio, 1559)[3]

(Institutio III,1,1). Jetzt müssen wir zusehen, wie denn jene Güter, die der Vater seinem eingeborenen Sohne anvertraut hat, zu uns kommen; denn er hat sie ihm ja nicht zum eigenen Gebrauch gegeben, sondern er soll damit die Bedürftigen und Armen reich machen. Da muss man zunächst festhalten: Solange Christus außerhalb von uns bleibt und wir von ihm getrennt sind, ist alles, was er zum Heil der Menschheit gelitten und getan hat, für uns ohne Nutzen und gar ohne jeden Belang! Soll er uns also zuteil werden lassen, was er vom Vater empfangen hat, so muss er unser Eigentum werden und in uns Wohnung nehmen. Deshalb heißt er auch unser »Haupt« (Eph 4,15) und »der Erstgeborene unter vielen Brüdern« (Röm 8,29), deshalb heißt es auf der anderen Seite von uns, dass wir in ihn eingefügt werden (Röm 11,17) und ihn »anziehen« (Gal 3,27); denn ich wiederhole, dass alles, was er besitzt, uns solange nichts angeht, als wir nicht mit ihm in eins zusammenwachsen. Es ist freilich wahr, dass wir dies durch den Glauben erreichen; aber wir sehen doch auch, dass nicht alle unterschiedslos die Gemeinschaft mit Christus ergreifen, die uns im Evangelium angeboten wird, und deshalb lehrt uns die Vernunft selbst, tiefer einzudringen und die Frage nach der verborgenen Wirksamkeit des Heiligen Geistes zu stellen; denn durch sie kommt es dazu, dass wir Christus und alle seine Güter genießen. Von der ewigen Gottheit und Wesenheit des Heiligen Geistes habe ich bereits gesprochen; wir müssen uns in diesem besonderen Lehrstück mit der Feststellung begnügen: Christus ist dergestalt in Wasser und Blut gekommen, dass der Heilige Geist von ihm zeugt, damit das Heil, das der Herr uns errungen hat, an uns nicht wirkungslos bleibe (I Joh 5,6). Denn wie uns drei Zeugen im Himmel genannt werden: der Vater, das Wort und der Geist, so auch drei auf Erden: Wasser, Blut und Geist (I Joh 5,7f.). Da kommt also das Zeugnis des Geistes beide Mal vor, und das ist nicht umsonst geschehen; denn wir erfahren, dass es wie ein Siegel in unser Herz eingedrückt ist. So geschieht es, dass es uns die Abwaschung unserer Sünden und das Opfer Christi versiegelt. In diesem Sinne sagt auch Petrus, die Gläubigen seien erwählt »durch die Heiligung des Geistes, zum Gehorsam und zur Besprengung mit dem Blut Jesu Christi« (I Petr 1,2). Mit diesen Worten will er uns lehren, dass unsere Seelen, damit Christus sein heiliges Blut nicht vergeblich vergossen habe, durch die verborgene Besprengung, die der Geist an uns übt, mit diesem Blute gereinigt werden. Auch Paulus sagt deshalb an einer Stelle, wo er von der Reinigung und der Rechtfertigung redet, dies beides werde uns zuteil »durch den Namen Jesu Christi und durch den Geist unseres Gottes« (I Kor 6,11). Ich fasse zusammen: Der Heilige Geist ist das Band, durch das uns Christus wirksam mit sich verbindet. [...]

(Institutio III,1,2). Damit nun dieser Sachverhalt, der ganz besonders wert ist, erkannt zu werden, um so deutlicher offenbar werde, müssen wir vor allem festhalten, dass Christus bei seinem Kommen in ganz besonderer Weise mit dem Heiligen Geiste ausgerüstet war: Er sollte uns dadurch von der Welt absondern und zur Hoffnung auf das ewige Erbe sammeln. Daher heißt der Geist der »Geist der Heiligung«, weil er uns nicht bloß mit der allgemein wirkenden Kraft, wie sie an der Menschheit und auch an der ganzen übrigen Kreatur in Erscheinung tritt, belebt und erhält, sondern weil er die Wurzel und der Same des himmlischen Lebens in uns ist. Deshalb rühmen die Propheten an dem Reiche Christi ganz besonders dies, dass dann der Heilige Geist sich in reicherer Fülle ergießen sollte. Vor allem bemerkenswert ist der Joelspruch: »An jenem Tage will ich von meinem Geist ausgießen über alles Fleisch« (Joel 3,1). Da scheint freilich der Prophet unter den Gaben des Geistes allein das Amt der Prophetie zu begreifen, aber unter diesem Bilde gibt er doch zu verstehen, dass Gott solche Menschen, die zuvor ohne jede Kunde und unberührt von der himmlischen Lehre waren, durch die Erleuchtung seines Geistes zu seinen Jüngern machen würde.

Weil uns übrigens Gott, der Vater, um seines Sohnes willen mit dem Heiligen Geiste beschenkt und ihm doch zugleich alle Fülle anvertraut hat, so dass er also seine Güte und Freundlichkeit verwaltet und austeilt, – so heißt er bald der Geist des Vaters, bald der des Sohnes. »Ihr aber«, sagt Paulus, »seid nicht fleischlich, sondern geistlich, wenn Gottes Geist in euch wohnt. Wer aber Christi Geist nicht hat, der ist nicht sein« (Röm 8,9). Daraufhin aber erweckt er in uns die Hoffnung auf völlige Erneuerung: »Derselbe, der Christum von den Toten auferweckt hat, der wird auch eure sterblichen Leiber lebendig machen um deswillen, dass sein Geist in euch wohnt« (Röm 8,11). Es liegt nämlich wirklich nichts Widersinniges darin, dass einerseits dem Vater das Lob für seine Gaben zukommt, deren Urheber er ja tatsächlich ist, und dass anderseits auch Christus daran der gleiche Anteil gegeben wird, weil bei ihm ja die Gaben des Geistes niedergelegt sind und er sie den Seinen zuteil werden lässt. So lädt er alle, die da dürsten, zu sich ein, dass sie trinken (Joh 7,37). Und nach der Lehre des Paulus wird an jeden Einzelnen der Geist ausgeteilt »nach dem Maß der Gabe Christi« (Eph 4,7). Er heißt aber – das müssen wir uns vergegenwärtigen – Christi Geist nicht nur, insofern er als das ewige Wort Gottes in eben diesem Geiste mit dem Vater verbunden ist, sondern auch nach der Person des Mittlers; denn Christus wäre ja ohne Ausrüstung mit dieser Kraft vergebens zu uns gekommen. In diesem Sinne heißt Christus auch der zweite Adam, der uns vom Himmel gegeben ist »zum Geist, der da lebendig macht« (I Kor 15,45). Hier vergleicht Paulus das besondere Leben, das der Sohn Gottes den Seinen einhaucht, damit sie mit ihm eins seien, mit dem natürlichen Leben, an dem auch die Verworfenen teilhaben. In gleicher Weise wünscht er den Gläubigen zunächst »die Gnade unseres Herrn Jesu Christi und die Liebe Gottes«, schließt aber dann sofort an: »und die Gemeinschaft des Heiligen Geistes« (II Kor 13,13); denn ohne diese wird keiner Gottes väterliche Güte und Christi Wohltat schmecken. Auch an anderer Stelle sagt Paulus: »Die Liebe Gottes ist ausgegossen in unser Herz durch den Heiligen Geist, welcher uns gegeben ist« (Röm 5,5).

(Institutio III,1,3). Hier wird es nun dienlich sein, die Bezeichnungen zu vermerken, mit denen die Schrift den Heiligen Geist auszeichnet, wo von dem Anfang und auch von der ganzen Wiederherstellung unseres Heils die Rede ist. Er heißt da zunächst der »Geist der [Aufnahme in die] Kindschaft«; denn er ist uns der Zeuge des gnädigen Wohlwollens Gottes, mit dem uns Gott, der Vater, in seinem geliebten, eingeborenen Sohne umfasst hat, um uns zum Vater zu werden; er erweckt und belebt in uns auch die Freudigkeit zum Gebet, ja er gibt uns selbst die Worte ein, so dass wir ohne Furcht rufen: »Abba, Vater!« (Röm 8,15; Gal 4,6). Aus dem gleichen Grunde nennt ihn die Schrift das Unterpfand und Siegel unseres Erbes (II Kor 1,22); denn er macht uns, die wir in dieser Welt als Pilger wandern und gleich Toten sind, vom Himmel her lebendig, so dass wir gewiss sind: Unser Heil ist unter Gottes treuer Wacht sicher geborgen; deshalb heißt der Geist auch »Leben um der Gerechtigkeit willen« (Röm 8,10).

Aber er macht uns ja auch durch seine verborgene Besprengung fruchtbar, um Triebe der Gerechtigkeit hervorzubringen. Darum heißt er mehrfach »Wasser«, wie z.B. bei Jesaja: »Wohlan, alle, die ihr durstig seid, kommet her zum Wasser!« (Jes 55,1); ebenso: »Denn ich will meinen Geist ausgießen auf das Durstige und Ströme auf das Dürre« (Jes 44,3). Dem entspricht auch das oben bereits angeführte Wort Christi: »Wen da dürstet, der komme zu mir!« (Joh 7,37). Dass der Heilige Geist als Wasser bezeichnet wird, kommt freilich zuweilen auch von seiner säubernden und reinigenden Kraft; so bei Ezechiel, wo der Herr »reines Wasser« verheißt, um damit sein Volk von seinen »Unreinigkeiten« zu »waschen« (Ez 36,25).

Weil der Heilige Geist aber weiterhin die Menschen, die er mit der erquickenden Kraft seiner Gnade durchflutet hat, zu kräftigem Leben erneuert und darin erhält, so hat er auch den Namen »Öl« oder »Salbung« inne (I Joh 2,20.27).

Auf der anderen Seite aber brennt und fegt er unsere sündigen Begierden beständig aus und entflammt wiederum unser Herz zur Liebe zu Gott und zum Trachten nach der Gottesfurcht. Auf Grund dieser Wirkung heißt er mit Recht ein »Feuer« (Lk 3,16).

Und schließlich wird er uns als »Quelle« (Joh 4,14) beschrieben, aus der uns alle himmlischen Reichtümer zuströmen, oder auch als die »Hand Gottes« (Apg 11,21), durch die Gott seine Macht ausübt; denn wenn er uns mit seiner Kraft anhaucht, dann wirkt er göttliches Leben in uns, so dass wir nun nicht mehr von uns selber uns treiben lassen, sondern von seiner Führung und seinem Antrieb regiert werden. So ist alles Gute an uns Frucht seiner Gnade, ohne ihn aber sind unsere eigenen Gaben bloß Verstandesfinsternis und Herzensverkehrtheit!

Jetzt haben wir zwar schon deutlich dargelegt, dass Christus sozusagen nutzlos für uns daliegt, bis unser Sinn sich auf seinen Geist richtet; denn es ist eine abgeschmackte Sache, wenn wir uns Christus in eitlem Spekulieren außerhalb, ja ferne von uns vorstellen! Er ist im Gegenteil, wie wir wissen, nur für die von Segen, deren »Haupt« er ist (Eph 4,15), für die er »der Erstgeborene unter vielen Brüdern« ist (Röm 8,29), kurz, die ihn »angezogen« haben! (Gal 3,27). Allein diese Verbindung mit ihm bringt es zustande, dass er, was uns betrifft, nicht umsonst unter dem Namen des Retters gekommen ist. Das ist auch der Sinn jener heiligen Ehe, durch die wir Fleisch von seinem Fleisch und Bein von seinem Bein (Eph 5,30), ja, mit ihm gänzlich eins werden. Aber er vollzieht diese Einung mit uns einzig und allein durch den Heiligen Geist. Die Gnade und Kraft dieses Geistes macht uns auch zu seinen Gliedern, so dass er uns unter seiner Leitung zusammenhält und wir wiederum ihn besitzen!

(Institutio III,1,4). Das vornehmste Werk des Heiligen Geistes aber ist der Glaube; auf ihn muss daher auch ein großer Teil der Aussagen bezogen werden, die uns da und dort zur Beschreibung seiner Kraft und seines Wirkens begegnen. Denn er führt uns allein durch den Glauben an das Licht des Evangeliums heran, wie ja Johannes lehrt, dass denen, die an Christus glauben, das Vorrecht geschenkt ist, Gottes Kinder zu werden, die nicht aus Fleisch und Blut, »sondern aus Gott geboren sind« (Joh 1,12f.). Hier wird Gott Fleisch und Blut gegenübergestellt und damit klar behauptet, dass es ein übernatürliches Geschenk ist, wenn Menschen, die sonst ihrem Unglauben verfallen geblieben wären, Christus im Glauben annehmen. Ähnlich ist auch die Antwort, die Christus dem Petrus gab: »Fleisch und Blut hat dir das nicht offenbart, sondern mein Vater im Himmel« (Mt 16,17). […]

Ähnlich ist übrigens auch das Wort des Paulus, der von den Ephesern sagt: »Ihr seid versiegelt worden mit dem Heiligen Geist der Verheißung« (Eph 1,13). Der Heilige Geist ist nach diesem Wort der inwendige Lehrer, durch dessen Wirken die Verheißung des Heils in unser Gemüt eindringt – sonst würde sie allein die Luft oder das Ohr treffen! Wenn Paulus von den Thessalonichern sagt, Gott habe sie erwählt »in der Heiligung des Geistes und im Glauben der Wahrheit« (II Thess 2,13), so macht er uns in diesem Textzusammenhang darauf aufmerksam, dass der Glaube selbst allein durch den Geist gewirkt wird. Deutlicher finden wir das bei Johannes ausgesprochen: »Und daran erkennen wir, dass er in uns bleibt, an dem Geist, den er uns gegeben hat« (I Joh 3,24), und dementsprechend: »Daran erkennen wir, dass wir in ihm bleiben und er in uns, dass er uns von seinem Geist gegeben hat« (I Joh 4,13). Deshalb hat Christus seinen Jüngern, damit sie die himmlische Weisheit zu fassen vermöchten, den »Geist der Wahrheit« verheißen, »welchen die Welt nicht kann empfangen« (Joh 14,17). Und er schreibt dem Geiste als sein eigentliches Amt dies zu, den Jüngern das einzugeben, was er sie selbst mit seinem Munde gelehrt hatte. Denn sie wären ja blind, und das Licht würde ihnen vergebens scheinen, wenn nicht dieser Geist der Erkenntnis die Augen ihres Gemüts auftäte; man kann ihn deshalb sehr wohl einen Schlüssel nennen, der uns die Schätze des Himmelreichs erschließt [Off 3,7], seine erleuchtende Wirkung kann man durchaus als die Sehkraft unseres Gemüts bezeichnen. Aus diesem Grunde rühmt Paulus das »Amt des Geistes« so hoch (II Kor 3,6); denn alle Lehrer würden umsonst ihren Ruf erschallen lassen, wenn nicht Christus selbst als inwendiger Lehrmeister durch seinen Geist die Menschen zu sich zöge, die ihm der Vater gegeben hat (Joh 6,44; 12,32; 17,6). Wie wir sagten, dass sich in Christi Person die vollkommene Gerechtigkeit findet, so »tauft« er uns also auch »mit dem Heiligen Geiste und mit Feuer«, damit wir seiner teilhaftig werden (Lk 3,16); er erleuchtet uns, dass wir seinem Evangelium glauben; er schenkt uns die Wiedergeburt zu neuem Leben, so dass wir neue Kreaturen werden [II Kor 5,17]; er reinigt uns von allem unheiligen Schmutz und weiht uns Gott zu heiligen Tempeln [I Kor 3,16f.; II Kor 6,16; Eph 2,21].

## *Die Verheißung des Geistes für die Kirche* (Institutio, 1559)[4]

(Institutio IV,8,11). Wir wollen nun zunächst hören, mit welchen Beweisgründen sie es bekräftigen, dass der Kirche eine solche Autorität gegeben sei; dann wollen wir zusehen, wie viel ihnen das, was sie bezüglich der Kirche anführen, helfen kann. Die Kirche, so sagen sie, besitzt herrliche Verheißungen, dass sie von Christus, ihrem Bräutigam, niemals verlassen werden, sondern von seinem Geiste »in alle Wahrheit geleitet« werden wird [Joh 16,13].

Aber nun sind von den Verheißungen, die sie anzuführen pflegen, viele ebenso wohl jedem einzelnen Gläubigen wie der gesamten Kirche gegeben. Denn wenn der Herr sprach: »Siehe, ich bin bei euch bis an der Welt Ende« (Mt 28,20), oder ebenso: »Ich will den Vater bitten, und er soll euch einen anderen Tröster geben, den Geist der Wahrheit« (Joh 14,16f.), so richtete er diese Worte zwar an die zwölf Apostel, aber er gab diese Verheißung nicht nur der Zwölfzahl, sondern auch jedem einzelnen von ihnen im Besonderen, ja, in gleicher Weise auch anderen Jüngern, die er bereits angenommen hatte oder die später noch hinzukommen sollten. Wenn die Römischen also derartige Verheißungen, die so voll herrlichen Trostes sind, dergestalt auslegen, als ob sie keinem unter den Christenmenschen [für sich allein] gegeben wären, sondern der gesamten Kirche insgemein – was tun sie dann anders, als dass sie allen Christen die Zuversicht nehmen, die aus diesen Verheißungen zu ihrer Ermutigung hätte kommen sollen? Ich bestreite nun hier nicht, dass die ganze Gemeinschaft der Gläubigen, die doch mit einer vielfachen Mannigfaltigkeit von Gaben ausgerüstet ist, einen viel reicheren und volleren Schatz himmlischer Weisheit zum Geschenk erhalten hat als jeder einzelne für sich allein; auch bin ich nicht der Meinung, dass jene Zusage allen Gläu-

bigen miteinander in dem Sinne gegeben sei, als ob sie alle gleichermaßen mit jenem Geist des Verstehens und der Unterweisung begabt wären; nein, ich sage das nur, weil man den Widersachern Christi nicht erlauben darf, dass sie die Schrift zur Verteidigung einer bösen Sache in einem ihr fremden Sinn verdrehen.
Aber ich lasse das beiseite und bekenne schlicht, wie es sich auch tatsächlich verhält, dass der Herr immerfort den Seinen gegenwärtig ist und sie mit seinem Geist regiert. Dieser ist nun, so bekenne ich weiter, nicht ein Geist des Irrtums, der Unwissenheit, der Lüge oder der Finsternis, sondern ein Geist gewisser Offenbarung, ein Geist der Weisheit, der Wahrheit und des Lichtes, von dem die Gläubigen ohne Trug lernen, was ihnen geschenkt ist (I Kor 2,12), das heißt: »welche da sei die Hoffnung ihrer Berufung, und welcher sei der Reichtum seines herrlichen Erbes bei seinen Heiligen« (Eph 1,18). Aber da die Gläubigen in diesem Fleische bloß die »Erstlinge« und einen gewissen Geschmack dieses Geistes empfangen – auch die, welche vor anderen mit hervorragenderen Gnadengaben beschenkt sind –, so bleibt ihnen nichts Besseres übrig, als dass sie sich, ihrer Schwachheit wohl bewusst, sorglich innerhalb der Grenzen des Wortes Gottes halten, damit sie nicht, wenn sie nach ihrem eigenen Sinn allzu weit ausschweifen, alsbald vom rechten Wege abirren, sofern sie nämlich jenes Geistes, durch dessen Unterweisung allein Wahrheit und Lüge unterschieden werden, noch ledig sind. Denn alle bekennen mit Paulus, dass sie das Endziel noch nicht erreicht haben (Phil 3,12). Und deshalb streben sie mehr nach dem täglichen Fortschreiten, als dass sie sich etwa der Vollkommenheit rühmten!

## *Unterscheidung der Geister* (Wider die Sekte der Libertiner, 1545)[5]

Kapitel X. Dass die Libertiner auf mehrere Arten das Wort »Geist« missbrauchen, welches sie ständig im Munde führen.
Zusätzlich zum soeben Gesagten sollte man zur Kenntnis nehmen, dass die Libertiner kein Thema anschneiden können, ohne dass sogleich das Wort »Geist« fällt, und dass sie keine zwei Sätze machen können, ohne es zu wiederholen. Sie geben ihm nämlich mehr als nur eine Bedeutung, ähnlich wie die Dorfpfarrer, die manchmal in ihren Pfarreien ein Götzenbild gleich fünf oder sechs Heiligen dienen lassen (was dann ebenso viele Kollekten einbringt). Genauso wenden jene Lümmel das Wort »Geist« auf alles an, was ihnen gut dünkt, um ihren Vorteil daraus zu ziehen. Sie machen daraus so etwas wie eine fade Soße, die zu allen Fleischsorten passt. Sie sagen, das Wort Gottes sei Geist. In der Tat, unser Herr Jesus hat diese Bezeichnung einmal auf diese Weise verwendet, als er sagte, dass seine Worte Geist und Leben seien (Joh 6,63). Aber wir zweifeln nicht daran, dass er damit meinte, sie seien geistlich und belebend, denn es ging um das Essen seines Körpers. Die Leute von Kaper-

naum glaubten nämlich, es handle sich um eine fleischliche Form. Er hat ihnen deshalb dargelegt, dass dem nicht so sei.

Die Tatsache, dass alle Lehre von Gott geistlich ist, ist allgemein anerkannt – wir lehren das ja auch. Jene Phantasten sprechen aber von etwas ganz anderem. Man kann darin weiter nichts ausmachen als ihr Bestreben, ein neues, gespenstisches Wort hervorzubringen. Jesus Christus nennen sie »Geist«. Gewiss hat ihm Paulus einmal diese Bezeichnung gegeben (II Kor 3,17), aber doch nicht auf eine so einfältige Art und Weise! Er nennt ihn Geist, das heißt Seele des Gesetzes, weil dieses ohne ihn eben gewissermaßen tot wäre. Jene Scheusale aber bringen grundlos alles durcheinander, indem sie keinerlei Unterschied zwischen dem Sohn Gottes und dem Geist machen. Ich will jetzt nicht alle Weisen aufzählen, deren sich die Libertiner bedienen, das wäre endlos. Bloß diese paar Beispiele wollte ich kurz nennen, um die Gläubigen damit zu warnen. Wann immer sie das Wort »Geist« hören, sollen sie gut darauf achten, mit welcher Bedeutung es gebraucht wird, um sich nicht in wirre Behauptungen ohne Sinn und Inhalt verstricken zu lassen.

Weiter muss beachtet werden, dass die Libertiner das Wort »Geist« auf alles anwenden, was ihnen gerade in den Sinn kommt. Indem sie Dinge vermischen, die auseinander zu halten sind, bringen sie das Urteilsvermögen ihrer Zuhörer durcheinander und betören sie noch dazu, indem sie ihnen einreden, sie seien allesamt spirituell und göttlich und beinahe so bezaubernd wie die Engel. Und sogar die Gebildetsten unter den Zuhörern lassen sich zuweilen prompt davon vereinnahmen, bis sie dann doch realisieren, worauf diese Spiritualität abzielt. Ich erwähne das, weil es heutzutage für alle aufrichtigen Menschen skandalös ist, eine solche Menge wankelmütiger Leute zu sehen, die das Wort Gottes ihren eigenen Gefühlen unterwerfen und damit die christliche Freiheit derart verdrehen, dass sie zu einer schrankenlosen Zügellosigkeit des Fleisches verkommt. Oder aber sie plaudern unverbindlich vom Evangelium, während sie ein scheinheiliges Leben führen, und lästern Gott durch ihre Werke, während sie ihn mit ihren Mündern loben (Tit 1,16).

Wenn also jemand mit rechtem Glaubenseifer in die Hände dieser Freier fällt und sie ausschließlich vom Geist sprechen hört, auch davon, dass das Wort Gottes bloß Geist sei, dass Jesus ebenfalls bloß Geist sei, dass auch wir mit ihm Geist sein sollen und dass gar unser Leben Geist sein soll, dann könnten ihm diese auf den ersten Blick gar als wahrhaft Gläubige vorkommen, als solche, die das Wort Gottes nicht durch das üble Leben falscher Christen verunglimpft und keinen Angriffen ausgesetzt sehen wollen. Ist man auf diese Weise erst einmal mit ihnen vertraut geworden, so wird man eine gute Meinung von ihnen haben, sie deshalb lieb gewinnen und ihnen keineswegs den Glauben absprechen wollen.

Bald darauf werden sie allerdings ihr Gift versprühen und ihre hochtrabende Sprechart gegen eine viehische Lehre vertauschen, wie Judas sagt (Jud 10). Wir werden nämlich sehen, dass es weder einen Hurenbock noch einen Straßenräuber gibt – und wäre er der niederträchtigste der Welt! –, der skrupellos genug wäre, all jene abscheulichen Verbrechen zu billigen, die diese feinen Spirituellen begehen.

Man mag sich fragen: Muss uns also das Wort »Geist« zweifelhaft vorkommen? Das ist indessen weder, was ich sage, noch was ich meine. Ich habe von Beginn weg betont, dass wir wachsam und argwöhnisch sein sollen, nicht, damit wir jenes Wort ablehnen oder uns darüber lustig machen, sondern um wahrzunehmen, in welchem Sinne es verwendet wird. Wenn wir also einen Mann sehen, der einfach seiner Wege geht und darlegt, dass das Wort Gottes geistlich ist, um unsere Herzen nach dem Glauben und dem geheiligten Leben zu formen, wenn er von der Anrufung des Namens Gottes spricht, von der Buße, von den guten Werken und von allen Taten der Christen, wie sie dem reinen Schriftgebrauch entsprechen, wenn er diese Dinge redlich und unverblümt behandelt, und wenn er schließlich die Eitelkeit jener, denen das Wort Gottes bloß auf der Zunge schwebt, tadelt, weil es nicht so verwendet werden soll, dann höre man jenem Mann mit offenem Herzen zu. Man unterstütze ihn darin, die ganze Verdorbenheit, die heute herrscht, zu verurteilen und zu korrigieren.

Wann immer wir hingegen jemanden auf obskure Art und Weise sprechen hören, muss man ihm das Wort abschneiden und ihn fragen, was er eigentlich meine. Wenn er dann fortfährt, um den Brei herum zu reden, wenn er seine Worte wie einen Schlangenschwanz verwickelt, dann soll man ihn ans Licht zerren, ob er will oder nicht, wie wenn man einen Dieb oder einen Übeltäter aus seinem Versteck ziehen würde. So sollen wir zwischen Licht und Dunkelheit unterscheiden, auf dass wir nicht mit diesen Unglückseligen zusammen in einen Abgrund von allerlei Abscheulichkeiten hinabstürzen, während wir doch auf ihre Weise in den Himmel zu steigen glauben. Nun sieht jedermann ein, wie und wozu sie sich den Namen »Spirituelle« beigelegt haben, auf welchen sie sich gar soviel einbilden, dass ihnen die Bezeichnung »Christen« nichts mehr bedeutet.

---

1 Genfer Katechismus von 1545, in: CStA 2,24–31.

2 Institutio (1559) I,13,14.

3 Institutio (1559) III,1,1–4.

4 Institutio (1559) IV,8,11.

5 Wider die Sekte der Libertiner (1545), in: CStA 4,298–303. Die Gruppierung der Libertiner sperrte sich gegen die Maßnahmen der Kirchenzucht, übte Kritik an den Pfarrern und vertrat eine freizügige Auffassung in Fragen der Moral.

# 5 Rechtfertigung und Heiligung

**Die Rechtfertigungslehre gilt als Mitte der Theologie Martin Luthers. Das ist bei Calvin, auch wenn er die Rechtfertigung für ein wichtiges Stück der Theologie hält, etwas anders. Gottes rechtfertigendes Handeln ist begleitet von seinem erwählenden und heiligenden Wirken. Denn im Mittelpunkt steht, dass Gott selber die durch die menschliche Sünde zerstörte Gottesbeziehung in Jesus Christus wieder herstellt. Gott erwählt den Menschen, er rechtfertigt ihn, und das heißt: Er vergibt ihm die Sünden. Auch heiligt er ihn, das heißt: Er schenkt seinen Heiligen Geist, damit die Christen sich in der Nachfolge Jesu Christi an den Geboten Gottes orientieren können. Die Betonung bei der Rechtfertigung und der Heiligung liegt bei Calvin immer auf dem göttlichen Handeln. Damit wird die Heiligung nicht einfach zu einer Frucht der Rechtfertigung, vielmehr ist der Mensch immer auf Gottes Wirken angewiesen.**

### *Gottes rechtfertigendes und heiligendes Handeln* (Confessio Gallicana, 1559)[1]

Artikel 12. Wir glauben, dass Gott bei der Sendung seines Sohnes kein anderes Ziel verfolgt hat, als seine unschätzbare Liebe und Güte gegen uns zu erweisen (Joh 3,16; I Joh 4,9) und, indem er ihn sterben und auferstehen ließ, alle Gerechtigkeit zu erfüllen (Röm 4,25), um uns das Leben in seinem himmlischen Reich zu erwerben.
Artikel 13. Wir glauben, dass wir durch das einzigartige Opfer, das er am Kreuz dargebracht hat, mit Gott versöhnt sind, so dass wir vor ihm als gerecht gelten und angesehen werden (Eph 5,2; Hebr 10,10.12.14). Denn wir können ihm nicht gefallen, auch an seiner Kindschaft keinen Anteil bekommen, es sei denn, dass er uns unsere Fehler vergibt und sie begräbt. So bekennen wir, dass Jesus Christus uns gänzlich und vollkommen reinigt (Eph 5,26; Tit 3,5), und dass sein Tod voll und ganz genügt, um uns von unseren frevelhaften und unrechten Taten loszusprechen, deren wir schuldig sind (Hebr 9,14; I Petr 1,19; I Joh 1,7). Wir können durch kein anderes Mittel davon frei werden.
Artikel 14. Wir glauben, dass all unsere Gerechtigkeit ihren Grund in der Vergebung unserer Sünden hat, so wie allein sie nach Davids Wort (Ps 32,1f.) auch unsere ganze Seligkeit ausmacht. Deshalb verwerfen wir alle anderen Mittel, die uns vor Gott rechtfertigen könnten (Röm 3,19), und halten uns – ohne uns irgend welche Tugenden oder Verdienste anzuma-

ßen – schlicht an den Gehorsam Jesu Christi (Röm 5,19), der uns nicht nur zugerechnet wird, um alle unsere Fehler zu bedecken, sondern auch, um uns bei Gott Wohlgefallen finden zu lassen. Wir glauben in der Tat, dass, wenn wir von diesem Fundament abweichen, und sei es auch noch so wenig, wir nirgendwo anders Ruhe finden könnten (Apg 4,12), sondern immerfort von Unruhe umgetrieben würden, denn wir können niemals mit Gott in Frieden leben, solange wir nicht völlig gewiss sind, in Jesus Christus geliebt zu werden, da wir an uns selbst ja nur hassenswert sind.

Artikel 15. Auch glauben wir, dass wir hierdurch Freiheit und Vorrecht haben, Gott in dem festen Vertrauen anzurufen, dass er sich als unser Vater erweisen werde (Röm 8,15; Gal 4,6). Denn einen solchen Zugang zu ihm hätten wir nicht, wenn wir nicht durch diesen Mittler an ihn gewiesen würden. Um in seinem Namen erhört zu werden, ist es daher nur billig, unser Leben nach ihm auszurichten wie nach unserm Haupt.

Artikel 16. Wir glauben, dass wir an dieser Gerechtigkeit Anteil bekommen allein durch den Glauben (Röm 3,21.24.27; 4,3.16; 9,30–32; 11,6; Gal 2,16.21; 3,9f.18; 5,4; Phil 3,9), denn es ist uns zugesagt, dass Christus gelitten hat, um uns das Heil zu erwerben, damit, wer an ihn glaubt, nicht verloren geht (II Tim 1,9; Tit 3,5; Hebr 11,7; Joh 3,16). Diese Zusage geht in Erfüllung, da die in ihm uns gegebenen Verheißungen des Lebens auf uns ausgerichtet sind. Wir erfahren ihre Wirkung, wenn wir sie annehmen und nicht zweifeln, dass wir – gewiss gemacht durch den Mund Gottes – auf keinen Fall enttäuscht werden. So hängt die Gerechtigkeit, die wir durch Glauben erlangen, an den grundlos freien Verheißungen, durch die uns Gott zu verstehen gibt und bezeugt, wie sehr er uns liebt.

Artikel 17. Wir glauben, dass wir durch die verborgene Gnade des Heiligen Geistes im Glauben erleuchtet werden, sodass auch dies eine besondere und unverdiente Gabe ist, die Gott nach seinem Ermessen zuwendet, wem er will (Röm 9,16.18.24f.; I Kor 4,7). So haben die Glaubenden nichts, dessen sie sich dabei rühmen könnten. Dafür, dass Gott sie den anderen vorgezogen hat, sind sie vielmehr doppelt verpflichtet. Denn selbst den Erwählten wird der Glaube nicht einfach auf einen Schlag gegeben, um sie auf den rechten Weg zu führen, sondern auch um sie zu befähigen, darauf bis zum Ziel zu kommen. Denn wie es Gottes Sache ist, den Anfang zu machen, so steht auch die Vollendung bei ihm (Phil 2,13).

Artikel 18. Wir halten dafür, dass wir durch denselben Glauben zu einem neuen Leben wiedergeboren werden, da wir von Natur aus von der Sünde beherrscht werden (Tit 3,5; I Petr 1,3; Röm 6,17–20). So empfangen wir durch den Glauben die Gnade, heilig und in der Furcht Gottes zu leben, indem wir die Verheißung annehmen, die uns mit dem Evangelium gegeben ist. Denn weit davon entfernt, [die Lust,] Gutes zu tun, in uns erkalten zu lassen oder zu verhindern, schafft der Glaube in uns alle guten

Werke (Jak 2,17.26), so wie ja auch die Früchte aus dem Stamm hervorwachsen, und zwar dadurch, dass Gott uns seinen heiligen Geist geben wird. Im Übrigen gehört diese Wiedergeburt, kraft der uns Gott zu guten Taten erneuert, von ihm her gesehen zwar schon zu unserem Heil. Dennoch bekennen wir, dass die guten Werke, die wir unter der Leitung des heiligen Geistes vollbringen, keineswegs zu unserer Rechtfertigung beitragen oder gar der verdienstliche Grund dafür sind, dass Gott uns als seine Kinder annimmt. Denn wir würden immer von Zweifel und Unruhe hin und her gerissen, wenn unser Gewissen sich nicht auf das Werk der Genugtuung stützen könnte, durch das Jesus Christus uns freigemacht hat.
Artikel 19. Wir glauben, dass alles, was im Gesetz bildhaft dargestellt war, mit der Ankunft Christi zu seinem Ziel gekommen ist (Gal 4,3.9). Doch wenn auch die Zeremonien nicht mehr im Brauch sind, bleiben uns ihr Gehalt und ihre Wahrheit gleichwohl in der Person dessen lebendig, in dem alle Erfüllung beschlossen liegt. Überdies müssen wir uns das Gesetz und die Propheten zunutze machen, einmal, um unserem Leben feste Regeln zu geben, sodann, um mit den Verheißungen des Evangeliums im Einklang zu bleiben (II Petr 1,19; 3,2; Lk 1,70; Jak 5,10).

## *Rechtfertigung ist Sündenvergebung* (Institutio, 1559)[2]

(Institutio III,11,21). Wir haben nun oben in unserer Begriffsbestimmung gesagt, die Gerechtigkeit aus dem Glauben sei die Versöhnung mit Gott, die einzig und allein in der Vergebung der Sünden besteht. Jetzt wollen wir genauer zusehen, wie wahr das ist. Wir müssen dabei stets auf den Grundsatz zurückgehen, dass Gottes Zorn auf allen Menschen ruht, solange sie darin beharren, Sünder zu sein. Sehr fein hat das Jesaja deutlich gemacht: »Siehe, des Herrn Hand ist nicht zu kurz geworden, dass er nicht helfen könne, und seine Ohren sind nicht hart geworden, dass er nicht höre; sondern eure Untugenden scheiden euch und euren Gott voneinander, und eure Sünden verhüllen sein Angesicht vor euch, dass er euch nicht höre!« (Jes 59,1f.). Da hören wir es: Die Sünde ist die Scheidung zwischen Mensch und Gott, sie wendet Gottes Blick von dem Sünder ab. Es kann auch nicht anders sein; denn es ist Gottes Gerechtigkeit fremd, mit der Sünde irgendwelche Gemeinschaft zu haben. Deshalb lehrt uns auch der Apostel, dass der Mensch Gottes Feind ist, bis er durch Christus wieder zu Gnaden kommt. Wenn also der Herr einen Menschen in seine Gemeinschaft aufnimmt, dann heißt es: Er rechtfertigt ihn; denn er kann ihn nicht in Gnaden annehmen, kann auch keine Verbindung mit ihm eingehen, wenn er ihn nicht aus einem Sünder zu einem Gerechten macht. Ich setze nun hinzu: Dies geschieht durch die Vergebung der Sünden. Wollte man nämlich die Menschen, die Gott mit sich versöhnt hat, nach ihren Werken beurteilen, so würde man finden, dass sie tatsächlich noch Sünder sind, und dabei müssen sie doch von der Sünde frei und rein sein! Es steht also fest: Die Menschen, welche Gott annimmt, können nur dadurch gerecht werden, dass er durch die Vergebung der Sünden alle ihre Makel tilgt und sie reinigt. Solche Gerechtigkeit kann man also mit einem Wort als Vergebung der Sünden bezeichnen!

## *Heiligung als Erneuerung zu Gottes Ebenbild* (Institutio, 1559)

(Institutio III,6,1). Im Leben der Gläubigen soll ein Gleichklang, ein Zusammenstimmen zwischen Gottes Gerechtigkeit und ihrem eigenen Gehorsam stattfinden. Das ist der eigentliche Zweck der Wiedergeburt, wie ich bereits zeigte. Auf diese Weise sollen die Gläubigen die Berufung festmachen [vgl. II Petr 1,10], mit der sie zu Kindern Gottes angenommen sind. [...]
(Institutio III,6,2). Diese Unterweisung, die uns die Schrift gibt und von der hier die Rede ist, besteht nun vor allem in zwei Stücken. Das erste liegt darin, dass die Liebe zur Gerechtigkeit, zu der wir sonst von Natur keineswegs geneigt sind, in unser Herz hineingeträufelt und eingeführt wird. Das zweite Stück hat sein Wesen darin, dass uns ein Richtmaß vorgeschrieben werden soll, das uns in unserem Trachten nach der Gerechtigkeit nicht vom Wege abirren lässt. Dann hat die Schrift viele und ausgezeichnete Ursachen, um die Gerechtigkeit recht anzupreisen; viele von ihnen haben wir schon oben an verschiedenen Stellen erwähnt, einige weitere werden wir hier noch zu berühren haben. Von welchem Fundament sollte sie besser den Ausgangspunkt nehmen können, als von der Ermahnung: »Ihr sollt heilig sein; denn der Herr, euer Gott, ist heilig« (Lev 19,2; I Petr 1,15f.)? Wir liefen ja alle in die Irre wie versprengte Schafe, wir hatten uns heillos in dem Irrgarten dieser Welt verlaufen – und da hat er uns gesammelt, um uns zu seiner Herde zu machen! Wenn wir unsere Verbundenheit mit Gott erwähnt hören, dann sollen wir immer daran denken, dass die Heiligkeit das Band sein muss, durch welches sie besteht. Das bedeutet nicht, dass wir etwa durch das Verdienst unserer Heiligkeit in die Gemeinschaft mit Gott gelangten. Wir müssen im Gegenteil zuerst ihm anhängen, damit uns seine Heiligkeit durchdringe und wir dann folgen, wohin er uns ruft! Aber jener obige Satz gilt doch, weil es gar sehr zu Gottes Ehre gehört, dass er keinen Umgang mit Ungerechtigkeit und Unreinheit habe! Darum liegt nach der Lehre der Schrift hier der Sinn unserer Berufung, den wir stets im Auge behalten müssen, wenn wir Gott auf sein Rufen antworten wollen [Jes 35,8]. Was sollte es auch für einen Zweck haben, uns aus der Bosheit und Befleckung dieser Welt, in die wir gänzlich versunken waren, herauszureißen, wenn wir uns nun erlauben wollten, uns in jener Bosheit und Befleckung unser ganzes Leben lang herumzuwälzen? Auch mahnt uns die Heilige Schrift zugleich daran, dass wir ja, um zum Volke des Herrn gezählt zu werden, in der heiligen Stadt Jerusalem wohnen müssen; diese Stadt aber hat sich der

Herr selber geheiligt, und deshalb gebührt sich's nicht, dass sie durch die Unreinheit ihrer Bewohner entweiht werde! Daher solche Worte wie: »Wer wird wohnen in deiner Hütte? Wer ohne Tadel einhergeht und recht tut« (Ps 15,1f.). Denn das Heiligtum, in dem er seine Wohnung hat, darf nicht voll Unreinigkeit sein wie ein Viehstall!
(Institutio III,6,3). Um uns noch besser aufzumuntern, hält uns dann die Schrift weiterhin vor Augen: Wie Gott, unser Vater, sich in seinem Christus selber mit uns versöhnt hat, so hat er uns auch in ihm das Ebenbild vorgezeichnet, nach dem wir nach seinem Willen gestaltet werden sollen (Röm 6,18). Nun sollen doch die Leute, die da meinen, allein bei den Philosophen trete uns die Lehre von den guten Sitten recht und sinnreich angeordnet entgegen, einmal herkommen und mir bei den Philosophen eine herrlichere Anordnung aufzeigen! Wenn uns die Philosophen eine ganz ausgezeichnete Ermahnung zur Tugend geben wollen, dann tragen sie uns doch nichts anderes als den Satz vor, wir sollten der Natur gemäß leben. Die Schrift dagegen schöpft ihre Ermahnungen aus der wahren Quelle: Sie gibt uns nicht allein die Vorschrift, unser Leben auf Gott zu richten, der sein Geber ist und dem es verpflichtet ist, sondern sie lehrt uns auch, dass wir dem wahren Ursprung und dem wahren Gesetz unserer Erschaffung gegenüber entartet sind, und setzt dann hinzu, dass uns Christus, durch den wir bei Gott wieder in Gnaden angenommen sind, als Beispiel vor Augen gestellt ist, dessen Gestalt wir in unserem Leben zur Abbildung bringen müssen. Was kann man Wirksameres suchen als dies Eine? Ja, was kann man überhaupt über dies Eine hinaus noch suchen? Wir werden also dazu vom Herrn zu Kindern angenommen, dass unser Leben Christus, das Band unserer Kindschaft, zur Darstellung bringe! Wenn wir uns nun also nicht der Gerechtigkeit hingeben und angeloben, dann fallen wir nicht bloß in schnöder Treulosigkeit von unserem Schöpfer ab, sondern wir verleugnen auch unseren Erlöser.

### *Versöhnung durch Jesu Christi Tod* (zu Römer 5,1–10, 1540)[3]

[V. 1f.] »Da wir nun gerecht geworden sind durch den Glauben, haben wir Frieden mit Gott durch unseren Herrn Jesus Christus. Durch ihn haben wir den Zugang im Glauben zu dieser Gnade, in der wir stehen, und rühmen uns der Hoffnung auf die Herrlichkeit Gottes.« […] Der Apostel beginnt damit, das bislang von der Gerechtigkeit durch den Glauben Gesagte an ihren Wirkungen aufzuzeigen. Deshalb besteht das ganze Kapitel aus Verstärkungen [des zuvor Gesagten], die dies nicht nur zu erklären, sondern auch zu bekräftigen vermögen. Denn zuerst hatte [Paulus] gesagt, dass der Glaube zunichte gemacht werde, wenn man die Gerechtigkeit in den Werken suche [Röm 3,27f.; 4,4f.], da ja die fortdauernde Unruhe die armen Seelen, die keine Gewissheit mehr in sich selbst finden, verwirren werde. Nun jedoch lehrt er, dass sich Ruhe und Frieden dort einstellen, wo wir die Gerechtigkeit im Glauben empfangen haben.

»Wir haben Frieden.« Das ist die einzigartige Frucht der Gerechtigkeit durch den Glauben. Denn wer die Ruhe des Gewissens durch die Werke zu gewinnen sucht, was bei unreligiösen und dummen Menschen beobachtet werden kann, wird sie vergeblich suchen. Denn entweder schlummert ihr Herz, indem es dem göttlichen Gericht gleichgültig gegenübersteht und es aus den Augen verliert, oder es ist erfüllt von Furcht und Zittern, bis es in Christus seine Ruhe findet. Er allein ist nämlich unser Friede. Friede bezeichnet die Heiterkeit des Gewissens, die aus dem Bewusstsein der Versöhnung mit Gott entsteht. Diesen [Frieden] hat weder der Pharisäer, der vor falschem Vertrauen auf seine Werke strotzt, noch der bornierte Sünder, der trunken ist vom Reiz der Übertretungen und darüber nicht beunruhigt ist. Obwohl nun beide offenbar keinen offenen Krieg [mit Gott] führen wie der Mensch, der vom Bewusstsein seiner Sünde angefochten ist, leben sie doch keinesfalls in Harmonie mit Gott, weil sie nicht wirklich zu seinem Richterstuhl treten. Denn die Gleichgültigkeit ihres Gewissens kommt einem Rückzug vor Gott gleich. Deshalb wird der Friede mit Gott der Sicherheit des trunkenen Fleisches gegenübergestellt. Denn das ist das Erste, dass ein jeder zur Besinnung kommt, um von seinem Leben Rechenschaft abzulegen. Keiner aber wird ohne Zittern vor Gott treten, wenn er auf die Versöhnung aus freier Gnade nicht fest vertraut. Solange Gott der Richter ist, müssen alle sich fürchten und ängstigen. Der stärkste Beweis dafür, dass unsere Gegner nur von Trugbildern schwätzen, besteht darin, dass sie Gerechtigkeit für die Werke beanspruchen. Dieser Schluss des Paulus beruht auf dem Grundprinzip, dass die armen Seelen stets wanken, solange sie in der Gnade Christi nicht Ruhe finden.

»Durch ihn haben wir den Zugang.« Unsere Versöhnung mit Gott beruht auf Christus. Denn er ist der einzige geliebte Sohn. Wir jedoch sind alle von Natur aus Kinder des Zorns. Durch das Evangelium aber wird uns eine solche Gnade geschenkt, dass es den Dienst der Versöhnung gibt, durch dessen Wohltat wir in das Reich Gottes gleichsam eingeführt werden. Darum stellt uns Paulus mit Recht in Christus ein sicheres Unterpfand vor Augen, um unser Vertrauen auf die Werke umso wirksamer zu entkräften. Und mit der Bezeichnung »Zugang« lehrt er uns, den Anfang des Heils bei Christus zu suchen. So schließt er alle Vorbereitungen aus, mit denen dumme Menschen meinen, dem Erbarmen Gottes zuvorkommen zu können, als ob er sagen würde: Christus kommt uns, die wir ohne Verdienst dastehen, entgegen und reicht uns seine Hand. Sodann fährt er fort: Es geschieht durch den andauernden Lauf derselben Gnade, dass unser Heil fest und zuverlässig bleibt. Dadurch deutet er an, dass das Beharren nicht auf unserer Leistung oder Anstrengung, sondern auf Christus beruht. Wenn er »wir stehen« sagt, macht er zugleich darauf aufmerksam, wie tiefe Wurzeln das Evangelium in den Herzen der Glaubenden schlagen muss, damit sie in seiner Wahrheit gefestigt werden und gegen alle Listen des Teufels und des Fleisches standhaft bleiben. Durch dieses Wort bringt er zum Ausdruck, dass der Glaube keine flüchtige Laune ist, sondern fest und tief im Gemüt verwurzelt ist, um das ganze Leben hindurch auszuharren. Einen Glauben, der den [wahrhaft] Glaubenden eignet, hat also nicht der, der durch einen plötzlichen Impuls zum Glauben getrieben wird, sondern nur der, der standhaft und, um es so auszudrücken, festen Fußes auf dem ihm von Gott zugewiesenen Posten verharrt, sodass er stets Christus anhängt.

»Und rühmen uns der Hoffnung.« Der Grund für das Entstehen der Hoffnung auf das künftige Leben und für den Mut, darüber zu frohlocken, liegt freilich darin, dass wir in der Gnade Gottes wie auf einem festen Fundament stehen. Paulus meint damit dies: Obwohl die Glaubenden jetzt auf Erden Wandernde sind, steigt ihr Vertrauen doch über alle Himmel empor, sodass sie sich das künftige Erbe in ihrem Innersten getrost warm halten. Damit stürzen nun zwei der verderblichsten Lehrsätze der Sophisten in sich zusammen: der eine, demzufolge sich die Christen mit einer moralischen Mutmaßung über den Empfang der ihnen zukommenden Gnade Gottes bescheiden müssen; der andere, demzufolge jeder über das endgültige Beharren im Unklaren bleibt. Wenn es aber keine sichere Erkenntnis für die Gegenwart und keine feste und gewisse Vorstellung für die Zukunft gäbe: Wer sollte das Wagnis eingehen, sich [der Hoffnung] zu rühmen? Die Hoffnung auf die Herrlichkeit Gottes strahlt uns durch das Evangelium entgegen, das Zeugnis davon ablegt, dass wir Teilhaber der göttlichen Natur sein werden. Wenn wir nämlich Gott von Angesicht zu Angesicht sehen, werden wir ihm gleich sein (II Petr 1,4; I Joh 3,2).

[V. 3–5] »Nicht allein aber das, sondern wir rühmen uns auch der Bedrängnisse, weil wir wissen, dass Bedrängnis Geduld bringt, Geduld aber Bewährung, Bewährung aber Hoffnung. Hoffnung aber lässt nicht zuschanden werden; denn die Liebe Gottes ist ausgegossen in unsere Herzen durch den Heiligen Geist, der uns gegeben ist.« […] Damit keiner spöttisch einwirft, dass die Christen trotz ihres Rühmens auf vielfältige Weise unter Qualen und Leiden leben – ein Zustand, der sich von der Glückseligkeit deutlich unterscheidet –, kommt [Paulus] diesem Einwand zuvor und erklärt: Das Unheil vermag den Frommen nicht nur nicht im Wege zu stehen, sodass sie unglücklich wären, sondern fördert sogar noch ihr Rühmen. Um dies zu bekräftigen, argumentiert er mit der Wirkung [des Unheils]. Stufenweise führt er die Rede empor, um auf ihrem Höhepunkt endlich den Schluss zu ziehen, dass alle erlittene Mühsal zu unserem Heil und Segen beiträgt. Was aber den Satz betrifft, dass sich die Heiligen in ihren Bedrängnissen rühmen, darf dieser nicht so verstanden werden, als ob sie Widrigkeiten nicht fürchten würden und meiden möchten oder als ob sie bei ihrem Eintreten durch ihre Härte keinen Schaden erleiden würden. Wenn sie nämlich das Unglück nicht fühlen würden, könnte aus ihm keine Geduld erwachsen. Weil ihnen aber im Schmerz und im Seufzen der große Trost bei dem Gedanken nicht fehlt, dass ihnen alle Widerfahrnisse durch die Hand des gütigsten Vaters zu ihrem Besten auferlegt werden, heißt es zu Recht: Sie rühmen sich. Denn wo es ein Fortschreiten auf dem Weg zum Heil gibt, fehlt der Anlass zum Rühmen nicht. Daraus lernen wir also, welches Ende unsere Bedrängnisse haben, wenn wir uns als Kinder Gottes erweisen wollen. Denn [die Bedrängnisse] sollten uns zur Geduld anleiten. Wenn sie das aber nicht erreichen, erweist sich Gottes Werk auf Grund unserer Verdorbenheit als leer und wirkungslos. Denn wodurch will er beweisen, dass Widrigkeiten dem Rühmen der Frommen nicht im Weg stehen, wenn nicht dadurch, dass sie im geduldigen Ertragen Gottes Hilfe empfinden, die ihre Hoffnung nährt und festigt? Wer also keine Geduld erlernt, kann sicherlich kaum Fortschritte machen. Dem steht nicht entgegen, dass es in der Schrift manche Klagen der Heiligen gibt, die ihre Verzweiflung zum Ausdruck bringen. Denn gelegentlich bedrängt und bedrückt der Herr die Seinen in der Weise, dass sie kaum atmen und sich ihres Trostes entsinnen können. Aber im Nu führt er die ins Leben zurück, die er beinahe in das Dunkel des Todes gestürzt hätte. So bewahrheiten sich immer wieder die Worte des Paulus: »Wir sind von allen Seiten bedrängt, aber wir ängstigen uns nicht. Uns ist bange, aber wir verzagen nicht. Wir leiden Verfolgung, aber wir werden nicht verlassen. Wir werden unterdrückt, aber wir kommen nicht um« [II Kor 4,8f.].

»[Dass] Bedrängnis Geduld [bringt].« Dies hat seine Ursache nicht im Wesen der Bedrängnis, die offensichtlich einen großen Teil der Menschen dazu reizt, gegen Gott zu murren und ihn sogar zu verfluchen. Wenn sich aber der Trotz zur inneren Nachfolge wandelt, die durch den Geist Gottes eingegossen wird, und in den Trost, der durch denselben [Geist] vermittelt wird, dann erweisen sich die Bedrängnisse, die bei den Hartnäckigen nichts als Widerwillen und Unzufriedenheit hervorbringen, als wirksam für das Entstehen der Geduld.

»Geduld [aber] Bewährung.« Jakobus scheint in einer ähnlichen Steigerung der Wortfolge eine andere Reihenfolge zu wählen, da er sagt, dass die Geduld aus der Bewährung hervorgeht [Jak 1,3f.]. Wenn man nun die unterschiedliche Bedeutung des Wortes [Bewährung] beachtet, lassen sich beide Stellen miteinander in Einklang bringen. Paulus versteht unter »Bewährung« die Erfahrung aller Glaubenden hinsichtlich der sicheren Bewahrung durch Gott, wenn sie im Vertrauen auf seine Hilfe alle Schwierigkeiten überwinden. Im geduldigen Ertragen bleiben sie standhaft und machen die Erfahrung, wie stark Gottes Kraft ist, deren Beistand er den Seinen für immer versprochen hat. Jakobus verwendet entsprechend dem allgemeinen Sprachgebrauch dasselbe Wort für die Bedrängnis selbst, da Gott durch sie seine Diener auf die Probe stellt und prüft. Darum werden [Bedrängnisse] auch oft »Anfechtungen« genannt. Was nun unsere Stelle betrifft, gelangen wir zu der erforderlichen Geduld, wenn wir daran denken, dass wir sie Gottes Macht verdanken. Darum schöpfen wir für die Zukunft die Hoffnung, dass uns Gottes

Gnade, die uns in der Not immer zur Seite gestanden hat, niemals fehlen wird. Deswegen fügt [Paulus] hinzu: Hoffnung erwächst aus Bewährung. Denn wir würden uns angesichts der empfangenen Wohltaten als undankbar erweisen, wenn wir unsere Hoffnung auf die Zukunft nicht dadurch bekräftigen, dass wir uns an sie erinnern.

»Hoffnung lässt nicht zuschanden werden.« Das bedeutet: Am Ende dürfen wir ganz gewiss unser Heil erwarten. Deshalb steht fest, dass der Herr uns mit Widrigkeiten zu dem Zweck auf die Probe stellt, um unser Heil Stufe für Stufe zu fördern. So kann uns das Elend, das auf seine Weise ein Hilfsmittel zur Seligkeit ist, nicht in Verzweiflung stürzen. Nun sind seine Worte bewiesen, dass die Frommen Anlass haben, sich mitten in den Bedrängnissen zu rühmen.

»Denn die Liebe Gottes.« Ich beziehe dies nicht nur auf den letzten Satz, sondern auf den gesamten vorhergehenden Gedankengang. Es gilt: Wir werden durch Bedrängnisse zur Geduld angespornt, und Geduld verschafft uns die Erfahrung der göttlichen Hilfe, die uns noch stärker zur Hoffnung ermutigt. Denn auf welche Weise wir auch immer dem Anschein nach bedrängt und schon zerrieben werden, lassen wir dennoch nicht davon ab, empfindsam zu sein für die göttliche Güte uns gegenüber, die der reichhaltigste Trost und viel größer ist, als wenn sich alles glücklich fügen würde. Wenn nun Gott gegen uns ist und zürnt, erweist sich selbst das als Elend, was dem Anschein nach Glück ist. Ist er aber uns gegenüber gnädig, so besteht die Gewissheit, dass selbst das Unglück einen glücklichen und fröhlichen Ausgang nimmt. Schließlich muss alles dem Willen des Schöpfers dienen, der gemäß seiner väterlichen Güte uns gegenüber, wie sie Paulus in Kapitel 8 wiederholt [Röm 8,28], alle Anfechtungen des Kreuzes zu unserem Heil wendet. Diese Gewissheit der göttlichen Liebe uns gegenüber ist in unsere Herzen durch den Heiligen Geist eingegossen. Es ist nämlich vor den Ohren, Augen und Gedanken der Menschen verborgen, welche Güter Gott denen bereitet hat, die ihn ehren. Der Geist allein kann sie offenbar machen [I Kor 2,9; vgl. Jes 64,3]. Dem Partizip »ausgegossen« kommt eine erhebliche Bedeutung zu. Denn es bezeichnet die überreiche Offenbarung der göttlichen Liebe an uns, auf dass sie unser ganzes Herz erfülle. Indem sie sich in jeden Teil von uns ergießt, lindert sie nicht nur die Traurigkeit im Unglück, sondern macht wie ein mildes Gewürz die Bedrängnisse liebenswert.

Weiter sagt er, dass dieser Geist verliehen wurde, und zwar geschenkt durch die grundlose Güte Gottes, nicht jedoch als Lohn für unsere Verdienste. So beschreibt es auch Augustin treffend, der allerdings bei der Erklärung der Liebe Gottes gedankenlos daherredet. Ihm zufolge können wir das Unglück geduldig ertragen und werden in unserer Hoffnung bestärkt, wenn wir Gott auf Grund der Wiedergeburt durch den Geist lieben. Das ist zwar ein frommer Satz, der aber mit der Ansicht des Paulus nichts zu tun hat. Hier nämlich wird »Liebe« nicht im aktiven, sondern im passiven Sinn verstanden. Ebenfalls steht fest, dass Paulus nichts anderes lehren will als dies: Die wahre Quelle aller Liebe besteht darin, dass die Glaubenden davon überzeugt sind, von Gott geliebt zu werden. Von dieser Überzeugung lassen sie sich nicht nur beiläufig berühren. Vielmehr sind ihre Herzen davon vollkommen durchdrungen.

[V. 6–9] »Denn Christus ist schon zu der Zeit, als wir noch schwach waren, für uns Gottlose gestorben. Nun stirbt kaum jemand um eines Gerechten willen; um eines Guten willen wagt er vielleicht zu sterben. Gott aber bekräftigt seine Liebe zu uns dadurch, dass Christus für uns gestorben ist, als wir noch Sünder waren. Um wie viel mehr werden wir durch ihn bewahrt werden vor dem Zorn, nachdem wir jetzt durch sein Blut gerecht geworden sind!« [...] Ich habe nicht gewagt, mich zu der Übersetzung durchzuringen: »Zu der Zeit, als wir schwach waren«, obwohl mir dieser Sinn besser gefiel. Hier nämlich verläuft der Schluss vom Größeren zum Geringeren, was Paulus später noch ausführlich zeigen wird. Obwohl er seinen Redefaden noch nicht so weit verwoben hat, kann dennoch die Unordnung im Aufbau seiner Rede ihren eigentlichen Sinn nicht verdunkeln. Er will sagen: »Wenn sich Christus der Ungläubigen erbarmt hat, wenn er die Feinde mit dem Vater versöhnt hat, wenn er dies durch die Kraft seines Todes geleistet hat, um wie viel leichter wird er jetzt die Gerechtfertigten bewahren und die in seiner Gnade erhalten, die er in Gnaden angenommen hat, zumal nun zu seinem Tod die Wirksamkeit seines Lebens hinzutritt.« Unter »Zeit der Schwachheit« verstehen einige [die Zeit], in der Christus begann, sich erstmals der Welt zu offenbaren. Sie nehmen an, dass diejenigen als Schwache bezeichnet werden, die unter der Anleitung des Gesetzes noch gleichsam Kinder waren. Ich [jedoch] beziehe den Ausdruck auf jeden Einzelnen von uns und verstehe unter »Zeit« diejenige, die der Versöhnung eines jeden mit Gott vorausgeht. Da wir nun alle als Kinder des Zorns geboren werden, stehen wir solange unter diesem Fluch, bis wir Glieder Christi werden. Und schwach nennt er die, die nichts als Verderben in sich tragen. Diese nun nennt er im Folgenden Gottlose. Es ist nichts Neues, das Wort »Schwachheit« in diesem Sinn zu verstehen. So bezeichnet er die weniger ehrbaren Körperteile (I Kor 12,22) und seine eigene körperliche Erscheinung als schwach, weil sie keine Würde besitzen (II Kor 10,10). Diese Bedeutung wird uns etwas später noch häufiger begegnen [V. 8.10; II Kor 11f.]. Als wir also noch schwach waren, das heißt, als wir in keiner Weise würdig und geeignet waren, um von Gott angeschaut zu werden, zu dieser Zeit ist Christus für uns Gottlose gestorben. Denn der Beginn der Gottesverehrung ist der Glaube, von dem alle, für die Christus gestorben ist, entfremdet waren. Das trifft auch auf die Väter des Alten Bundes zu, die vor seinem Tod die Gerechtigkeit erlangt haben. Diese Wohltat nämlich gewannen sie aus seinem noch bevorstehenden Tod.

»Um eines Gerechten willen.« Aus guten Gründen lege ich die Partikel »denn« eher in einem bekräftigenden oder erklärenden Sinn als in einem begründenden Sinn aus. Der Satz bedeutet dann: »Unter Menschen kommt es fürwahr sehr selten vor, dass es einer auf sich nimmt, für einen Gerechten zu sterben.« Auch wenn dies bisweilen geschehen kann, müssen wir doch einräumen, dass sich gewiss kein Mensch finden lässt, der für einen Gottlosen sterben will. Das [aber] tat Christus. So wird die Aussage durch den Vergleich gesteigert, dass es einen solchen Beweis der Wohltat unter den Menschen nicht gibt, wie sie Christus uns gegenüber erwiesen hat.

»[Gott] aber bekräftigt.« Das Verb hat mehrere Bedeutungen. An dieser Stelle ist die Übersetzung »bekräftigen« die geeignetste. Denn der Apostel hat nicht die Absicht, uns zu Dankeserweisen aufzurufen, sondern das Vertrauen und die Gewissheit der Herzen zu stärken. [Gott] bekräftigt also, das heißt, er erklärt seine zuverlässige und wahrhaftige Liebe zu uns, da er seinen Sohn Christus um der Gottlosen willen nicht verschont hat. Darin nämlich zeigt sich seine Liebe, dass er uns von sich aus zuvor geliebt hat, ohne durch unsere Liebe dazu veranlasst zu sein, wie Johannes sagt [Joh 3,16; I Joh 4,9–12]. Sünder werden hier, wie an vielen anderen Stellen, die Leute genannt, die voller Laster sind und sich der Sünde hingeben. Von ihnen heißt es Johannes 9,31: »Gott erhört die Sünder nicht.« Gemeint sind damit unwürdige und verbrecherische Menschen. Unter der »sündigen Frau« wird eine Frau mit einem verwerflichen Lebenswandel verstanden [Lk 7,37].

Dieser Sachverhalt wird aus dem sodann folgenden Gegensatz noch deutlicher: »Nachdem wir durch sein Blut gerecht geworden sind.« Indem er [Sünder und Gerechtfertigte] einander gegenüberstellt und diejenigen Gerechtfertigte nennt, die von der Anklage ihrer Sünde befreit worden sind, folgt daraus, dass diejenigen Sünder sind, die wegen ihrer Verbrechen verurteilt wurden. Dahinter steht folgender Gedanke: »Wenn Christus den Sündern durch seinen Tod Gerechtigkeit erworben hat, um wie viel mehr wird er jetzt die Gerechtfertigten vor dem Verderben bewahren.« Mit diesem letzten Abschnitt wendet er den Vergleich zwischen dem Geringeren und dem Größeren auf seine Unterweisung an. Es würde nämlich nicht ausreichen, dass Christus uns einmal das Heil erworben hätte, wenn er es nicht bis zum Schluss unversehrt und beständig erhalten würde. Der Apostel tritt ausdrücklich dafür ein, es bestehe kein Anlass zur Furcht, dass Christus mitten im Rennen den Lauf seiner Gnade abbricht. Denn seit er uns mit dem Vater versöhnt hat, wurden wir in die Lage versetzt, dass er seine Gnade uns gegenüber wirksamer erweitern und von Tag zu Tag mehren will.

[V. 10] »Denn wenn wir mit Gott versöhnt worden sind durch den Tod seines Sohnes, als wir noch Feinde waren, um wie viel mehr werden wir bewahrt werden durch sein Leben, nachdem wir nun versöhnt sind.« Dies ist die Erklärung des vorigen Satzes, verstärkt durch den Vergleich zwischen dem Leben und dem Tod. »Wir waren Feinde«, sagt er, »als sich Christus als Mittler zur Versöhnung des Vaters zur Verfügung gestellt hat. Jetzt sind wir dank seiner Versöhnung Freunde. Wenn sein Tod dies für uns leisten konnte, um wie viel mächtiger und wirksamer wird sein Leben sein. Wir haben also glänzende Beweise, die die Gewissheit des Heils in unseren Herzen befestigen.« Er vertritt die Ansicht: Durch Christi Tod sind wir mit Gott versöhnt worden, weil dieser ein Sühnopfer wurde, durch das die Welt mit Gott versöhnt wurde, wie ich im vierten Kapitel gezeigt habe [Röm 4,25]. Hier aber scheint sich der Apostel zu widersprechen. Denn wenn Christi Tod ein Unterpfand der göttlichen Liebe uns gegenüber gewesen ist, so folgt daraus, dass wir ihm schon damals willkommen waren. Nun aber sagt er, dass wir Feinde gewesen sind. Meine Antwort lautet folgendermaßen: Weil Gott die Sünde hasst, sind wir ihm ebenfalls verhasst, sofern wir Sünder sind. Sofern er uns aber nach seinem geheimen Ratschluss zu [Gliedern am] Leib Christi erwählt, hört er auf, uns zu hassen. Von der Wiederaufnahme in seine Gnade wissen wir jedoch solange nichts, bis wir sie im Glauben ergreifen. Deshalb sind wir im Blick auf uns selbst stets Feinde, bis der Tod Christi dazwischentritt, um uns mit Gott zu versöhnen. Man beachte nun den Unterschied beider Blickrichtungen: Einerseits erkennen wir die gnädige Barmherzigkeit Gottes ausschließlich an der Tatsache, dass er seinen eingeborenen Sohn nicht verschont hat, da er uns schon zu der Zeit geliebt hat, als zwischen ihm und uns Streit war. Andererseits verstehen wir die Wohltat Christi, die er uns durch seinen Tod erwirkt hat, erst dann im Vollsinn, wenn sie für uns der Anfang unserer Versöhnung mit Gott ist. So gewinnen wir die Überzeugung, dass Gott, der uns zuvor zu Recht feindlich gegenüberstand, jetzt aufgrund der vollzogenen Sühne mit Wohlwollen gegenübertritt. Wenn also unsere Wiederaufnahme in die Gnade dem Tod Christi zugeschrieben wird, so bedeutet dies, dass die Anklage, nach der wir andernfalls schuldig gesprochen worden wären, nun aufgehoben wurde.

## *Befreiung zum Gehorsam des Herzens* (zu Römer 6,12–18, 1540)[4]

[V. 12f.] »Daher soll die Sünde nicht herrschen in eurem sterblichen Leibe, sodass ihr seinen Begierden gehorcht. Gebt auch eure Glieder nicht der Sünde zu Werkzeugen der Ungerechtigkeit hin, sondern gebt euch selbst Gott hin als solche, die aus Toten lebendig geworden sind, und eure Glieder Gott zu Werkzeugen der Gerechtigkeit!« […] Nun beginnt [Paulus] mit der Ermahnung, die sich aus der von ihm vorgebrachten Lehre von unserer Gemeinschaft mit Christus von selbst ergibt. Obwohl die Sünde in uns bleibt, ist es doch abwegig anzunehmen, dass sie uns weiterhin beherrscht. Denn die Kraft der Heiligung muss sie doch überragen, so dass unser Leben davon zeugt, dass wir wahrhaft Glieder Christi sind. Ich habe vorhin darauf hingewiesen, dass der Ausdruck »Leib« nicht im Sinne von Fleisch, Haut und Knochen zu verstehen ist, sondern sozusagen das gesamte menschliche Gebilde meint. Dies kann aus der vorliegenden Stelle noch deutlicher geschlossen werden; denn der sich anschließende andere Teil [der Aussage] über die Körperglieder bezieht sich auch auf die Seele. In derart roher Weise beschreibt Paulus den irdischen Menschen. Denn die Verderbnis unserer Natur führt dazu, dass wir von nichts mehr beseelt sind, was unseres Ursprungs würdig wäre. So lässt auch Gott in Gen 6,3, wo gesagt wird, dass der Mensch nicht anders als die wilden Tiere aus Fleisch gemacht ist, ihm nur Irdisches übrig. Darauf blickt auch Christi Wort: »Was aus Fleisch geboren ist, ist Fleisch« [Joh 3,6]. Der Einwand, das Wesen der Seele sei doch etwas anderes, ist schnell aufgelöst: »Wir sind nämlich nun derart verdorben, unsere Seelen sind derart dem Irdischen verhaftet und dermaßen den Leibern hingegeben, dass nichts mehr von ihrer [ursprünglichen] Würde übrig ist.« Die Natur des Menschen wird außerdem als körperlich bezeichnet, weil sie, der himmlischen Gnade beraubt, nur noch eine Art trügerischer Schatten oder Trugbild ist. Dazu kommt, dass Paulus einen solchen Leib verächtlich als sterblich bezeichnet und so lehrt, dass die ganze menschliche Natur zu Tod und Vergänglichkeit hinneigt. Als Sünde aber bezeichnet er jene erste Verkehrtheit der Seele, die uns zum Sündigen antreibt und der letztlich alle Bosheiten und Laster entspringen. In die Mitte zwischen ihr und uns stellt er die Begierden, sodass erstere gleichsam die Königin ist, die Begierden aber deren Erlasse und Befehle.

»Gebt auch eure Glieder nicht.« Wo einmal die Sünde die Herrschaft in der Seele übernommen hat, werden alle unsere Glieder sogleich in ihren Dienst genommen. Deshalb beschreibt er hier die Herrschaft der Sünde aus de[re]n Folgen, um so besser zeigen zu können, was wir tun müssen, wenn wir ihr Joch abwerfen wollen. Er nimmt ein militärisches Beispiel auf, wenn er unsere Glieder als Waffen bezeichnet, als ob er sagte: »Wie die Soldaten ihre Waffen stets bereit halten, um sie gebrauchen zu können, sobald ihr Führer es ihnen befiehlt, sie aber nur dann gebrauchen, wenn er dies befiehlt, so sollen die Christen alle ihre Glieder als Waffen eines geistlichen Kampfes ansehen.« Wenn sie also eines ihrer Glieder in verkehrter und missbräuchlicher Weise benutzen, so dienen sie der Sünde. Sie haben aber Gott und Christus den Fahneneid geleistet und bleiben an ihn gebunden. Folglich gehört es sich für sie, sich von jedem Umgang mit dem Feldlager der Sünde fernzuhalten. So wird deutlich, wie sehr diejenigen, die ihre Glieder wie Dirnen des Teufels allezeit bereithalten, um jegliche Scheußlichkeit zu begehen, den Namen Christi missbrauchen. Dagegen fordert er uns nun auf, uns ganz Gott zur Verfügung zu stellen, sodass wir unseren Sinn und Geist von allem Umherschweifen, zu welchem uns unsere Begierden des Fleisches verleiten wollen, zügeln, und einzig auf den Wink Gottes sehen, bereit, seine Weisung zu empfangen, gerüstet, seinen Befehl auszuführen. Unsere Glieder sollen seinem Willen gewidmet und geweiht sein, so dass alle unsere Geistes- und Leibeskräfte nichts anderes als seine Ehre suchen. [Paulus] gibt auch den Grund an: Weil der Herr, nachdem das frühere Leben abgetan worden ist, uns nicht grundlos zu einem anderen geschaffen hat – [so] sollen [unsere] Handlungen diesem entsprechen.

[V. 14–18] »Denn die Sünde wird keine Herrschaft über euch haben; ihr steht ja nicht unter dem Gesetz, sondern unter der Gnade. Wie nun? Sollen wir sündigen, weil wir nicht unter dem Gesetz stehen, sondern unter der Gnade? Das sei ferne! Wisst ihr nicht: Wem ihr euch als Knechte zum Gehorsam hingebt, dessen Knecht seid ihr, welchem ihr gehorcht, entweder als Knechte der Sünde zum Tode oder als Knechte des Gehorsams zur Gerechtigkeit? Gott aber sei Dank, dass ihr Knechte der Sünde gewesen, jedoch von Herzen gehorsam geworden seid der Gestalt der Lehre, der ihr übergeben worden seid. Befreit aber von der Sünde, seid ihr der Gerechtigkeit dienstbar geworden.« [...] Es ist nicht notwendig, sich damit aufzuhalten, Auslegungen wiederzugeben oder zu widerlegen, die nicht oder kaum den Anschein machen, Richtiges zu treffen. Von einer kann behauptet werden, dass sie wahrscheinlicher ist als die anderen, nämlich diejenige, die den Ausdruck »unter dem Gesetz« versteht als »dem Buchstaben des Gesetzes unterworfen, der das Herz nicht erneuert«; »unter der Gnade« andererseits würde dann meinen: »durch den Geist der Gnade von den schlechten Begierden befreit sein«. Aber auch das scheint mir nicht einfach schlechthin zutreffend. Wenn wir nämlich dieser Bedeutung folgen, worauf würde sich dann die gleich anschließende Frage beziehen: Sollen wir etwa sündigen, weil wir nicht mehr unter dem Gesetz stehen? Der Apostel hätte diese Frage gewiss nicht angefügt, wenn er nicht der Meinung gewesen wäre, dass wir von der Strenge des Gesetzes befreit sind, sodass Gott nicht mehr nach höchstem Recht mit uns umgeht. Es ist deshalb zweifellos so, dass er uns hier auf eine gewisse Befreiung vom Gesetz des Herrn selbst hinweisen wollte. Ohne auf Kontroversen einzugehen will ich kurz meine Sicht darlegen.

Als erstes scheint mir hier eine Ermutigung vorzuliegen, mit welcher die Glaubenden bestärkt werden, trotz der Erkenntnis der eigenen Schwäche in ihrem Bestreben nach Heiligkeit nicht nachzulassen. [Paulus] hatte sie ermahnt, alle ihre Kräfte in den Dienst der Gerechtigkeit zu stellen. Weil sie aber Überreste des Fleisches mit sich tragen, ist es unvermeidlich, dass sie dies nur mit schwachen Schritten tun. Damit sie nun durch das Wissen um die eigene Schwachheit nicht gelähmt werden und den Mut verlieren, tritt er dieser Gefahr frühzeitig entgegen und tröstet sie damit, dass ihre Werke von nun an nicht mehr am strengen Maßstab des Gesetzes gemessen werden, sondern dass Gott sie gnädig und mit Milde annimmt und die Unreinheit vergibt. Das Joch des Gesetzes kann nicht getragen werden, ohne dass man daran zerbricht und aufgerieben wird. So bleibt nur, dass die Glaubenden bei Christus Zuflucht nehmen und den Beschützer ihrer Freiheit selbst zu Hilfe rufen. Als dies gibt er sich nämlich selber zu erkennen. Denn er unterstellte sich deshalb der Knechtschaft des Gesetzes, dessen Schuldner er in keiner Weise war, um die, welche unter dem Gesetz waren, zu erlösen, wie der Apostel sagt [Gal 4,5]. Folg-

lich bedeutet »nicht unter dem Gesetz sein« nicht nur, dass es ein toter Buchstabe ist, der uns vorgesetzt wird und uns zu Angeklagten macht, weil wir unfähig sind, es zu erfüllen, sondern auch, dass wir dem Gesetz auch insofern nicht mehr unterworfen sind, als es die vollkommene Gerechtigkeit fordert und das Todesurteil über alle ausspricht, die in irgendeinem Punkt davon abgewichen sind. Entsprechend verstehen wir unter dem Ausdruck »Gnade« beide Teile der Erlösung: Die Vergebung der Sünden, durch welche uns Gott die Gerechtigkeit anrechnet, und die Heiligung des Geistes, durch welche er uns wieder zu guten Werken instand setzt. Die adversative Konjunktion scheint mir kausal gebraucht, wie dies nicht selten vorkommt. Wie wenn er sagen würde: »Weil wir unter der Gnade sind, deshalb sind wir nicht mehr unter dem Gesetz.« Nun ist der Sinn deutlicher: Der Apostel will uns nämlich trösten, damit wir im Bestreben, Gutes zu tun, nicht deshalb entmutigt werden, weil wir noch viele Unvollkommenheiten in uns erkennen. Denn wie auch immer wir noch durch die Stacheln der Sünde gequält werden, sie können uns doch nicht besiegen, weil uns der Geist Gottes ihnen überlegen macht. Und weil wir unter der Gnade sind, sind wir von der strengen Forderung des Gesetzes befreit. Weiter müssen wir bedenken, dass der Apostel hier voraussetzt, dass alle, die der göttlichen Gnade nicht teilhaftig sind, dem Joch des Gesetzes unterworfen sind und unter der Verdammnis stehen. Und umgekehrt lässt sich sogar dies folgern, dass die Menschen, solange sie unter dem Gesetz sind, der Herrschaft der Sünde unterworfen bleiben.
[V. 15] »Wie nun?« Weil die Weisheit des Fleisches die Geheimnisse Gottes beständig stört, muss [Paulus] gleich anschließend einen möglichen Einwand vorwegnehmen. Denn wenn das Gesetz die Regel des guten Lebens ist und den Menschen zur Mäßigung gegeben wurde, meinen wir, dass, wenn es aufgelöst wird, alles sittliche Leben zerfällt, alle Schranken zerbrechen, und es schließlich weder die Möglichkeit des Wählens noch der Unterscheidung zwischen Gut und Böse mehr gibt. Wir irren uns aber, wenn wir meinen, dass durch die Abschaffung des Gesetzes auch die Gerechtigkeit, die Gott in seinem Gesetz fordert, abgetan ist. Denn dies bezieht sich in keiner Weise auf die Gebote des rechten Lebens, die Christus nicht abschafft, sondern vielmehr bestätigt und heiligt. Die eigentliche Erklärung ist die, dass nichts anderes abgeschafft ist als der Fluch, dem alle Sterblichen außerhalb der Gnade unterworfen sind. Obwohl Paulus dies nicht ausdrücklich sagt, deutet er es doch an.
[V. 16] »Das sei ferne! Wisst ihr nicht …« Dies ist keine bloße Zurückweisung, wie einige gemeint haben, als ob er eine solche Frage lieber abgewiesen als widerlegt haben wollte. Denn er fährt ja sogleich damit fort, sie vom Wesen des Gegensatzes her zu widerlegen, nämlich so: Der Unterschied zwischen dem Joch Christi und demjenigen der Sünde ist zu groß, als dass jemand beide zugleich tragen könnte. Wenn wir sündigen, begeben wir uns in die Knechtschaft der Sünde. Im Gegensatz dazu sind die Glaubenden von der Tyrannei der Sünde erlöst, so dass sie Christus

dienen. Also ist es unmöglich, dass sie der Sünde verhaftet bleiben. Es ist nützlich, die Argumentation, wie sie Paulus verfolgt, genauer zu betrachten.

[V. 17] »Welchem ihr gehorcht.« Das Relativpronomen *welchem* ist hier in begründendem Sinne gebraucht, wie dies oft vorkommt. Im selben Sinn, wie man sagen kann: »Es gibt keine Schandtat, die von einem Verwandtenmörder nicht begangen werden kann, welcher nicht gezögert hat, das schlimmste Verbrechen, vor welchem sogar wilde Tiere zurückschrecken, zu begehen.« Paulus nimmt sein Argument teils aus den Wirkungen und teils aus dem Wesen der beiden Gegensätze. Zunächst schließt er daraus, dass sie »gehorchen«, dass sie Knechte sind. Denn die Tatsache des Gehorsams zeigt, dass derjenige, der andere zum Gehorsam zwingt, das Befehlsrecht innehat. Dies ist das Argument auf Grund der Wirkung der Knechtschaft. Das andere ergibt sich daraus: »Wenn ihr Knechte [der Sünde] seid, dann liegt die Herrschaft in ihren Händen.«

»Oder [als Knechte] des Gehorsams.« Hier hat er nicht ganz angemessen formuliert. Denn wenn er die beiden Teile in Entsprechung zueinander hätte setzen wollen, hätte er sagen müssen: »der Gerechtigkeit zum Leben«. Da die Änderung im Wortgebrauch aber das Verständnis der Aussage nicht stört, zieht er es vor anzugeben, worin die Gerechtigkeit besteht, indem er den Ausdruck »Gehorsam« verwendet; dies aber im Sinne einer Metonymie, denn er steht für die göttlichen Gebote selbst. Indem er diesen Ausdruck aber ohne weiteren Zusatz verwendet, zeigt er, dass Gott allein die Autorität ist, der die [menschlichen] Gewissen unterworfen sind. Der Gehorsam ist daher auf Gott zu beziehen, auch wenn dieser nicht ausdrücklich genannt ist, denn Gehorsam kann ja nicht aufgeteilt werden.

»Gott aber sei Dank.« Der Vergleich wird nun auf die gegenwärtige Frage angewandt. Obwohl es [Paulus] nur darum ging, [seine Leser] daran zu erinnern, dass sie nicht länger Knechte der Sünde sind, fügt er eine Danksagung an. Er tut dies zunächst, um ihnen [damit] zu sagen, dass dies nicht ihrem eigenen Verdienst, sondern allein dem Erbarmen Gottes zuzuschreiben ist. Zugleich sollen sie aus seiner Danksagung erkennen, wie groß Gottes Wohltat ist, und so umso mehr zur Verabscheuung der Sünde gebracht werden. Die Danksagung des Paulus bezieht sich nicht auf den Zeitraum, in welchem sie Knechte der Sünde gewesen waren, sondern auf die Befreiung, die erfolgt ist und durch welche sie aufhörten zu sein, was sie vorher gewesen waren. Die Betonung liegt auf diesem impliziten Vergleich zwischen ihrem vorherigen und ihrem jetzigen Zustand. Den Verächtern der Gnade Christi tritt der Apostel entgegen, indem er zeigt, dass ohne die Gnade das ganze Menschengeschlecht unter der Knechtschaft der Sünde steht; und zugleich, dass dort, wo diese zur Wirkung kommt, die Herrschaft der Sünde zu Ende ist. Von daher dürfen wir folgern, dass wir nicht von der Knechtschaft des Gesetzes befreit sind, um zu sündigen; denn das Gesetz verliert seine Herrschaftsgewalt [über uns] erst dann, wenn uns die Gnade Gottes für sich in Anspruch nimmt, um in uns die Gerechtigkeit wiederherzustellen. Es ist folglich unmöglich, dass wir uns der Sünde unterwerfen, wenn die Gnade Gottes in uns herrscht. Bereits vorher haben wir gesagt, dass in diesem Begriff die Wiedergeburt durch den Geist enthalten ist.

»Von Herzen gehorsam.« Paulus stellt hier zudem die verborgene Kraft des Geistes dem äußeren Buchstaben gegenüber und sagt gleichsam: Christus formt die Herzen innerlich besser als dies das Gesetz mit Zwang, Drohung und Erschrecken vermag. Damit wird die böswillige Kritik entkräftet, die sagt: »Wenn uns Christus von der Knechtschaft des Gesetzes befreit, bringt er uns die Freiheit zum Sündigen.« Es ist allerdings so, dass er seine Nachfolger nicht in eine völlige Zügellosigkeit entlässt, in maßlosen Übermut wie freigelassene Pferde, sondern er führt sie zu einer richtigen Lebensweise. Obwohl Erasmus lieber der alten Übersetzung entsprechend mit »Form« übersetzt, scheint es mir notwendig, den Ausdruck »Typus« beizubehalten, den Paulus verwendet, wenn nicht möglicherweise der Ausdruck »Vorbild« noch vorzuziehen ist. Denn mir scheint, dass [Paulus] die Gestalt der Gerechtigkeit bezeichnen will, welche Christus in unsere Herzen einzeichnet. Diese entspricht der Regel des Gesetzes, nach welcher alle unsere Taten gestaltet werden sollen, damit sie weder zur Rechten noch zur Linken [von ihr] abweichen.

[V. 18] »Befreit aber von der Sünde.« Der Gedanke ist der: »Es ist absurd, nach der Freilassung weiter unter den Bedingungen der Knechtschaft zu verbleiben, denn [nun] gilt es, den erlangten Stand der Freiheit zu bewahren. Denn es ziemt sich für euch nicht, wieder unter die Herrschaft der Sünde gebracht zu werden, von welcher ihr doch durch Christus frei gemacht worden seid.« Hier wird von der Wirkung her argumentiert. Es folgt aber noch ein anderes, auf das Ziel blickendes Argument: »Ihr seid von der Knechtschaft der Sünde befreit, um in den Herrschaftsbereich der Gerechtigkeit überführt zu werden. Es ziemt sich daher, dass ihr die Sünde vollständig vergesst und das ganze Herz der Gerechtigkeit zuwendet, in dessen Dienst ihr übergegangen seid.« Es ist zu beachten, dass niemand der Gerechtigkeit dienen kann, der nicht zuerst durch Gottes Macht und Güte von der Tyrannei der Sünde befreit worden ist. Wie Christus selbst bezeugt: »Wenn der Sohn euch frei macht, seid ihr in Wahrheit frei« [Joh 8,36]. Wenn der Anfang des Guten von der Befreiung abhängt, die allein durch Gottes Gnade bewirkt wird, wie steht es dann um unsere Vorbereitungen aus der Kraft eines freien Willens?

---

1 Confessio Gallicana von 1559, in: CStA 4,52–59.
2 Institutio (1559) III,11,21.
3 Kommentar zu Röm 5,1–10, in: CStA 5.1,260–275.
4 Kommentar zu Röm 6,12–18, in: CStA 5.1,314–325.

# 6 Gottes erwählendes Handeln

Häufig wird die doppelte Prädestinationslehre, nach der Gott die einen erwählt und die anderen aktiv verdammt, als zentrale theologische Aussage Calvins angesehen, mit der er sich von den anderen Reformatoren unterschieden habe. Das ist so nicht richtig. Um Calvins theologische Rede von der Erwählung zu verstehen, ist es wichtig, seinem eigenen Gedankengang zu folgen. Dabei ist auffällig, dass Calvin die Rede vom aktiven Verwerfen Gottes erstens nicht überall und zweitens (nur) als logische Konsequenz benennt. Im Mittelpunkt steht das Staunen darüber, dass Gott sich trotz der Sünde der Menschen diesen zuwendet und sie erwählt, das heißt: aus dem Verderben herausholt. Dabei betont das in Christus erwählende Handeln Gottes einerseits, dass der menschliche Glaube aus sich heraus nicht in der Lage ist, Gott zu wählen; vielmehr wird der Mensch von Gott gewählt. In diesem Zusammenhang wäre auch das Verständnis des freien Willens zu bedenken. Andererseits ist die Erwählung auch eine Erwählung zum Dienst und zur Nachfolge Jesu Christi. Der abgedruckte Text ist ein Auszug einer 1551 gehaltenen, aber erst 1562 veröffentlichten Rede in der Genfer Kirche. Auffällig ist, dass Calvin hier praktisch gar nicht die Verwerfung betont. Ebenso wird deutlich, dass seine Erwählungslehre auf biblischen Grundlagen basiert.

## *Der Glaube ist Resultat der Gnade Gottes* (Von der ewigen Erwählung, 1551)[1]

Dies nun muss unser Ausgangspunkt sein: Die Wurzel unseres Glaubens an Jesus Christus liegt nicht in unserem eigenen Bemühen, auch nicht darin, dass wir einen so hochfliegenden oder durchdringenden Geist hätten, um die im Evangelium enthaltene himmlische Weisheit zu erfassen. Sie entspringt vielmehr der Gnade Gottes, einer Gnade, die unsere Natur übersteigt. So bleibt nun zu prüfen, ob diese Gnade ein Gemeingut aller Menschen ist oder nicht. Die Heilige Schrift behauptet, dass dies nicht der Fall ist: Gott nämlich gibt seinen Heiligen Geist nach seinem eigenen Ermessen den Menschen, und er erleuchtet sie durch seinen Sohn. Das beweist die Erfahrung. Davon sind wir überzeugt. Daraus also muss man schließen, dass der Glaube aus einem weit höheren und verborgeneren Quellort und Ursprung hervorgeht: aus der Gnadenwahl Gottes, kraft der er nach seinem Wohlgefallen [Menschen] zum Heil erwählt.

### *Erwählung nach Epheser 1,3–14* (Von der ewigen Erwählung, 1551)[2]

Genau das führt Paulus im ersten Kapitel des Epheserbriefes aus. Er preist Gott nicht nur über unserem Glauben oder richtiger darüber, dass er uns Jesus Christus gegeben hat, an den wir glauben sollen, weil in ihm die Erfüllung und Vollendung unseres Heils beschlossen liegt; er erklärt vielmehr: Gepriesen sei Gott, der uns berufen und erleuchtet hat, »wie er uns denn vor der Grundlegung der Welt erwählt hat« [Eph 1,4]. Jetzt also sehen wir, in welcher Weise Gottes Gnade in ihrer ganzen Fülle bei uns bekannt sein will: nicht nur, sofern wir von Herzen davon überzeugt sind, dass er uns den Glauben verliehen hat, sondern dass er ihn uns gerade deshalb verliehen hat, weil er uns vor der Erschaffung der Welt durch seinen Willen erwählt hat. Paulus begnügt sich indessen damit noch nicht, sondern fügt hinzu, dass uns Gott »nach dem freien Entschluss seines Willens« erwählt, »den er bei sich selbst zuvor gefasst hat« [V. 9]. Wir müssen diese Worte sorgfältig erwägen. Denn wenn Paulus von Gottes Vorsatz spricht, stellt er ihn allem gegenüber, was sich auf Seiten des Menschen finden lässt und ihn zu der Behauptung verleiten könnte, er habe ihn dazu bestimmt. Wenn also die Bedeutung des Wortes »Vorsatz« in Frage steht, was ist das anderes als der Ratschluss, den Gott [bei sich selbst] gefasst hat? So schreibt Paulus ja an Titus, dass uns Gott mit einer heiligen Berufung erwählt hat und zwar nicht nach unseren Werken, sondern nach seinem Vorsatz und nach seiner Gnade, das heißt nach seinem eigenen freien Entschluss.

Wir stehen hier vor einem Vergleich, den Paulus zwischen zwei einander widersprechenden Sachverhalten durchführt, den Werken von Menschen auf der einen und dem Vorsatz Gottes auf der anderen Seite. Wenn wir also dieses Wort [»Vorsatz«] aus seinem Mund hören, so sollen wir darunter einen Ratschluss verstehen, den Gott fasste, als er uns auf seine Seite zog, ohne dabei auch nur im geringsten unser eigenes Konto zu berücksichtigen, oder – anders gesagt – ohne von dort her veranlasst oder bewogen zu werden, uns Gutes zu tun. Es ist wohl wahr, dass Gott uns sorgfältig ansieht, wenn er uns erwählt. Was aber findet er bei uns? Nichts als lauter Elend und Armut, und dadurch lässt er sich zum Mitleid bewegen. Indessen stößt er im ganzen Menschengeschlecht auf dieses Elend, und doch erweist er seine Barmherzigkeit nur denen, die sein Wohlgefallen haben. Warum? Wir kennen seine Gründe nicht, und müssen uns jetzt mit dem begnügen, was wir begreifen können, das heißt mit dem, was uns Paulus in aller Form auseinanderlegt: Gott hat uns nach dem Vorsatz erwählt, den er bei sich selbst erwogen hatte. Damit will er alle Einwände niederschlagen, mit denen man die Behauptung stützen könnte, Gott sei bei solchem Anlass ungerecht. All dies muss daher gänzlich ausgeschlossen bleiben. Wenn Paulus sagt, Gott habe »bei sich selbst« [V. 9] diesen Vorsatz erwogen, so bedeutet das [vielmehr]: Er hat sich nicht aus sich selbst herausbegeben, hat seine Augen nicht hierhin und dorthin schweifen lassen, als wollte er sagen: Ich will mich [von außen] zu meinem Tun bewegen lassen.

Paulus geht noch weiter. Er erklärt, dass Gott »uns in Jesus Christus erwählt« [V. 4] hat, und weist uns damit auf unsere eigene Unwürdigkeit hin. Das entspricht durchaus der Wahrheit, und die das bestreiten, missbrauchen ihre Überheblichkeit, indem sie in sich selbst etwas meinen vorweisen zu können, um dessentwillen Gott sie zu sich gerufen hätte. Deshalb fügt er hinzu, dass Gott uns »in seinem geliebten Sohn an Kindes statt angenommen« [V. 5] hat. Dabei schreibt er nicht ohne Grund unserm Herrn Jesus das Attribut des vielgeliebten Sohnes zu. Denn in uns selbst sind wir hassenswert, wert, dass Gott uns verabscheut; aber in seinem Sohn blickt er uns freundlich an, und daraufhin liebt er uns.

Damit man sich im Übrigen über das geringe Maß des eigenen Glaubens nicht täuscht, auch nicht darüber, dass er von der göttlichen Erwählung abhängt, setzt Paulus ausdrücklich hinzu: »auf dass wir heilig und untadelig seien« [Eph 1,4]. Dazu müssen wir uns an die Worte des Petrus in Apostelgeschichte 15,9 erinnern, dass Gott »durch den Glauben die Herzen der Menschen reinigt.« Wenn also Paulus an der zitierten Stelle schreibt, dass Gott uns erwählt hat, damit wir heilig und ohne Tadel seien, so fasst er auch den Glauben darunter. Denn er könnte ebenso gut sagen: Wir tragen in uns jede Menge Unrat, und das zeigt sich zu einem guten Teil daran, dass wir nicht glauben. Und so sagt er ja auch, dass die Ungläubigen ihre Gedanken »in eitlen Wahn« verkehrt und vor Gott »verfinstert« haben [Eph 4,17f.]. Was also tut not? Dass wir uns an diese göttliche Gnadenwahl halten, wenn wir auch nur ein einziges Tröpfchen oder Körnchen Reinheit gewinnen wollen. Dann nämlich erkennen wir, dass sich der Glaube allein Gottes Erwählung verdankt, das heißt, dass Gott all die erleuchtet, die er durch seine grundlose Güte vor der Erschaffung der Welt erwählt hat.

## *Erwählung nach Römer 8,28–30* (Von der ewigen Erwählung, 1551)[3]

Paulus bringt dies ebenso klar im 8. Kapitel des Römerbriefes zum Ausdruck. Dort stellt er den bekannten Satz an die Spitze, dass Gott »denen, die ihn lieben, alle Dinge zum Guten wendet« [Röm 8,28]. Gewiss, er rückt ihn danach ein wenig zurecht. Um nicht den Anschein zu erwecken, als liege es an den Menschen, sich auf ihr Heil vorzubereiten und ein so großes Gut durch ihre eigene Tüchtigkeit zu erwerben, fügt er hinzu: »denen nämlich, die nach Gottes Vorsatz berufen sind« [Röm 8,28], als wollte er sagen: Zwar schlägt uns alles zum Bösen, ja zum Verderben aus, wenn wir Gott nicht lieben; darum muss diese Liebe zu Gott schon in uns sein, wenn wir wollen, dass uns alles zu Diensten steht. Aber glauben wir deshalb doch ja nicht, es liege an uns, den Anfang zu machen! Gott selber muss uns zuvorkommen. Und wenn dem so ist: Wer sind dann die, die Gott lieben? Diejenigen, führt er aus, die von ihm berufen sind, und zwar nach seinem Vorsatz. Er kommt noch einmal auf das Wort zurück, das wir bereits entfaltet haben, jenen unwandelbaren Ratschluss Gottes, der nicht aus sich selbst heraustritt, sondern der die Ursache, warum er dies oder das bewirkt, in seiner lauteren Güte findet. So also haben wir die Erwählung zu verstehen, die Paulus denen bestätigt, die nach Gottes Vorsatz berufen sind.

Hier spricht er wohlgemerkt vom Vorsatz Gottes. Warum? Damit wir wissen, dass es sich um eine unzweifelhaft gewisse Berufung handelt, die wirksam und kraftvoll geschieht. Denn Gott will auch Ungläubige berufen; doch hat diese Berufung nicht die Kraft, sie zur Umkehr zu bringen. Er rührt nicht an den Lebensnerv ihrer Herzen, gibt seinem Wort nicht die Vollmacht, in ihnen Wurzel zu schlagen. Wenn er uns hingegen beruft gemäß seinem Vorsatz, uns zu sich zu ziehen, dann bedeutet das so viel, wie dass er uns erwählt hat. Darum fährt Paulus wenig später fort: »Die er zuvor erkannt hat, die hat er auch erwählt, [die er aber erwählt hat], die hat er auch berufen, und die er berufen hat, die hat er auch gerecht gesprochen« [Röm 8,29f.]. Paulus stellt hier verschiedene Grade heraus, aber das Fundament beginnt damit, dass Gott die Seinen erkannt hat. Doch auf welche Weise? Zwar werden einige Verleumder behaupten, er habe die erkannt, die er erwählen wollte, zumal er ja bei ihnen voraussehen konnte, dass sie es ihm gleichsam schuldig wären, zu glauben und von seiner Gnade den rechten Gebrauch zu machen. Das aber ist ein höchst törichter Unsinn! Denn hier steht eine Erkenntnis in Frage, die er gleich danach ins Licht rückt. Es braucht hier wirklich keinen anderen Ausleger als Paulus selbst, der seine Absicht deutlich genug erklärt. Man muss sich nicht anderwärts nach einer Auslegung umsehen. Denn Gott, so fährt er fort, »hat sein Volk nicht verworfen, das er zuvor erkannt hat« [Röm 11,2]. Und wie erkannt? Hatte er bei seinem Volk etwa entdeckt, dass es einer solchen Gnade würdig wäre? Ganz im Gegenteil! Der »Rest« [Röm 9,27] dieser großen Menge, stellt er fest, wird doch lediglich aufgrund der Gnadenwahl errettet. Sie ist es, von der Paulus bereits in der Apostelgeschichte gesprochen hatte, wenn es dort heißt: Jesus Christus ist uns nach Gottes Vorherwissen angekündigt worden. Dieses Vorherwissen zieht weitere Überlegungen nach sich.

Wenn Paulus alles in allem feststellt, dass Gott die erwählt, die er zuvor erkannt hat, so gibt er damit genau das zu verstehen, was er den Galatern gegenüber so ausdrückt: »nachdem ihr Gott erkannt habt, oder vielmehr, nachdem ihr von Gott erkannt seid« [Gal 4,9]. Paulus also gesteht den Menschen zu, dass sie Gott im Glauben erkannt haben. Damit sie aber begreifen, dass diese Erkenntnis nicht aus ihnen selbst stammt, nimmt er sich zurück und schränkt ein: »soweit ihr von ihm erkannt seid«. Er könnte auch sagen: Ihr seid Gott nur in dem Maß nahe gekommen, in dem er sich selbst euch nahe gebracht hat. So heißt es ja bereits beim Propheten Jesaja: »Ich habe mich finden lassen von denen, die mich nicht suchten, ich bin denen nahe gekommen, die nicht nach mir fragten. Und zu denen, die fern von mir waren, sprach ich: Da bin ich! Da bin ich!« [Jes 65,1]. Auf diese Weise also – das sehen wir hier – sind die Erwählten von Gott erkannt, und auf diese Weise erwählt er, die er erkannt hat, so nämlich, dass er sie als sein Eigentum bezeichnet, als wollte er sagen: Ihr gehört zu den Meinen! Da sie nun erkannt sind, sind sie von ihm berufen, und diese Berufung tritt ans Licht, wenn Gott uns den Glauben schenkt. Wir sehen also, dass jener Vorsatz, den ich bereits verteidigt habe, eine viel breitere Bestätigung findet. Denn Gott, der das ganze Menschengeschlecht in Verfall und Verderben liegen sieht, reißt aus reiner Gnade diejenigen heraus, auf denen sein Wohlgefallen ruht, und beruft sie, indem er so handelt, auf seine Seite. Das nämlich ist das [entscheidende] Mittel. Bei dem allen aber hat die Erwählung den Vorrang. Sie muss vorangehen, während der Glaube, der Ordnung entsprechend, folgt. Jener Wirrkopf, der in unserer Kirche Verwirrung stiften wollte, spielt sich in seiner Frechheit allzu plump auf, wenn er schamlos behauptet, das erste Kapitel des Epheserbriefes müsse ausschließlich im Blick auf Paulus und die Apostel verstanden werden. Wenn Paulus schreibt: Gott hat uns »vor der Erschaffung der Welt erwählt«, er hat uns in seinem geliebten Sohn »angenehm« gemacht, um uns »zur Annahme an Sohnes Statt zu bestimmen« [Eph 1,4], so erklärt er: O das gilt doch nur, soweit Gott die Apostel zur Verkündigung des Evangeliums erwählt hat! Dann also gibt es nur die Apostel, die Kinder Gottes sind und von ihm an Sohnes statt angenommen, nur sie, die von Gott geliebt sind! Eine wahrhaft vortreffliche Theologie, um jedermann in die Hölle zu bringen! Doch auch wir durchschauen, dass solche Leute ihren Spott mit Gott treiben, bellende Hunde, die alle Vernunft auf den Kopf stellen und abschaffen wollen. Was soll man da tun? Das Gewicht des bereits Gesagten sorgfältig erwägen, um zu erkennen, worauf Paulus hinaus will, und das ist weder dunkel noch zweifelhaft!

### *Erwählung nach Johannes 6,44f. und 10,28f.* (Von der ewigen Erwählung, 1551)[4]

Kommen wir, um eine noch umfassendere Bestätigung zu finden, auf das zurück, was wir schon im Johannesevangelium gesehen haben! Dort heißt es im 6. Kapitel: Niemand kann zu Jesus Christus kommen, »es ziehe ihn denn der Vater« [Joh 6,44]. Achten wir jetzt darauf, ob auf diese Weise tatsächlich alle Menschen gezogen werden. Wohl bietet Gott allen sein Wort an und lädt dadurch unterschiedslos alle ein, ihn zu hören. Aber er spricht darum doch nicht alle im Innern ihres Herzens an, was dort ebenfalls erörtert wird: »Jeder, der von meinem Vater gehört und gelernt hat, kommt zu mir« [V. 45]. Ich frage euch: Kommen denn alle zu Jesus Christus? Keineswegs, wie wir sehen! Wenn aber nicht alle zu ihm kommen, so folgt daraus, dass nicht alle vom Vater gelehrt sind, denn es heißt ja, dass alle, die von ihm gelehrt sind, zu Jesus Christus kommen werden. Solch eine Stelle ist klar und leicht genug zu verstehen. Unser Herr Jesus führt zum Beweis das Schriftwort Jesaja 54 an, in dem der Prophet verheißt, dass »alle Kinder« der Kirche »vom Herrn gelehrt« sein werden [V. 13]. Wenn er aber sagt, dass alle Kinder der Kirche von Gott gelehrt werden, dann spricht er ohne Zweifel von einem besonderen Vorrecht, das er denen verleiht, die zu seiner Herde berufen sind. Es ist doch eine kaum glaubliche, dreiste Unverschämtheit, mit der dieser Wirrkopf behauptet, alles dort Angeführte habe den Sinn einer allgemeinen Feststellung. Auch wenn Gott durch Ezechiel spricht: »Ich will euch in meinen Geboten wandeln lassen« [Ez 37,24], so sei das, behauptet er, eine allumfassende Verheißung, die den Türken ebenso gut gelte wie den Christen. Wenn es später heißt: »Ich will einen neuen Bund mit euch schließen; ich will euch ein fleischernes Herz geben«, so sei das jedermann verheißen, und wenn geschrieben steht: »Ich will mein Gesetz in eure Herzen schreiben« [Jer 31,33], so sei das ohne Ausnahme allen Menschen zugesagt. Heißt das nicht Gott und sein Wort verspotten, da ja Gott bei dem Propheten Jeremia ganz offensichtlich von einem anderen Bund redet als dem, den er mit dem alten Volk geschlossen hatte? Er spricht: Dieser Bund wird »nicht sein wie der, den ich mit euren Vätern geschlossen habe, denn sie haben ihn gebrochen« [Jer 31,33]. Und es kann den Menschen – unbeherrscht, wie sie Gott die Treue aufkündigen! – ja auch gar nichts anderes passieren, als dass sie sich von ihm trennen! Wenn also Gott einen festen, beständigen Bund mit uns schließen will, dann muss er sein Gesetz in unsere Herzen eingravieren. Doch geschieht das ganz allgemein bei allen Menschen? Wir sehen, wie ich eingangs festgestellt habe, genau das Gegenteil und zwar aufgrund von Erfahrung.

So drängt sich der Schluss auf, dass dies alles keineswegs aus unserer eigenen Tüchtigkeit herrührt, noch unserm Verdienst oder unserer Würdigkeit zuzuschreiben ist, sondern aus reiner göttlicher Gnade geschieht. Gottes Gesetz ist, wie wir sehen, durchaus nicht in die Herzen aller Menschen eingeprägt; in den meisten bleibt das »steinerne Herz« [Ez 36,26]. Das zeigt sich an ihrem mehr als verzweifelten Starrsinn. Halten wir also die Erkenntnis fest, dass wir es hier mit einer ganz besonderen Verheißung zu tun haben, mit der Gott nur für die Bedürfnisse seiner Hausgenossen Sorge trägt! Im Übrigen räumt uns unser Herr Jesus alle Schwierigkeiten aus dem Weg. Denn führt er die Jesaja-Stelle etwa deshalb an, um zu sagen, dass Gott alle Menschen gelehrt macht? Ganz im Gegenteil! Er erklärt doch, dass darin das Prophetenwort in Erfüllung geht. Worauf also will Jesus Christus hinaus? Angesichts der Verbohrtheit von Leuten, die sich für große Gelehrte ausgeben und seine ganze Verkündigung abweisen, angesichts dessen, dass auch die hohen kirchlichen Würdenträger sie nicht annehmen, erklärt er: Man muss sich nicht wundern, dass es darunter so viele Rebellen und Starrköpfe gibt. Denn der Glaube ist nicht jedermanns Ding. Wer zu mir kommt, den muss mein Vater »ziehen« [V. 44]. Das ist gemeint, wenn er erklärt, alles, was ihm der Vater gegeben hat, werde zu ihm kommen [Joh 6,37], und was zu ihm gekommen sei, das werde er bewahren und nicht dulden, dass etwas davon verloren gehe [V. 39].

Drei Punkte sind es, die wir uns merken müssen. Zunächst: Wenn wir zu Jesus Christus kommen, dann sind wir ihm von Gott, seinem Vater, zum Erbe gegeben. Es ist nicht unsere Sache, uns ihm zu übergeben, sondern der Vater muss ihm diese Schenkung übereignen. Daraus ist zu schließen, dass die Erwählung dem Glauben vorausgeht. Denn der Vater gibt dem Sohn, was er schon als sein Eigentum besitzt, das heißt: So gewiss alle Menschen seine Geschöpfe sind, so gewiss zählen sie deshalb doch nicht schon alle zu seiner Herde. Vielmehr gehören ihm nur die als die Seinen, die er nach seinem Wohlgefallen auserwählt hat. Er hatte also schon all die erwählt, die er Jesus Christus übergibt.

Daraus folgt als Zweites: Jesus Christus nimmt in seine Obhut und in seinen Schutz, die ihm von seinem Vater übergeben sind, und lässt nicht zu, dass etwas davon verloren geht. Wenn wir aber einmal in seiner Obhut stehen, verleiht er uns soviel Kraft, dass wir bis ans Ende standhaft beharren. So haben wir es bereits im 10. Kapitel des Johannesevangeliums kennen gelernt, in dem er versichert, dass niemand ihm die Schafe entreißen wird, die seiner Sorge anvertraut sind [Joh 10,28]. Warum wird sie ihm niemand entreißen? Weil, sagt er, mein Vater, der sie mir gegeben hat, »größer ist als alle« [Joh 10,29]. Das müssen wir sorgfältig im Auge behalten, um gegen die Unzahl von Versuchungen anzukämpfen, mit denen uns der Satan zu zerstreuen sucht. Denn wie sieht es sonst, wenn wir von allen Seiten bedrängt werden und zehntausend Tode um uns her stehen, mit unserer Stärke und Widerstandskraft aus? Gott aber ist unbesiegbar. Darum dürfen wir wissen, dass unser Heil fest steht. Warum? Weil es in Gottes Hand liegt. Und inwiefern dürfen wir dessen gewiss sein? Weil er es in die Hand unseres Herrn Jesus gelegt hat, der uns verbürgt, dass der Vater, der uns erwählt hat, seinen Ratschluss zur vollen Wirksamkeit und Vollendung führen wird.

Schließlich zeigt uns unser Herr Jesus hier deutlich – wir haben es schon einige Male gesagt und müssen nun darauf zurückkommen –, dass uns Gott durch die Tatsache unserer Erwählung zu seinen Schafen macht und uns daraufhin zu seiner Herde beruft. Das Mittel, uns zu berufen, ist der Glaube: Jetzt werden wir zu seinen Schafen erklärt und als solche offenbar. Denn keine Berufung, die sich in der Schrift findet, geschieht ohne das Zeugnis, das Gott von seinem zuvor verborgenen Ratschluss ablegt. Davon soll bald noch in volleren Tönen geredet werden. Einstweilen mag dies genügen: Wir sind Schafe Jesu Christi, ehe wir ihn erkannt haben; danach ruft er uns zu sich, und erst dann fangen wir an, »seine Stimme zu hören« [Joh 12,3].

## *Erwählung nach Römer 9,6–21* (Von der ewigen Erwählung, 1551)[5]

Was Paulus im 9. Kapitel des Römerbriefes hierüber schreibt, ist von noch größerer Klarheit. Denn dort ist [aus der Berufung] ein ganzer, in sich abgerundeter Beschluss geworden und zwar einer, dem man nicht gut etwas entgegensetzen kann. Alles, was er uns darüber mitteilt, liegt am Tage. Zwar hat sich der Satan schon immer Mühe gegeben, mit seinen Sophistereien mancherlei nichtige Spitzfindigkeiten aufzutreiben, um all das zu verdunkeln. Doch die Wahrheit überwindet allemal, was ihr hier entgegentreten mag. Paulus lehrt, dass Gott die Nachkommen Abrahams zwar zu seinem Erbe erwählt hat; gleichwohl, stellt er fest, sind nicht alle, die »dem Fleisch nach« von der Wurzel Abrahams abstammen, »Kinder der Verheißung« [Röm 9,8], das heißt: Sie sind nicht in Gottes Auswahl enthalten, von ihr auch nicht umgriffen, sodass man behaupten dürfte, sie seien in Wahrheit Erben Gottes und seines Reiches. Denn genau so könnte man jetzt sagen: Jesus Christus ist zum König aller Welt eingesetzt worden, damit alle sich aufmachen, ihm zu huldigen. Davon ist ja in so und so vielen Prophetenstellen die Rede, insbesondere in Psalm 2, den ich als bedeutendstes und bekanntestes Beispiel anführe: »Bitte von mir, und ich will dir alle Enden der Erde zum Erbe geben« [Ps 2,8]. Vom Aufgang der Sonne bis zu ihrem Niedergang werden dich Könige und Fürsten anbeten. So also ist jedermann im Namen unseres Herrn Jesus Christus zum Heil berufen, aber das heißt doch wahrhaftig nicht, dass sie darum auch alle in Wahrheit Erben der Verheißung sind. Und warum? Paulus könnte wohl geltend machen, dass nicht alle glauben, und es ist nicht Vergeblichkeit, wenn er das nicht tut, sondern er bringt damit zum Ausdruck, dass dies gleichbedeutend ist mit dem Satz, dass Gott nur die erwählt, auf denen sein Wohlgefallen ruht.

Merken wir uns diesen Punkt gut, meine Brüder! Achten wir zuerst darauf, wer es ist, der hier redet – Paulus, der an anderer Stelle im 12. Kapitel des 2. Korintherbriefes [V. 2ff.] feierlich bezeugt, er sei bis in den dritten Himmel entrückt worden, er habe die Geheimnisse Gottes geschaut, die kein Mensch aussprechen darf. Weiß Paulus nicht, an welchen Maßstab man sich halten muss, wenn man Gottes Geheimnisse enthüllt? Denn er sagt, er dürfe keine Geheimnisse preisgeben, die er dort oben geschaut habe. Daraus folgt doch wohl, dass das besondere Geheimnis, um das es hier geht, den Menschen offen zugänglich gemacht werden darf. Andernfalls hätte er sich sorgsam gehütet, es in den Vordergrund zu rücken; er hätte es niemals in solcher Kühnheit, wie hier geschehen, enthüllt. Denn hier betritt er mit Vorbedacht, ohne jede Nötigung, den Boden jenes Vorsatzes der Erwählung und will uns mit seinem Unterricht soweit bringen, dass wir seine Aufstellungen verstehen. Dabei geht es um das Folgende: Zwei Kinder im Schoß ein und derselben Mutter, von ein und demselben Vater, dem Patriarchen Isaak gezeugt, haben beide die Verheißung, die die Predigt ihnen äußerlich zuspricht, sind beide in ein und demselben Hause geboren, dem Volk und Heiligtum Gottes, der das Haupt seiner Kirche ist. Und doch heißt es schon zu der Zeit, da die Mutter sie in ihrem Leibe trug: »Der Ältere wird dem Jüngeren dienstbar sein« [Röm 9,12]. Hier sagen nun auf Verleumdung bedachte Leute, das müsse man im Blick auf irdische Segensgüter verstehen. Doch das hieße, den Heiligen Geist, der durch den Mund des Paulus geredet hat, rundweg zu verspotten. Spricht Paulus hier etwa davon, dass der Gipfel dessen, was einer zu seinem Wohlbefinden auf Erden braucht, darin bestehen müsste, Weißbrot zu haben? Handelt er von sinnlichen Freuden und dergleichen anderen Dingen? Das ist zum Lachen! Es geht um das ewige Heil aller Menschen. Sie führen das doch nur an, um die Heilige Schrift auf den Kopf zu stellen. Es liegt ja am Tage, dass eine solche Auslegung, die diese Gottesverächter daraus machen wollen, eine blanke Unverschämtheit ist, ja eine unverfrorene Bosheit. Hier geht es um das Thema: Erben des Bundes zu sein, der ganz und gar geistlich ist, des Bundes, den Gott mit Abraham geschlossen hatte, als er zu ihm sprach: »Ich will dein Gott sein und der Gott deiner Nachkommen nach dir« [Gen 17,7]. Was bedeutet das? Es heißt: Du sollst auf ewig in meinem Reich leben. So hat auch Jesus Christus uns dieses Wort ausgelegt.

Paulus erwähnt auch nicht ohne Grund, dass Isaak aus der Niederkunft seiner Frau Rebekka zwei Söhne bekam, von denen der eine dem anderen vorgezogen wurde, und hält sich dabei an das Zeugnis des Propheten Maleachi [Mal 1,2]. Zwar ist bei Maleachi vom Land Kanaan und dem Gebirge Seir die Rede. Doch sollte das Land Kanaan nicht ein Gleichnis und Abbild des himmlischen Erbes sein? Paulus stellt uns somit wie in einem Spiegel vor Augen, dass Gott Jakob erwählt und ihn seinem Bruder Esau vorgezogen hat. Jakob, sage ich, der Jüngere ist dem Älteren vorgezogen und über Esau gestellt worden, damit man nichts der Ordnung der Natur zuschreibe, sondern dem ewigen Ratschluss, den wir gegenwärtig behandeln. Doch nicht nur das hält Paulus fest, sondern er fährt fort: »Als sie noch nichts Gutes oder Böses getan hatten« [Röm 9,11], habe Gott so entschieden, das heißt: Jakob erwählt und in das Erbe eingesetzt, Esau aber daraus vertrieben. Bevor sie, betont er, irgendetwas Gutes oder Böses getan hatten, damit man erkenne, dass dies alles von Gottes Berufung seinen Ausgang nimmt, und nicht von Seiten der Menschen.

## *Erwählung ohne Mitwirkung* (Von der ewigen Erwählung, 1551)[6]

Die römischen Theologen machen in ihren Reihen eine Unterscheidung, wonach Gott die Menschen nicht nach ihren eigenen Werken erwählt, sondern danach, dass er ihren Glauben voraussieht. Das läuft auf das Gegenteil dessen hinaus, was wir im Blick auf Paulus bereits gesagt haben. Denn bei ihm heißt es, dass wir von Gott erwählt und ausersehen werden, damit wir heilig und untadelig vor ihm leben. Paulus hätte ganz anders formulieren müssen: Weil Gott vorausgesehen hatte, dass wir heilig sein werden, darum hat er uns erwählt. So aber drückt er sich nun einmal nicht aus; er sagt vielmehr: Gott hat uns erwählt, »damit wir heilig würden« [Eph 1,4]. Er schließt also, dass unser Glaube von dieser Erwählung abhängt.

Wer anders darüber urteilt, weiß überhaupt nicht, dass diese Art zu denken menschlich ist und unserer menschlichen Natur entspricht. Richten wir also unser Augenmerk ein wenig auf das, was in unserer Natur liegt und was man ihr abgewinnen kann, wenn Gott sie in ihrem Zustand belassen hätte. Nun, wir sind ohne Zweifel in einem Ausmaß verdorben und verkehrt, dass wir zu allem Bösen fähig sind. Zwar hat man mit Recht gesagt, dass sich »denen, die Gott lieben, alle Dinge zum Besten kehren« [Röm 8,28], doch wie viel und wie groß auch immer all unsere natürlichen Tugenden sein mögen, Gott gegenüber, erklärt Paulus im selben Kapitel, sind sie allemal Feinde. Was also kann Gott bei den Menschen voraussehen, wenn er uns so lässt, wie wir sind? Was kann er bei uns finden außer jeder Art Gräuel und Schande, so dass er uns todfeind sein und in die Tiefen der Hölle hinabstoßen muss? Genau das ist es, was Gott voraussehen kann! Wenn er aber gleichermaßen das Gute voraussieht, dann das, was er selbst in unsere Natur einzupflanzen beschlossen hat; er sieht nur seine eigenen Gaben und Gnaden voraus. Wer ist es, der sich jetzt stolz in die Brust werfen, der sich erheben könnte und sagen: Ich bin doch wer?

Gehen wir daher zu der anderen Stelle über, an der Paulus fragt: »Wer bist du denn, dass du dich unterscheidest«, und »wer hat dir einen Vorzug gegeben?« [Röm 9,20; I Kor 4,7]. Paulus zeigt hier zweierlei: Obwohl wir allesamt ein und dieselbe Anlage und Natur haben, sind wir dennoch voneinander verschieden. Aber dieser Unterschied kommt von Gott. Das liegt schon im Wort selbst beschlossen, denn unterscheiden heißt, einen Vorrang geben. Auf diese Weise lehrt er uns, dass dabei gar nichts von uns abhängt. Wir kommen Gott keineswegs zuvor, kommen [von uns aus] keineswegs an ihn heran, sondern im Gegenteil: Er ist es, der das alles bewirkt, er ist es, dem wir das alles zuschreiben müssen. Jetzt also sehen wir, worauf Paulus in diesem 9. Kapitel des Römerbriefes hinauswill, wenn er den Schluss zieht, dass Esau verworfen, Jakob aber erwählt ist: Es ist nicht das Ergebnis irgendwelcher Werke, sondern kommt, sagt er, von Gottes Berufung.

Folgerichtig müssen wir nun auch schließen, dass es »nicht auf den ankommt, der will, noch auf den, der läuft, sondern auf Gott, der sich erbarmt« [Röm 9,16], das heißt: Wir Menschen dürfen hier nicht überheblich werden, um Gott seinen Ruhm zu entreißen oder uns selbst einen Anteil an unserm Heil zuzuschreiben, denn das alles, betont er, hängt an Gottes Erbarmen. Es gibt indessen Leute, die an dieser Stelle sophistisch herumflicken und behaupten: Dass es nicht auf den ankomme, der da will oder läuft, bedeute zwar keineswegs, dass unser eigenes Laufen schon zu unserem Heil ausreiche, wohl aber, dass Gott uns dabei durch seine Barmherzigkeit hilft. Das ist ein vortrefflicher Vorschlag! Wenn es so stünde, könnte man gut und gern auch das Gegenteil behaupten. Denn wenn es hier eine Konkurrenz zwischen Gott und den Menschen gäbe, das heißt, wenn Gott die eine Hälfte ausrichtete und wir die andere, dann müsste man den Schluss ziehen, dass unser Heil nicht ganz von uns, aber auch nur zum Teil von Gott abhängt, und umgekehrt: dass es nicht ganz von Gott abhängt, sondern zum Teil auch von uns, und das liefe darauf hinaus, dass wir uns sogar über Gott stellen wollten – eine so fluchwürdige Lästerung, dass jedermann sich darüber entsetzen müsste, so schrecklich ist sie! Genauso behandelt auch Augustin die Sache: Wenn Paulus an dieser Stelle von dem redet, der da will oder läuft, dann schreibe er uns nicht etwa ein solches Wollen oder solche Fähigkeiten zu, dass wir aus uns selbst etwas vermöchten, sondern zeige, dass der Mensch wie ein Gefangener ist und überhaupt nichts vermag, dass vielmehr alles, was er hat, sich der Gnade Gottes verdanke, der uns die Hand ausstreckt, um uns zu sich zu ziehen und zwar von dem Augenblick an, da wir fern von ihm, verbannt und ganz und gar verstoßen leben mussten.

Jetzt erkennen wir, dass der Vorsatz, den ich [zur Interpretation] herangezogen habe, durch die Heilige Schrift hinreichend beglaubigt ist: Gott hat uns erwählt – und das nicht nur ehe wir ihn kannten, sondern ehe wir geboren und ehe die Welt erschaffen wurde. Er hat uns durch seine grundlose Güte erwählt und sich nicht anderswo nach einer Ursache umgesehen. In sich selbst hat er diesen Vorsatz erwogen. Das müssen wir erkennen, damit er von uns verherrlicht wird, so wie es ihm zusteht. Denn die Ehre, die wir ihm schulden, kann ihm nicht abgesehen von alledem erwiesen werden, wie uns das 2. Kapitel des zweiten Thessalonicherbriefes zeigt: »Wir aber müssen Gott allezeit danken«, schreibt der Apostel, »der uns vor der Grundlegung der Welt im Geist und in der Heiligung erwählt hat« [II Thess 2,13]. Wie stattet Paulus hier Gott seinen Dank ab? Er spricht nicht nur davon, dass die Thessalonicher glauben, sondern davon, dass Gott uns erwählt hat, und fügt dann hinzu, dass Gott sie erwählt hat, um sie durch seinen Geist zu heiligen, und sie so zur Erkenntnis des Glaubens gebracht hat. Auch wir haben das bereits ausgeführt anlässlich der Stelle des Epheserbriefes [Eph 1,4], die mit dieser hier völlig übereinstimmt.

## *Jesus Christus als Spiegel der Erwählung* (Von der ewigen Erwählung, 1551)[7]

Sehen wir auf Jesus Christus: wahrer Gott und wahrer Mensch! Unsere menschliche Natur ist hier zu einer unglaublichen Würde erhoben worden. Denn Jesus Christus, der beides ist, Gott und Mensch, ist gleichwohl Gottes Sohn. Ich sage: der einzige Sohn, von Natur aus der Sohn. Was hat die menschliche Natur, die sein eigen ist, für Verdienste? Sie geht doch aus dem Geschlecht Adams hervor: Jesus Christus musste vom Samen Davids abstammen, sonst hätte er nicht unser Erlöser sein können. Er ist auf wunderbare Weise von seiner Mutter empfangen worden, und doch steht fest, dass er aus dem Geschlecht Davids, Abrahams und Adams kam. Dass er geheiligt wurde und keineswegs demselben Verderben unterlag wie wir, hat in der wunderbaren, alles überragenden Gnade Gottes seinen Grund. Und doch hätte es die menschliche Natur Jesu Christi, wenn wir

nur auf sie blicken, durchaus nicht verdient, zu solcher Ehre erhöht zu werden, dass man sagen dürfte: »Siehe, er herrscht über die Engel!« [Hebr 1,6ff.] [und:] »Vor ihm wird sich jedes Knie beugen« [Phil 2,10].
Wenn wir ein solches Übermaß göttlicher Gnade in unserm Haupt erblicken, muss dann nicht ein jeder von uns in sich selbst gehen, um zu erkennen: Gott hat mich erwählt, mich, der ich ausgestoßen und von seinem Reich ausgeschlossen war! Ich habe nichts in mir, was ihm gefallen könnte, und doch hat er mich dazu ausersehen, zu den Seinen zu gehören! Genügt es nicht, solche Gnade zu erkennen, um sie in ihrer ganzen Größe zu preisen? Wenn wir also dazu kommen, dies alles zu erwägen, dann können wir nur mit Paulus ausrufen: »O welche Tiefe!« [Röm 11,33] Denn wir sind – das will er uns zeigen – keine rechten Schüler des Heiligen Geistes, solange wir nicht vor Bewunderung darüber hingerissen sind. Wenn wir über die Geheimnisse Gottes nachdenken, können wir nur bekennen, dass wir noch nicht imstande sind, sie zu begreifen.

### *Erwählung aus Gnade* (Von der ewigen Erwählung, 1551)[8]

Wenn wir nun schließlich all das zusammenfassen, was wir im Blick auf Gottes Erwählung ausgeführt haben, so wollen wir festhalten, dass wir Gott noch nicht annähernd so ehren, wie es seiner Größe zukommt. Wir haben noch keinen Begriff von dem Ausmaß seiner Gnade, die er unter uns ausgebreitet hat, solange wir nicht erkennen, dass wir von ihm erwählt sind, ja dass er uns aus der allgemeinen Verdammnis, die über das ganze Adamsgeschlecht gekommen ist, herausgenommen hat, um uns unserm Herrn Jesus Christus zuzuführen. Denn er allein hat uns erlöst. Und wenn wir unterdessen auf die Verworfenen blicken, [so deshalb], damit wir in ihnen wie in einem Spiegel uns selbst zu prüfen lernen und zu dem Eingeständnis kommen: Genau so wäre es um uns bestellt, wenn Gott nicht seine väterliche Güte geltend gemacht hätte, um uns von ihnen zu scheiden. Denn kraft unserer Natur können wir uns gar nicht von ihnen unterscheiden. Gott ist es vielmehr, der uns vortrefflicher gemacht hat. Solange die Glaubenden nicht bis zu diesem Punkt gekommen sind, werden sie Gottes Größe niemals, wie ich bereits gesagt habe, [in der ihm angemessenen Weise] ehren.

---

1 Von der ewigen Erwählung Gottes (1551/1562), in: CStA 4,94f.
2 CStA 4,96–99.
3 CStA 4,98–103.
4 CStA 4,102–109.
5 CStA 4,108–113.
6 CStA 4,112–117.
7 CStA 4,128f.
8 CStA 4,134–137.

# 7 Kirche, ihre Ämter und die Ökumene

Calvins Theologie hat vor allem den Zweck, der Kirche zu helfen, zur Ehre Gottes zu leben. Deswegen hat Calvin dem Verständnis und vor allem der Gestaltung der Kirche viel Aufmerksamkeit gewidmet: Sie ist für ihn die Mutter, ohne die die einzelnen Glaubenden nicht existieren können. Sein erster Grundsatz lautet, dass die Kirche als Leib Christi an ihn gebunden und darum zunächst zu glauben ist. In der Auseinandersetzung mit der römisch-katholischen Kirche spricht Calvin dieses Thema in der Streitschrift gegen die Artikel der Sorbonne von 1544 an. Der erste Abschnitt aus Buch IV der Institutio verdeutlicht die doppelte Dimension der Kirche: Einerseits ist sie zu glauben, und deshalb bleibt verborgen, wer zur Kirche dazugehört. Andererseits ist sie sichtbar und als solche zu gestalten. Zwei Kennzeichen reichen nach Calvin aus, um als Kirche gelten zu können: rechte Verkündigung und ordentliche Sakramentsverwaltung. Aber zum Leben der Kirche gehört mehr. Calvin hat das mehrfach gegliederte Amt im Sinne von Diensten entwickelt: Pastoren, Älteste, Lehrer und Diakone haben spezifische Aufgaben in der Gemeinde zu erfüllen. Die prinzipiell revidierbare Kirchenordnung dokumentiert, dass auch das Leben der Gemeinde theologische Relevanz hat. Neben dem Interesse an der konkreten Erbauung der einzelnen Gemeinde ist Calvin an der Einheit der Kirche interessiert und ringt weit über die Grenzen Genfs hinaus um Verständigung in Glaubensfragen.

## *Christus als Haupt der Kirche* (Streitschrift gegen die Artikel der Sorbonne, 1544)[1]

Wir alle bekennen, dass es eine allgemeine Kirche gibt und von Anfang der Welt an gegeben hat und bis zu ihrem Ende geben wird. In Frage steht die äußere Erscheinung, an der man sie erkennen kann. Nach unserer Überzeugung liegt sie im Wort Gottes. Oder besser gesagt darin, dass Christus ihr Haupt ist. Darum behaupten wir: Wie nun ein Mensch an seinem Gesicht erkannt wird, so muss man die Kirche in Christus anschauen. Wie geschrieben steht: »Wo der Leib ist, dort sammeln sich die Adler« (Mt 24,28). Ebenso: »Es wird eine Herde und ein Hirte sein« (Joh 10,16). Da also die wahre Predigt nicht immer zum Vorschein kommt und das Antlitz Christi nicht immer erkennbar ist, folgern wir, dass die Kirche für die Augen der Menschen nicht immer sichtbar ist, wie es Beispiele aus vielen Jahrhunderten bezeugen. Zur Zeit der Propheten nahm die Menge der Gottlosen so überhand, dass die wahre Kirche erstickt wurde. So sehen wir auch zur Zeit Christi, dass die kleine Herde Gottes vor den Menschen verborgen war, während sich die Gottlosen den Namen der Kirche anmaßten. Aber was werden die, die so scharfe Augen haben, dass sie sich rühmen, allezeit die Kirche erkennen zu können, von Elia sagen, der glaubte, er sei allein von der Kirche übrig geblieben (I Kön 19,10)? Zwar irrte er sich darin. Es ist aber ein Beweis dafür, dass die Kirche Gottes uns nicht weniger verborgen sein kann, zumal wir aus der Weissagung des Paulus wissen, dass ihr Abfall vorhergesagt wurde (II Thess 2,3). Lasst uns deshalb festhalten, dass die Kirche sichtbar ist, wo Christus erscheint und wo sein Wort gehört wird, wie geschrieben steht: »Meine Schafe hören meine Stimme« (Joh 10,27). Aber in dem Augenblick, in dem die Wahrheit in der Lehre unterdrückt wird, verschwindet auch die Kirche aus den Augen der Menschen. Wir bekennen mit Paulus, dass diese Kirche ein Pfeiler und eine Grundfeste der Wahrheit ist (I Tim 3,15). Denn sie ist eine Wächterin über die rechte Lehre und gibt sie durch ihren Dienst an die Nachkommen weiter, damit sie in der Welt nicht untergeht. Da [die Kirche] die Braut Christi ist, bleibt sie ihm billigermaßen untergeordnet (Joh 3,29; Eph 5,24). Denn darin besteht ihre Keuschheit, dass sie sich von der Einfalt Christi nicht abbringen lässt, wie Paulus bezeugt (II Kor 11,2). Sie irrt deshalb nicht, weil sie der Wahrheit Gottes als Richtschnur folgt. Wenn sie von ihr abweicht, hört sie auf, eine Braut zu sein und wird eine Ehebrecherin. Wer daher die Kirche an gewöhnliche Macht und anderen äußerlichen Prunk bindet, soll hören, was Hilarius dazu sagt: »Wir tun schlecht daran, wenn wir Gemäuer zu lieben beginnen. Wir tun schlecht daran, wenn wir die Kirche Gottes in Dächern und Gebäuden verehren. Besteht etwa ein Zweifel daran, dass sich in ihnen der Antichrist einnisten wird? Sicherer sind mir Berge, Wälder, Seen, Kerker und Strudel. Denn in ihnen haben die Propheten, ob verborgen oder umschlossen, geweissagt.«

## *Nicht an die Kirche, sondern die Kirche glauben* (Institutio, 1559)[2]

(Institutio IV,1,2). Wenn wir in den Glaubensartikeln bekennen, dass wir »die Kirche glauben«, so bezieht sich das nicht allein auf die sichtbare Kirche, von der wir jetzt reden, sondern auch auf alle Auserwählten Gottes, unter deren Zahl auch die einbegriffen werden, die bereits verstorben sind. Deshalb wird hier auch das Wörtlein »glauben« gebraucht; denn oft lässt sich kein Unterschied zwischen den Kindern Gottes und den Unheiligen, zwischen seiner eigenen Herde und den wilden Tieren herausmerken. Manche fügen nun in das Glaubensbekenntnis das Wörtlein »an« ein: »Ich glaube an eine Kirche«; aber dafür besteht keine ersichtliche Ursache. Ich gebe allerdings zu, dass dies Verfahren recht gebräuchlich ist und auch des Beistandes der Alten Kirche nicht ermangelt. Denn auch das Nizänische Glaubensbekenntnis fügt in der Fassung, wie es uns die

Kirchengeschichte überliefert, diese Präposition zu. Doch lässt sich zugleich aus den Schriften der Alten ersehen, dass es in alter Zeit ohne Widerrede üblich war, dass man sagte: »Ich glaube eine Kirche«, nicht aber: »Ich glaube an eine Kirche«. Denn Augustin und der alte Schriftsteller, dessen Büchlein »Von der Auslegung des Glaubensbekenntnisses« unter dem Namen des Cyprian umgeht – er mag nun sein, wer er will! –, reden nicht nur auf diese Weise; nein, sie bemerken auch ausdrücklich, es würde eine uneigentliche Redeweise sein, wenn man jene Präposition anfügte, auch bekräftigen sie ihre Meinung mit einer begründeten Ursache. Denn wenn wir sagen: »Ich glaube an Gott«, so geben wir solch Zeugnis darum, weil unser Herz sich auf ihn als den Wahrhaftigen stützt und weil sich unsere Zuversicht auf ihn verlässt. Das würde aber auf die Kirche nicht in gleicher Weise zutreffen, auch nicht auf die »Vergebung der Sünden« und die »Auferstehung des Fleisches«. Obgleich ich nun also nicht über die Worte streiten will, so möchte ich doch lieber der Eigenart der Rede folgen, die besser geeignet ist, um die Sache zum Ausdruck zu bringen, statt nach Formeln zu haschen, mit denen die Sache ohne Grund verdunkelt würde.

Der Zweck [unserer Erörterungen] liegt aber darin, dass wir wissen: Mag auch der Teufel kein Mittel unversucht lassen, um Christi Gnade zunichte zu machen, mögen auch die Feinde Gottes in wütendem Ansturm dem gleichen Ziel nachjagen, so kann sie doch nicht ausgelöscht, kann auch Christi Blut nicht unfruchtbar gemacht werden, nein, es bringt immerdar einige Frucht hervor! In diesem Sinne müssen wir unser Augenmerk auf Gottes verborgene Erwählung und innerliche Berufung richten; denn er allein weiß, wer die Seinigen sind, und er hält sie, wie Paulus sagt, unter einem Siegel verschlossen (Eph 1,13; II Tim 2,19); dazu kommt auch, dass sie seine Kennzeichen tragen, an denen sie von den Verworfenen unterschieden werden sollen. Aber da das kleine, verachtete Häuflein unter einer unmessbaren Menge verborgen liegt und die wenigen Weizenkörner von einem Haufen von Spreu überdeckt werden, so muss man Gott allein die Erkenntnis seiner Kirche überlassen, deren Fundament ja seine verborgene Erwählung ist. Es ist aber nicht genug, dass wir solche Schar der Auserwählten bloß mit unserem Denken und unserem Herzen erfassen, sondern wir müssen dergestalt auf die Einheit der Kirche sinnen, dass wir wahrhaftig überzeugt sind, selbst in sie eingefügt zu sein. Denn wenn wir nicht mit allen übrigen Gliedern zusammen unter unserem Haupte, Christus, zu einer Einheit zusammengefügt sind, so bleibt uns keine Hoffnung auf das zukünftige Erbe. Deshalb heißt die Kirche »katholisch« oder »allgemein«; denn man könnte nicht zwei oder drei »Kirchen« finden, ohne dass damit Christus in Stücke gerissen würde – und das kann doch nicht geschehen! Nein, alle Auserwählten Gottes sind dergestalt in Christus miteinander verbunden, dass sie, wie sie ja an dem einen Haupte hängen, auch gleichsam zu einem Leibe zusammenwachsen, und sie leben in solcher Gefügtheit zusammen wie die Glieder des gleichen Leibes; sie sind wahrhaft eins geworden, als solche, die in einem Glauben, einer Hoffnung, einer Liebe, in dem gleichen Geiste Gottes miteinander leben und die nicht nur zum gleichen Erbe des ewigen Lebens berufen sind, sondern auch zum Teilhaben an dem einen Gott und dem einen Christus. Mag nun auch solche traurige Öde, wie sie uns von allen Seiten entgegentritt, mit lauter Stimme zu bezeugen scheinen, es sei von der Kirche nichts mehr übrig, so sollen wir doch wissen, dass Christi Tod seine Frucht trägt und dass Gott seine Kirche auf wundersame Weise gleichsam in dunkler Verborgenheit bewahrt. Es ist, wie es einst zu Elia gesagt wurde: »Ich habe mir lassen übrig bleiben siebentausend Mann, die nicht ihre Knie gebeugt haben vor Baal« (I Kön 18,19).

### *Die sichtbare Kirche und die Zugehörigkeit zu ihr* (Institutio, 1559)[3]

(Institutio IV,1,3). Allerdings bezieht sich dieser Artikel des Glaubensbekenntnisses in einem gewissen Sinne auch auf die äußerliche Kirche, damit sich jeder von uns in brüderlicher Einigkeit mit allen Kindern Gottes halte, der Kirche die Autorität zuerkenne, die sie verdient, und sich so aufführe wie ein Schaf aus der Herde. Zu diesem Zweck wird dann auch hinzugesetzt: »die Gemeinschaft der Heiligen«. Dieser Titel der Aussage wird freilich von den Alten durchweg ausgelassen; er ist aber trotzdem nicht zu vernachlässigen, weil er die Eigenart der Kirche sehr gut zum Ausdruck bringt. Er bedeutet doch soviel, als wenn da gesagt wäre: Die Heiligen werden nach der Ordnung zur Gemeinschaft mit Christus versammelt, dass sie all die Wohltaten, die ihnen Gott gewährt, gegenseitig einander mitteilen. Dadurch wird die Verschiedenheit der Gnadengaben nicht aufgehoben; denn wir wissen ja, dass die Gaben des Heiligen Geistes vielfältig ausgeteilt werden. Auch wird dadurch die bürgerliche Ordnung nicht umgestürzt, nach der jeder Einzelne für sich allein sein besonderes Vermögen in Besitz haben darf; denn es ist ja zur Aufrechterhaltung des Friedens unter den Menschen erforderlich, dass jeder unter ihnen sein eigenes, besonderes Eigentumsrecht an seinem Besitz hat. Nein, es wird hier jene Gemeinschaft gewahrt, wie sie uns Lukas beschreibt: »Die Menge aber der Gläubigen war ein Herz und eine Seele« (Apg 4,32), und wie sie Paulus im Auge hat, wenn er die Epheser ermahnt, sie sollten »ein Leib und ein Geist« sein, wie sie ja auch zu einer Hoffnung berufen seien (Eph 4,4). Denn wenn sie wahrhaft von der Überzeugung getragen sind, dass Gott für sie alle der gemeinsame Vater und Christus das gemeinsame Haupt ist, so kann es nicht anders zugehen, als dass auch sie, in brüderlicher Liebe miteinander verbunden, einander gegenseitig ihren Besitz mitteilen.

Nun liegt aber für uns sehr viel daran, dass wir wissen, welche Frucht uns daraus erwächst. Denn wenn wir »die Kirche glauben«, so geschieht das dergestalt, dass wir fest überzeugt sind, ihre Glieder zu sein. Auf diese

Weise nämlich stützt sich unser Heil auf sichere und feste Grundlagen, sodass es, selbst wenn das ganze Gebäude der Welt ins Wanken geriete, doch selber nicht zusammenstürzen und ineinander fallen kann. Zunächst: Es hat ja seinen Bestand zusammen mit Gottes Erwählung, und es kann deshalb auch allein mit Gottes ewiger Vorsehung zusammen eine Änderung erfahren oder zusammenbrechen! Zum Zweiten ist unser Heil gewissermaßen mit der Festigkeit Christi verbunden, und er wird ebenso wenig dulden, dass seine Gläubigen von ihm losgerissen werden, wie er es zugeben wird, dass seine Glieder zerstückelt oder auseinandergezerrt werden. Dazu kommt auch dies: Wir sind sicher, dass die Wahrheit für uns allezeit Bestand haben wird, solange wir im Schoße der Kirche gehalten werden. Und endlich: Wir empfinden es, dass uns nun solche Verheißungen gelten wie diese: »Auf dem Berge Zion wird eine Errettung sein« (Joel 3,5; Ob 17), oder auch: »In Ewigkeit wird Gott inmitten Jerusalems verweilen, sodass es nie und nimmer wanken wird!« (Ps 46,6). Das Teilhaben an der Kirche vermag so viel, dass es uns in der Gemeinschaft mit Gott erhält. Auch liegt bereits in dem Wort »Gemeinschaft« sehr viel Trost. Denn es steht doch fest, dass alles, was der Herr seinen und unseren Gliedern gewährt, auch uns zukommt, und so wird durch alle Güter, die sie besitzen, unsere Hoffnung bekräftigt!
Um übrigens in dieser Weise die Einheit der Kirche hochzuhalten, ist es, wie ich bereits sagte, durchaus nicht vonnöten, dass wir die Kirche selber mit Augen sehen oder mit unseren Händen betasten. Nein, die Kirche besteht ja vielmehr im Glauben, und dadurch werden wir daran gemahnt, dass wir sie, wenn sie unserem Begreifen entzogen ist, doch um nichts weniger mit unseren Gedanken umfassen müssen, als wenn sie offen in die Erscheinung träte. Auch ist unser Glaube deshalb nicht von geringerem Wert, weil er die Kirche in ihrer Unbekanntheit ergreift. Denn wir erhalten hier nicht die Weisung, die Verworfenen von den Auserwählten zu unterscheiden – das ist allein Gottes Sache und nicht die unsrige! –, sondern wir sollen in unserem Herzen klar und gewiss daran festhalten, dass alle, die aus der Freundlichkeit Gottes, des Vaters, durch die Wirkungskraft des Heiligen Geistes in die Gemeinschaft mit Christus gelangt sind, nun zu Gottes Eigentum und Eigenbesitz abgesondert sind, und dass wir, wenn wir zu ihrer Zahl gehören, solcher Gnade teilhaftig sind.
(Institutio IV,1,4). Aber wir haben ja jetzt die Absicht, von der sichtbaren Kirche zu sprechen, und da wollen wir schon daraus, dass sie mit dem Ehrennamen »Mutter« bezeichnet wird, lernen, wie nützlich, ja, wie notwendig es für uns ist, sie zu kennen. Denn es gibt für uns keinen anderen Weg ins Leben hinein, als dass sie uns in ihrem Schoße empfängt, uns gebiert, an ihrer Brust nährt und schließlich unter ihrer Hut und Leitung in Schutz nimmt, bis wir das sterbliche Fleisch von uns gelegt haben und den Engeln gleich sein werden (Mt 22,30). Denn unsere Schwachheit erträgt es auch nicht, dass wir von der Schule entlassen werden, ehe wir im ganzen Lauf unseres Lebens Schüler gewesen sind. Zudem ist außer-

halb des Schoßes der Kirche keine Vergebung der Sünden zu erhoffen und kein Heil; so bezeugen es uns Jesaja (Jes 37,32) und Joel (Joel 3,5), und Ezechiel stimmt ihnen bei, indem er erklärt, dass die, welche Gott vom himmlischen Leben ausschließt, nicht auf der Liste seines Volkes stehen sollen (Ez 13,9). Ebenso heißt es auch auf der anderen Seite von denen, die sich zum Dienste der wahren Frömmigkeit bekehren, dass sie ihren Namen unter die Bürger Jerusalems einschreiben (Jes 56,5; Ps 87,6). Aus diesem Grunde heißt es auch in einem anderen Psalm: »Herr, gedenke mein nach der Gnade, die du deinem Volk verheißen hast; suche mich heim in deinem Heil, damit ich sehe die Wohlfahrt deiner Auserwählten, damit ich mich freue an der Freude deines Volkes und mich rühme mit deinem Erbteil« (Ps 106,4f.). Mit diesen Worten wird Gottes väterliche Gunst und das besondere Zeugnis des geistlichen Lebens auf Gottes Herde eingeschränkt, sodass die Absonderung von der Kirche stets verderblich ist.

### *Dienst am Wort und Verwaltung der Sakramente* (Institutio 1559)[4]

(Institutio IV,1,8). Deshalb hat uns der Herr diese Kirche, sofern es für uns nötig war, sie zu erkennen, durch bestimmte Kennzeichen und gleichsam durch Merkzeichen wahrnehmbar gemacht. Es ist zwar ein besonderes Vorrecht, das sich Gott selber vorbehalten hat, zu erkennen, wer die Seinigen sind; das haben wir schon oben aus Paulus angeführt (II Tim 2,19). Es ist auch unzweifelhaft Vorsorge dagegen getroffen, dass sich der Vorwitz der Menschen so weit treiben lässt, und zwar dadurch, dass Gott uns tagtäglich durch die Geschehnisse selber darauf aufmerksam macht, wie weit seine verborgenen Gerichte über unser Begreifen hinausgehen. Denn einerseits werden Menschen, die völlig verloren erschienen und deretwegen man sich keinerlei Hoffnung mehr machen konnte, durch seine Güte wieder auf den rechten Weg zurückgerufen, und andererseits kommen oft Leute zu Fall, die mehr als andere festzustehen schienen! Deshalb sind, wie Augustin sagt, nach Gottes verborgener Vorbestimmung »gar viele Schafe draußen und gar viele Wölfe drinnen« (Predigten zum Johannesevangelium 45). Denn die Menschen, die weder ihn noch sich selber kennen, die kennt er und hat er mit seinem Zeichen versehen. Und aus der Zahl derer, die öffentlich sein Zeichen tragen, schauen allein seine Augen die, die ohne Heuchelei heilig sind und die – was schließlich das Hauptstück unseres Heils ist! – bis zum Ende beharren werden.
Aber weil er auf der anderen Seite vorhergesehen hat, dass es uns einigermaßen nützlich ist zu wissen, welche Menschen wir denn für seine Kinder halten sollen, darum hat er sich in diesem Stück unserem Fassungsvermögen angepasst. Und da die Gewissheit des Glaubens hierzu nicht erforderlich war, so hat er an deren Stelle gewissermaßen das Urteil der Liebe gesetzt; danach sollen wir die Menschen als Glieder der Kirche er-

kennen, die durch das Bekenntnis des Glaubens, durch das Beispiel ihres Lebens und durch die Teilnahme an den Sakramenten mit uns den gleichen Gott und Christus bekennen. Da er nun aber wusste, dass die Erkenntnis des Leibes [der Kirche] selbst für unser Heil von größerer Notwendigkeit ist, so hat er uns diese auch durch umso gewissere Kennzeichen ans Herz gelegt.
(Institutio IV,1,9). Hieraus entsteht nun die anschaubare Gestalt der Kirche, und sie taucht empor, sodass sie für unsere Augen sichtbar ist. Denn überall, wo wir wahrnehmen, dass Gottes Wort lauter gepredigt und gehört wird und die Sakramente nach der Einsetzung Christi verwaltet werden, lässt sich auf keinerlei Weise daran zweifeln, dass wir eine Kirche Gottes vor uns haben. Denn die Verheißung des Herrn kann nicht trügen: »Wo zwei oder drei versammelt sind in meinem Namen, da bin ich mitten unter ihnen« (Mt 18,20). Um aber den wesentlichen Inhalt dieses Tatbestandes klar zu erfassen, müssen wir gleichsam stufenweise vorgehen, und zwar in folgender Art. Die allgemeine Kirche ist die Schar, die aus allen Völkern versammelt ist; sie ist durch räumliche Abstände getrennt und zerstreut, aber sie ist doch einhellig in der einen Wahrheit der göttlichen Lehre und sie ist durch das Band der gleichen Religionsübung verbunden. Unter ihr sind dann die einzelnen Kirchen zusammengefasst, die über Städte und Dörfer nach den Erfordernissen menschlicher Notdurft verteilt sind, und zwar so, dass jede einzelne mit vollem Recht den Namen und die Autorität der Kirche innehat. Und endlich: Die einzelnen Menschen, die auf Grund des Bekenntnisses der Frömmigkeit zu solchen Kirchen gerechnet werden, gehören auch dann, wenn sie in Wirklichkeit außerhalb der Kirche stehen, trotzdem in einem gewissen Sinne zu ihr, bis sie durch öffentliches Urteil ausgeschlossen sind.
Allerdings ist es ein wenig verschieden bestellt, ob man Einzelmenschen oder Kirchen zu beurteilen hat. Denn es kann sich zutragen, dass wir Menschen, die wir der Gemeinschaft mit den Frommen nicht durchaus für würdig erachten, doch wie Brüder behandeln und als Gläubige ansehen müssen, und zwar um der gemeinsamen Eintracht der Kirche willen, kraft deren sie im Leibe Christi ertragen und geduldet werden. Solchen Menschen erkennen wir nach unserem eigenen Urteil nicht zu, dass sie Glieder der Kirche sind; aber wir lassen ihnen den Platz, den sie im Volke Gottes einnehmen, bis er ihnen in rechtmäßiger Entscheidung abgenommen wird. Dagegen haben wir über die Schar [der Gemeinde] selber anders zu urteilen: Wenn sie den Dienst am Wort hat und in Ehren hält, dazu auch die Verwaltung der Sakramente, so verdient sie ohne Zweifel, als Kirche angesehen und betrachtet zu werden, weil jene Güter, die sie besitzt [= Dienst am Wort und Verwaltung der Sakramente], ganz sicher nicht ohne Frucht sind. So erhalten wir der allgemeinen Kirche ihre Einheit, die teuflische Geister allezeit aufzuspalten bemüht gewesen sind, und wir berauben auch die rechtmäßigen Versammlungen, die je nach örtlichen Möglichkeiten verstreut sind, nicht ihrer Autorität. […]

(Institutio IV,1,12). Der reine Dienst am Wort und die reine Übung bei der Feier der Sakramente, so sagen wir, ist ein geeignetes Pfand und Unterpfand, sodass wir eine Gemeinschaft, in der beides zu finden ist, mit Sicherheit als Kirche ansprechen können. Dies hat nun so weit Geltung, dass solche Kirche, solange sie dabei bleibt, niemals zu verwerfen ist, selbst wenn sie sonst über und über mit vielen Gebrechen bedeckt ist. Ja, selbst in der Verwaltung der Lehre und der Sakramente könnten allerhand Fehler aufkommen, die uns doch von der Gemeinschaft mit ihr nicht entfremden dürften. Denn nicht alle Stücke der wahren Lehre sind von gleicher Gestalt. Einige unter ihnen sind derart notwendig zu wissen, dass sie bei allen unerschütterlich und unzweifelhaft fest stehen müssen, gleichsam als die eigentlichen Lehrstücke der Religion. Dazu gehören zum Beispiel folgende Aussagen: Es ist ein Gott, Christus ist Gott und Gottes Sohn, unser Heil besteht in Gottes Barmherzigkeit, und andere Aussagen gleicher Art. Dann gibt es andere Lehrstücke, über die unter den Kirchen Meinungsverschiedenheiten herrschen, die aber die Einheit im Glauben nicht zerreißen. Denn welche Kirchen werden sich wohl um des einen Punktes willen miteinander entzweien, dass die eine ohne Streitsucht, und ohne hartnäckig auf ihrer Behauptung zu bestehen, der Meinung ist, die Seelen führen, wenn sie den Leib verließen, sogleich in den Himmel, die andere dagegen über den Ort nichts Genaues auszusagen wagt, aber doch klar daran festhält, dass diese Seelen dem Herrn leben? Bei dem Apostel vernehmen wir doch die Worte: »Wie viele nun unser vollkommen sind, die lasset uns also gesinnt sein. Und solltet ihr sonst etwas halten, das lasset euch Gott offenbaren« (Phil 3,15). Zeigt er damit nicht genügend an, dass die Lehrverschiedenheit über solche nicht so notwendige Dinge unter Christen kein Grund zur Entzweiung sein soll? An erster Stelle steht zwar, dass wir in allen Dingen gleicher Meinung sein sollen; aber es ist ja keiner, der nicht von irgendeinem Nebel der Unwissenheit umhüllt wäre, und deshalb müssen wir entweder gar keine Kirche bestehen lassen oder aber den Unverstand in solchen Dingen mit Nachsicht behandeln, die man ohne Verletzung des wesentlichen Bestandes der Religion und ohne Verlust der Seligkeit auch nicht wissen kann.

Ich möchte mich hier aber nicht zum Schutzpatron der Irrtümer machen, auch nicht der allergeringsten, sodass ich etwa meinte, man sollte ihnen schmeicheln und durch die Finger sehen und sie dadurch nähren. Was ich behaupte, ist nur dies: Wir sollen uns nicht leichtfertig um irgendwelcher kleinen Meinungsverschiedenheiten willen von der Kirche trennen, wenn in ihr bloß jene Lehre gesund und unverkürzt erhalten wird, auf der die Unverletztheit der Frömmigkeit beruht, und wenn in ihr die Übung der Sakramente, wie sie der Herr eingesetzt hat, gewahrt bleibt. Wenn wir uns unterdessen um die Ausmerzung dessen mühen, was wir nicht für richtig halten können, so tun wir das aus unserer Amtspflicht heraus. Darauf bezieht sich auch das Wort des Paulus: »Wenn einem, der da sitzt, etwas Besseres offenbart wird, so soll der Erste schweigen« (I Kor 14,30). Daraus ergibt sich, dass jedem einzelnen Glied der Kirche die Bemühung um die allgemeine Erbauung aufgetragen ist, und zwar nach dem Maß der ihm gewährten Gnade. Nur soll das in geziemender Weise und nach der Ordnung geschehen; das heißt: Wir sollen die Gemeinschaft der Kirche nicht verlassen oder, wenn wir in ihr bleiben, den Frieden und die ordnungsmäßig eingerichtete Zucht nicht stören.

## *Vier Ämter der Gemeinde* (Kirchenordnung, 1561)[5]

Zunächst: Es gibt vier Aufgabenbereiche oder Arten von Ämtern, die unser Herr zur Leitung seiner Kirche geschaffen hat: einmal die Pastoren, dann die Doktoren, danach die Ältesten und viertens die Diakone. Wenn wir also eine wohlgeordnete und unversehrte Kirche haben wollen, müssen wir uns an diese Gestalt ihrer Leitung halten.
Was die Pastoren angeht, so werden diese von der Schrift manchmal auch »Aufseher«, »Älteste« und »Pfarrer« genannt. Ihre Aufgabe ist es, sowohl in der Öffentlichkeit als auch gegenüber Einzelnen das Wort Gottes zu verkünden: zu lehren, zu ermahnen, zurechtzuweisen und zu tadeln. Sie sollen aber auch die Sakramente verwalten und zusammen mit den Ältesten oder Ratsbeauftragten die brüderlichen Zurechtweisungen vornehmen. Damit aber in der Kirche keine Unordnung herrscht, soll sich keiner in ein solches Amt hineindrängen, der nicht dazu berufen wird. Hierbei müssen drei Dinge bedacht werden, nämlich die Prüfung, die das wichtigste ist, weiter, wer die Pfarrer einsetzen darf, und drittens die Form oder Vorgehensweise bei ihrer Amtseinsetzung. […]
Die besondere Aufgabe der Doktoren besteht darin, die Gläubigen in der heilsamen Lehre zu unterweisen, damit die Reinheit des Evangeliums weder durch Unkenntnis noch durch Irrlehren getrübt wird. Beim heutigen Stand der Dinge verstehen wir darunter jeden Dienst und jede Verrichtung, die der Förderung des Nachwuchses gilt und dafür sorgt, dass die Kirche nicht aus Mangel an Pastoren und Pfarrern verwaist. Wir wollen es, um einen verständlicheren Ausdruck zu verwenden, das Amt der Lehrer nennen. Dem Pastorenamt am nächsten und mit der Leitung der Kirche am engsten verbunden ist dabei der theologische Unterricht, der das Alte und das Neue Testament umfassen sollte. Damit dieser Unterricht Gewinn bringt, muss man zuerst Sprachkenntnisse und eine allgemeine Bildung besitzen. Aus diesem Grund – weil es nötig ist, im Blick auf die Zukunft Nachwuchs zu fördern, damit die Kirche unseren Kindern nicht in einem schlechten Zustand überlassen wird – muss ein Gymnasium eingerichtet werden, um die Schüler zu unterrichten, und sie sowohl auf den Kirchendienst wie auf ein politisches Leitungsamt vorzubereiten. Wie hier vorzugehen ist, findet sich in der Schulordnung. Es soll in der Stadt

keine andere Schule für die Schulkinder geben; die Mädchen aber sollen wie bisher ihre eigene Schule haben.

Der dritte »Stand«: die Ältesten, das heißt: vom Rat zum Konsistorium Bestimmten. Ihre Aufgabe besteht darin, auf die Lebensführung eines jeden zu achten, und diejenigen freundschaftlich zu ermahnen, die sie Fehltritte tun oder in unordentlichen Verhältnissen leben sehen. Wo nötig, sollen sie dem ganzen Kreis Mitteilung machen, der für die brüderliche Zurechtweisung zuständig ist, und sie mit ihm gemeinsam vornehmen. Entsprechend der Gestalt und Ordnung der hiesigen Kirche wäre es gut, hierbei zwei Vertreter aus dem Kleinen Rat, vier aus dem Rat der Sechzig und sechs aus dem Großen Rat auszuwählen. Es sollen Leute mit ehrbarem und anständigem Lebenswandel sein, tadellos und über jeden Verdacht erhaben, die vor allem Gott fürchten und geistliche Klugheit besitzen. Damit sie alles überblicken können, soll bei ihrer Wahl darauf geachtet werden, dass jedes Quartier der Stadt vertreten ist.

Der vierte »Stand« zur Leitung der Kirche: die Diakone. In der Alten Kirche hat es immer zwei Arten von Diakonen gegeben: Die einen waren damit beauftragt, das Armengut entgegenzunehmen, zu verteilen und zu verwalten, sowohl tägliche Almosen, als auch Besitztümer, Zinsen und Renten. Die anderen waren damit beauftragt, sich um die Kranken zu kümmern und sie zu pflegen, und die Armen zu speisen. Dem sollten sich alle christlichen Städte anschließen, so wie wir uns darum bemüht haben und dies auch in Zukunft tun werden: Wir haben nämlich bereits Fürsorger und Verantwortliche für die Spitäler. Damit Ordnung herrscht, soll einer der vier Fürsorger das gesamte Gut des Spitals verwalten und dafür einen angemessenen Lohn erhalten, sodass er sein Amt besser ausüben kann. Es soll wie bisher bei vier Fürsorgern bleiben. Einer von ihnen soll, wie gesagt, mit der Güterverwaltung beauftragt sein. Das hat den Zweck, dass die Vorräte zur rechten Zeit angelegt werden und damit Spender von Armengaben sicherer sein können, dass die Güter nicht anders als in ihrem Sinn verwendet werden. Wenn die Einkünfte aber nicht ausreichen, oder wenn ein außerordentlicher Bedarf besteht, so soll der Rat entscheiden, ob je nach Notwendigkeit noch etwas hinzugefügt werden muss. Die Wahl sowohl der Fürsorger wie der Verantwortlichen für die Spitäler soll so vor sich gehen, wie die der Ältesten, die vom Rat zum Konsistorium beauftragt wurden. Dabei soll man der Regel folgen, die Paulus in I Timotheus 3 für die Diakone angibt. Was Amt und Befugnis der Fürsorger angeht, bestätigen wir die bereits erlassenen Vorschriften. In dringenden Fällen, wo sonst Gefahr bestünde, in Verzug zu geraten, und grundsätzlich dort, wo keine besonderen Schwierigkeiten vorliegen und es sich nicht um große Ausgaben handelt, sollen sie nicht verpflichtet sein, dauernd zusammen zu kommen; einer oder zwei können in Abwesenheit der anderen das Nötige veranlassen.

## *Das Predigtamt und sein Bezug zu den anderen Ämtern* (Institutio, 1559)[6]

(Institutio IV,1,6). Nun hat sich aber zu unserer Zeit über die Kraft des Predigtamtes ein großer Streit erhoben. Die einen preisen seine Würde überschwänglich, die anderen behaupten, es sei verkehrt, dass man einem sterblichen Menschen übertrage, was doch dem Heiligen Geiste allein eigen sei; das geschehe aber, wenn wir dafür halten, dass die Diener [am Wort] und die Lehrer in Verstand und Herz der Menschen eindringen, um die Blindheit des Verstandes und die Härte des Herzens zu beheben. Wir müssen also eine rechte Beschreibung dieser Meinungsverschiedenheit geben. Was nun auf beiden Seiten ins Treffen geführt wird, das lässt sich ohne Mühe leicht zum Austrag bringen, wenn man sein Augenmerk (1) scharf auf die Stellen richtet, an denen Gott, der Urheber der Predigt, seinen Geist mit ihr verbindet und daraus Frucht verheißt, wenn man aber auf der anderen Seite (2) auch auf jene Stellen achtet, an denen er sich von den äußeren Mitteln abtrennt und den Anfang wie auch den ganzen Lauf des Glaubens sich allein zuschreibt.

(1) Das Amt des zweiten Elia bestand nach dem Zeugnis des Maleachi darin, dass er den Verstand erleuchten, »das Herz der Väter zu den Kindern« und die Ungläubigen zur Verständigkeit der Gerechten bekehren sollte (Mal 3,23f.; 4,5f.). Christus spricht aus, dass er die Apostel sendet, damit sie aus ihrer Arbeit »Frucht bringen« (Joh 15,16), und was das für eine Frucht ist, das gibt Petrus mit kurzen Worten an, indem er sagte, wir würden »wiedergeboren aus unvergänglichem Samen« (I Petr 1,23). Deshalb rühmt sich Paulus, dass er die Korinther »durchs Evangelium« »gezeugt« hat (I Kor 4,15) und dass sie das »Siegel« seines Apostelamtes sind (I Kor 9,2), ja, dass er nicht bloß ein Amt des Buchstabens führt und als solcher nur mit dem Klang seiner Stimme die Ohren getroffen hätte, sondern dass ihm die Wirkkraft des Geistes gegeben ist, damit seine Unterweisung nicht ohne Nutzen bleibt (II Kor 3,6). In diesem Sinne bezeugt er auch anderwärts, dass sein Evangelium nicht bloß in Worten geschehen ist, sondern in Kraft (I Kor 2,4). Auch erklärt er, dass die Galater »durch die Predigt vom Glauben« den Heiligen Geist empfangen haben (Gal 3,2). Und schließlich macht er sich an vielen Stellen nicht allein zu einem »Mitarbeiter« Gottes, sondern er misst sich auch die Amtsaufgabe zu, das Heil mitzuteilen (I Kor 3,9).

(2) Dies alles hat nun Paulus ohne Zweifel nie und nimmer in der Absicht ausgesprochen, sich selbst auch nur das Allermindeste abseits von Gott zuzuschreiben; er setzt uns das an anderer Stelle selbst kurz auseinander: »Unsere Arbeit ist nicht vergeblich gewesen in dem Herrn« (I Thess 3,5) »nach der Wirkung dessen, der in mir kräftig wirkt!« (Kol 1,29). Ebenso sagt er anderwärts: »Der mit Petrus kräftig gewesen ist unter den Juden, der ist mit mir auch kräftig gewesen unter den Heiden« (Gal 2,8). Wie er aber rein gar nichts den Dienern (am Wort) für sich

allein übriglässt, das geht aus anderen Stellen deutlich hervor. So spricht er: »So ist nun weder der da pflanzt, noch der da begießt, etwas, sondern Gott, der das Gedeihen gibt« (I Kor 3,7). Oder ebenso: »Ich habe viel mehr gearbeitet denn sie alle; nicht aber ich, sondern Gottes Gnade, die mit mir ist« (I Kor 15,10). Auch müssen wir unzweifelhaft jene Sprüche behalten, in denen sich Gott die Erleuchtung des Verstandes und die Erneuerung des Herzens zuschreibt und uns damit daran mahnt, dass es ein Frevel ist, wenn sich der Mensch irgendeinen Anteil an diesen beiden Gottestaten anmaßt.
Indessen gilt es aber doch: Wenn sich jeder den Dienern, die Gott über ihn stellt, gelehrig erweist, so wird er aus der ihm erwachsenden Frucht erkennen: Es war nicht umsonst, dass Gott diese Art der Unterweisung gefallen hat, und es ist auch nicht umsonst, dass den Gläubigen dieses Joch der Bescheidenheit auferlegt ist.

## *Notwendigkeit und Veränderbarkeit menschlicher Ordnungen* (Institutio, 1559)[7]

(Institutio IV,10,28). Wir haben also ein sehr gutes und höchst zuverlässiges Kennzeichen, das den Unterschied aufzeigt zwischen jenen gottlosen Satzungen, mit denen, wie bereits ausgeführt, die Religion verdunkelt wird und die Gewissen zu Fall gebracht werden, und den rechtmäßigen Lebensregeln der Kirche; [dies gewinnen wir,] wenn wir bedenken, dass die letzteren stets einer von den beiden folgenden Aufgaben dienen sollen oder auch beiden zugleich, denn erstens soll bei der heiligen Versammlung der Frommen alles ehrbar und mit der gebührenden Würde zugehen, und zweitens soll die Gemeinschaft der Menschen selbst gleichsam durch Bande der Menschlichkeit und des Maßhaltens in Ordnung gehalten werden. Sobald man nämlich einmal begreift, dass ein Gesetz um der öffentlichen Ehrbarkeit willen gegeben ist, da ist auch schon der Aberglaube behoben, in den solche Leute verfallen, die die Verehrung Gottes nach menschlichen Fündlein bemessen. Und wiederum, wo man erkennt, dass das Gesetz dem gemeinen Nutzen dienen soll, da ist jener falsche Wahn von Verbindlichkeit und Notwendigkeit hinfällig geworden, der den Gewissen einen ungeheuren Schrecken einjagte, weil sie meinten, solche Satzungen seien zum Heil notwendig. Denn es wird hier nichts gesucht, als dass die Liebe unter uns durch gemeinsame Dienstleistung gefördert werde.
Es ist aber angebracht, dass wir noch deutlicher umschreiben, was unter jener »Ehrbarkeit« die uns Paulus anbefiehlt, und ebenso unter jener »Ordnung« verstanden ist (I Kor 14,40). Die »Ehrbarkeit« dient nun folgendem Zweck: Einerseits sollen wir, indem fromme Gebräuche zur Anwendung kommen, um den heiligen Dingen Ehrfurcht zu verschaffen, durch derartige Hilfsmittel zur Frömmigkeit aufgemuntert werden, ande-

rerseits sollen dabei auch Bescheidenheit und Ernst, die bei allen ehrenhaften Verrichtungen zu sehen sein müssen, in höchstem Maße ans Licht treten. Bei der »Ordnung« ist das Erste dies, dass die, die zu leiten haben, die Regel und das Gesetz für eine gute Regierungsführung kennen, das Volk aber, das regiert wird, sich an den Gehorsam gegen Gott und an die rechte Zucht gewöhnt. Das Zweite ist, dass durch einen wohlgeordneten Zustand der Kirche für Frieden und Ruhe gesorgt wird.
(Institutio IV,10,32). Man muss sich nun aber mit höchstem Eifer darum bemühen, dass sich nicht ein Irrtum einschleicht, der diesen reinen Gebrauch [der kirchlichen Satzungen] vergiftet und verfinstert. Das wird aber erreicht werden, wenn alle bestehenden Satzungen einen offenkundigen Nutzen an den Tag legen, wenn sie nur sehr sparsam zugelassen werden, vor allem aber, wenn die Unterweisung eines treuen Hirten dazukommt und allen verkehrten Meinungen den Zugang von vornherein verschließt. Diese Erkenntnis aber bewirkt, dass jeder in allen diesen Dingen seine Freiheit behält, und dass trotzdem jeder freiwillig seiner Freiheit einen gewissen Zwang auferlegt, sofern es jene »Ehrbarkeit«, von der wir sprachen, oder auch das Bedachtnehmen auf die Liebe erfordert. Ferner wird jene Einsicht zur Folge haben, dass wir bei der Beobachtung dieser Dinge ohne allen Aberglauben handeln und sie auch nicht gar zu eigensinnig von anderen verlangen, dass wir einen Gottesdienst nicht etwa um der Fülle der Zeremonien willen für besser halten und dass nicht eine Kirche die andere wegen der Verschiedenheit der äußeren Ordnung gering schätzt. Und endlich wird solche Erkenntnis dafür sorgen, dass wir uns hier kein ewiges Gesetz aufrichten, sondern die ganze Übung solcher Gebräuche und auch ihren Zweck auf die Erbauung der Kirche beziehen und es für den Fall, dass sie es erheischt, ohne Anstoß ertragen, dass nicht nur das eine oder andere verändert wird, sondern auch alle Gebräuche, die zuvor bei uns in Übung standen, abgetan werden. Denn dass die Zeitumstände es mit sich bringen können, dass manche Gebräuche, die im übrigen nicht gottlos oder unziemlich waren, abgeschafft werden müssen, weil die Verhältnisse es erheischen, – dafür ist unsere Zeit ein wirksamer Beweis. Denn bei der großen Blindheit und Unwissenheit der vergangenen Zeit haben die Kirchen früher in solch verkehrtem Wahn und so hartnäckigem Eifer an den Zeremonien gehangen, dass sie nur unzureichend von dem ungeheuerlichen Aberglauben gereinigt werden konnten, ohne dass viele Zeremonien abgeschafft wurden, die in alter Zeit vielleicht nicht ohne Grund eingerichtet worden waren und an und für sich keine Gottlosigkeit erkennen ließen.

### *Für die Einheit der Kirche* (Antwort an Kardinal Sadolet, 1539)[8]

Weil ich zum Schluss kommen will, muss ich Eure weiteren Verleumdungen übergehen: Wir hätten, weil wir uns auf unseren eigenen Kopf versteifen, in der ganzen Kirche niemanden gefunden, dem wir irgendwelchen Glauben schenken wollten. Dass dies bloße Verleumdungen sind, habe ich oben schon zur Genüge bewiesen. Zwar nehmen wir allein Gottes Wort aus dem Würfelspiel menschlicher Entscheidungen heraus und räumen Konzilien und Kirchenvätern nur insoweit eine unbestrittene Autorität ein, als sie der Richtschnur dieses Wortes entsprechen. Doch lassen wir ihnen Ehre und Rang, die ihnen billigermaßen unter Christus zukommen. Das schrecklichste unter allen Verbrechen aber ist dies, dass wir uns daran gemacht haben, Christi Braut zu zerreißen. Wenn das wahr wäre, gälten wir mit Recht Euch und der ganzen Welt für verloren. Aber ich kann auch diesen Vorwurf gegen uns nicht anders verstehen, als dass Ihr behaupten wollt, die Braut Christi werde von denen zerrissen, die sie Christus als eine reine Jungfrau darbringen wollen, – von denen also, die mit einem heiligen Eifer darüber wachen, sie unberührt für Christus zu bewahren, die sie von der Verführung durch üble Kuppelei zu ehelicher Treue zurückrufen und keinen Zweifel daran lassen, dass sie mit allen Ehebrechern den Kampf aufnehmen, die sie dabei ertappen, ihrer Unschuld nachzustellen. Und was haben wir anderes getan? War nicht von eurer Partei die Keuschheit der Kirche durch fremde Lehren angetastet, ja entweiht? War sie nicht von euch in verletzender Weise durch zahllosen Aberglauben entehrt? War sie nicht durch die scheußlichste Form von Ehebruch, dem Bilderkult, verunreinigt? Freilich, weil wir es nicht geduldet haben, dass das hochheilige Brautgemach Christi von Euch zum Spott gemacht wird, heißt es nun, wir hätten seine Braut zerrissen.

Ich aber behaupte, die Zerspaltung, die Ihr uns fälschlicherweise zum Vorwurf macht, sei bei Euch offen zu sehen, und zwar nicht nur an der Kirche, sondern sogar an Christus selbst, den ihr, wie man weiß, jammervoll zerschnitten habt. Wie soll die Kirche ihrem Bräutigam anhängen, wenn sie ihn nicht unversehrt hat? Wo aber bleibt die Unversehrtheit Christi, wenn man den Ruhm seiner Gerechtigkeit, Weisheit und Heiligkeit auf andere überträgt? Gewiss, ehe wir zum Kampf schritten, herrschte überall Ruhe und tiefer Friede. Unter den Pastoren jedenfalls und selbst im Volk hatten es Feigheit und Stumpfsinn soweit gebracht, dass es so gut wie keine Auseinandersetzungen über Fragen der Religion mehr gab. In den Schulen aber: Wie kräftig stritten da die Sophisten? Also habt Ihr keinen Anlass, Euch ein so friedliches Reich zuzuschreiben, herrschte doch aus keinem anderen Grunde solche Ruhe, als – weil Christus totgeschwiegen wurde. Seit dem neuen Aufgang des Evangeliums, das gestehe ich, sind heftige Leidenschaften aufgebrochen, von denen man früher unbehelligt blieb. Doch unseren Freunden wird das ganz zu Unrecht angelastet, hatten sie bei all ihrem Tun doch nur ein Ziel: den Glauben zu erneuern und die durch Zwietracht auseinander gerissenen und zersprengten Gemeinden wieder zu wahrer Einheit zu sammeln. Und um nicht alte Geschichten aufzuwärmen: Was haben sie denn neulich wieder abgelehnt, nur um den Gemeinden Frieden zu schaffen?

## *Den verstreuten Leib vereinen* (Brief an Cranmer, 1552)[9]

Sehr wahr und klug, erlauchtester Herr, ist Deine Meinung, bei der gegenwärtigen Verwirrung der kirchlichen Lage gebe es kein besseres Mittel, als dass fromme, mutige und in Gottes Schule erprobte und geübte Männer zusammenkämen, ihre Übereinstimmung in der evangelischen Lehre zu bekennen. Denn wir sehen, mit wie mannigfaltigen Kunstgriffen Satan das Licht des Evangeliums, das uns durch Gottes wunderbare Güte überall aufleuchtet, auszulöschen sucht. [...] Zwar könnte nun der Herr, wie er es von Anbeginn der Welt an getan hat, die Einheit des echten Glaubens vor Zerreißung durch menschlichen Zwist wunderbar und in für uns unerkennbarer Weise wahren; aber doch will er nicht, dass die, die er selbst auf den Wachtposten gestellt hat, untätig seien, da er gerade sie zu seinen Dienern bestimmt hat, durch deren Wirken er die gesunde Kirchenlehre von aller Verderbnis reinigen und unversehrt den Nachkommen übermitteln will. [...] Wäre es doch nur zu erreichen, dass an einem bestimmten Ort gelehrte, ernste Männer aus den wichtigsten Kirchen zusammenträten, die einzelnen Artikel des Glaubens fleißig besprächen und den Nachkommen die sichere Schriftlehre über alles Gemeinsame hinterließen! Aber es gehört zu den Hauptübelständen unserer Zeit, dass die einzelnen Kirchen so auseinander gerissen sind, dass kaum die Zusammengehörigkeit als Menschen unter uns gilt, geschweige denn die heilige Gemeinschaft der Glieder Christi, die zwar alle mit dem Munde bekennen, aber nur wenige in der Tat aufrichtig pflegen. Und wenn sich die Lehrer der Kirche untereinander kühler behandeln, als recht ist, so liegt die größte Schuld daran bei den Obrigkeiten selbst, die entweder in ihre weltlichen Geschäfte so verwickelt sind, dass sie das Wohl der Kirche und alle Frömmigkeit außer acht lassen, oder zufrieden sind, wenn sie für sich Ruhe haben und sich durch die Sorgen der andern nicht rühren lassen. So kommt es, dass der Leib der Kirche mit zerstreuten Gliedern verstümmelt daliegt. Ich persönlich wollte mich's nicht verdrießen lassen, wenn man mich braucht, zehn Meere, wenn's sein muss, zu durchqueren.

---

1 Streitschrift gegen die Artikel der Sorbonne, in: CStA 3,72–75.
2 Institutio (1559) IV,1,2.
3 Institutio (1559) IV,1,3f.
4 Institutio (1559), IV,1,8f.12.
5 Genfer Kirchenordnung von 1561, in: CStA 2,238–257.
6 Institutio (1559) IV,1,6.
7 Institutio (1559), IV,10,28.32.
8 Antwort an Kardinal Sadolet (1539), in: CStA 1.2,422–427.
9 Brief an Bischof Thomas Cranmer in Canterbury vom April 1552, in: Briefe II,595f.

# 8 Christliche Erkenntnis und Bildung

Die Lehre des Evangeliums der Jugend zu vermitteln, zählt Calvin zu den zentralen reformatorischen Aufgaben. Nach seiner Überzeugung kann sich nur da die wahre Gotteserkenntnis durchsetzen und allein dort Heilsgewissheit wachsen, wo der dreieinige Gott gemäß der Heiligen Schrift verkündigt und seine Lehre im Unterricht weitergegeben wird. Diesem Ziel dienen u.a. die Katechismen, die Calvin zufolge eine gemeinsame Lehrform in erster Linie für die Jugend, aber auch für alle Gläubigen darstellen, damit sie über ein Kriterium für die christliche Lehre verfügen und diese von abweichenden religiösen Vorstellungen unterscheiden. Mit den Genfer Katechismen von 1537 und 1545 legt Calvin solche Unterrichtsbücher vor, in denen er ein wirksames Instrumentarium für die reformatorische Erneuerung der Kirche und die Übereinstimmung in der Lehre sieht. Grundsätzlich geht er davon aus, dass Unterricht und Lehre einschließlich der Predigt der Sache nach Erkenntnis, Ermahnung und Fortschreiten bedeuten, um die Kirche zu bauen und ihre Mitglieder durch Gebrauch, Nutzen und Frucht der Lehre zu stärken. Der Katechismus von 1537 ist eine instruktive Zusammenfassung der Theologie des jungen Calvin und ein Schlüssel zu Calvins Selbstverständnis als theologischer Lehrer. Der Katechismus von 1545 bietet eine neue formale und inhaltliche Konzeption, indem er in einer dialogischen Frage- und Antwortform gestaltet ist. Den Katechismen als pädagogische Mittel zur christlichen Bildung und Erkenntnis stehen programmatische Äußerungen zum Unterricht im Brief an den Herzog von Somerset zur Seite.

## *Die Schrift als Anleitung zur Gotteserkenntnis* (Institutio, 1559)[1]

(Institutio I,6,1). Gewiss verliert also die menschliche Undankbarkeit jede Möglichkeit der Entschuldigung um des Glanzes willen, der im Himmel und auf Erden in aller Augen fällt – wie denn Gott, um alle Menschen gleichermaßen schuldig zu machen, allen ohne Ausnahme die Umrisse seines Wesens in der Kreatur vor Augen stellt. Aber es bedarf eines anderen und besseren Mittels, das uns zuverlässig zum Schöpfer der Welt selber weise. Deshalb hat Gott mit gutem Grunde das Licht seines Wortes hinzugegeben, um sich uns dadurch zu unserem Heil kundzumachen. Dieses Vorzugs hat er diejenigen gewürdigt, die er in seine nähere und vertrautere Gemeinschaft ziehen wollte. Aller Menschen Gemüter sah er durch schweifende und unbeständige Gedanken umgetrieben. Als er nun die Israeliten zu seiner besonderen Herde erwählt hatte, da umgab er sie deshalb mit Schranken, damit sie nicht nach der Weise der andern in Eitelkeit verfielen. Aus demselben guten Grunde setzt er auch uns Schranken, um uns bei der reinen Gotteserkenntnis zu halten; wie bald würden sich sonst auch die verlaufen, welche fester zu stehen scheinen als andere! Denn so wie alte Leute, Schwachsichtige und Augenkranke, wenn man ihnen auch den schönsten Band vor die Augen hält, zwar merken, dass da etwas geschrieben steht, aber kaum zwei Worte zusammensetzen können, dann aber mit Hilfe einer Brille deutlich zu lesen anfangen – so bringt die Schrift unser sonst so verworrenes Wissen um Gott in die richtige Ordnung, zerstreut das Dunkel und zeigt uns deutlich den wahren Gott. Das ist gewisslich ein einzigartiges Geschenk Gottes: Er braucht zur Unterweisung seiner Kirche nicht bloß stumme Lehrmeister, sondern öffnet selbst seinen heiligen Mund! Und dabei gibt er nicht bloß die Anweisung, es sei irgendein Gott zu verehren, sondern er zeigt sich selbst als den, der verehrt werden will! Er lehrt seine Auserwählten nicht nur, auf Gott zu schauen, nein, er tritt ihnen selbst gegenüber als der, auf den sie schauen sollen! Diese Ordnung hat er von Anfang an in seiner Kirche gehalten, dass er neben jener allgemeinen Bezeugung auch sein Wort gegeben hat, das ein klareres und gewisseres Mittel ist, ihn zu erkennen. Durch dies Mittel sind ohne Zweifel Adam, Noah, Abraham und die anderen Väter zu vertrauter Gotteserkenntnis gelangt, die sie von den Ungläubigen unterschied. Dabei rede ich noch nicht von der eigentlichen Lehre des Glaubens, die in ihnen die Hoffnung auf ein ewiges Leben aufleuchten ließ. Um nämlich vom Tode zum Leben durchzudringen, war nicht nur die Erkenntnis Gottes als des Schöpfers erforderlich, sondern auch die des Erlösers, und beides wurde ihnen offenbar durch das Wort zuteil. Denn nach der Ordnung ging jene Weise der Erkenntnis voran, welche die Gewissheit schenkte, wer denn eigentlich jener Gott sei, der die Welt geschaffen hat und noch regiert. Dann folgt jene andere, innerliche Erkenntnis, die allein tote Seelen lebendig macht, nämlich dass Gott nicht allein der Schöpfer der Welt ist und der einzige Urheber und Richter alles Geschehens, sondern auch der Erlöser in der Person des Mittlers. Da wir indessen vom Fall der Welt und der Verderbnis der Natur noch nicht gesprochen haben, so muss ich mir hier auch versagen, von dem dafür verordneten Heilmittel zu reden. Der Leser möge also im Auge behalten, dass ich noch nicht von dem Bund handle, in dem Gott die Söhne Abrahams als seine Kinder annahm, und von jenem Teil der Lehre, der stets den eigentlichen Unterschied zwischen den Gläubigen und den ungläubigen Heiden ausmachte. Denn dieser Teil war in Christus begründet. Hier ist nur davon die Rede, wie wir aus der Schrift lernen sollen, dass Gott, der der Schöpfer der Welt ist, sich durch klare Kennzeichen von dem ganzen ersonnenen Götterschwarm unterscheidet. Die Reihenfolge der Darstellung führt uns dann von selbst zur Lehre von der Erlösung hinüber. Müssen wir nun auch viele Zeugnisse aus dem Neuen Testament anführen, auch andere aus dem Gesetz und den Propheten, die doch auch deutlich von Christus Erwähnung tun: Sie alle haben den Zweck, zu zeigen, dass sich Gott als Schöpfer der Welt in der Schrift offenbart, und dass uns darin dargelegt wird, was man von ihm zu denken hat, damit wir nicht auf unseren Irrwegen irgendeine Gottheit suchen.

(Institutio I,6,2). Ob sich nun Gott den Vätern durch Orakel und Gesichte kundgetan oder ihnen durch Vermittlung und Dienst von Menschen mitgeteilt hat, was sie den Nachfahren überliefern sollten – auf keinen Fall lässt sich bezweifeln, dass in ihr Herz die Lehre mit solch unerschütterlicher Gewissheit eingegraben war, dass sie fest überzeugt waren und klar sahen: Was sie erfahren hatten, das kam von Gott. Denn Gott hat zu allen Zeiten seinem Wort eine unzweifelhafte Glaubwürdigkeit verliehen, die über alles menschliche Denken hinausgeht. Damit dann ferner die Wahrheit der Lehre durch alle Jahrhunderte in dauerndem Fortschreiten erhalten bliebe, wollte Gott, dass die nämlichen Offenbarungsworte, die er den Vätern geschenkt hatte, sozusagen auf öffentlich ausgestellten Tafeln aufgezeichnet würden. Aus solchem Ratschluss hat Gott das Gesetz gegeben, dem dann später als Ausleger die Propheten beigegeben wurden. Nun gab es zwar eine vielfältige Anwendung des Gesetzes, wie wir später noch näher sehen werden. Aber Mose und alle Propheten hatten doch vor allem die Absicht, die Art der Versöhnung zwischen Gott und dem Menschen zu lehren – deshalb nennt ja auch Paulus Christus des Gesetzes Ende (Röm 10,4). Trotzdem wiederhole ich hier: Außer der eigentlichen Lehre von Glaube und Buße, die uns Christum als Mittler vor die Augen stellt, beschreibt und ziert die Schrift den einen und wahren Gott, wie er die Welt geschaffen hat und noch regiert, mit sicheren Hinweisen und Zeichen, um alle Vermischung mit dem falschen Götzenschwarm zu verhindern. So sehr also der Mensch seine Augen der Betrachtung von Gottes Werken zuwenden soll – denn in diesem wunderherrlichen Schauspiel hat er ja seinen Platz als Zuschauer –, so soll er doch vor allem das Wort Gottes zu Ohren nehmen, um zu besserer Erkenntnis zu gelangen. Man darf sich nicht wundern, dass die Menschen, die in der Finsternis geboren sind, sich mehr und mehr in Unempfänglichkeit verhärten. Denn nur ganz wenige werden zu gelehrigen Schülern des Wortes Gottes und bleiben so in den gesetzten Schranken; die meisten sind vielmehr hochmütig in ihren eitlen Einbildungen gefangen. Soll uns aber der Strahl wahrer Religion treffen, so müssen wir bei der himmlischen Lehre den Anfang machen, und es kommt niemand auch nur zum geringsten Verständnis rechter und heilsamer Lehre, wenn er nicht zuvor ein Schüler der Schrift wird. Da liegt der Ursprung wahren Erkennens: wenn wir mit Ehrfurcht annehmen, was Gott hier von sich selber hat bezeugen wollen. Denn nicht bloß ein echter und vollkommener Glaube, sondern alle rechte Gotteserkenntnis entsteht aus dem Gehorsam. Und in diesem Stück hat Gott fürwahr für die Menschen aller Zeiten mit besonderer Vorsehung gnädig gesorgt!

(Institutio I,6,3). Wenn wir die starke Neigung des Menschen bedenken, Gott zu vergessen, wenn wir seinen Hang zu allerlei Irrtümern sehen und wenn wir gewahr werden, wie gierig er sich immer neue, falsche Religionen erdenkt, dann können wir ermessen, wie nötig solche schriftliche Aufzeichnung der himmlischen Lehre war, damit sie nicht durch Vergessenheit entstellt, im Irrtum der Eitelkeit preisgegeben oder durch menschliche Vermessenheit verdorben würde. Es lässt sich auch nicht verkennen, dass Gott bei allen, die er fruchtbringend unterweisen wollte, das Mittel seines Wortes angewandt hat, weil er sah, dass sein Bild, wie es in der herrlichen Gestalt der Welt sich ausprägte, nicht kräftig genug sein werde. Deshalb kann es uns nur helfen, diesen geraden Weg zu gehen, wenn wir im Ernst zu lauterer Betrachtung Gottes kommen wollen. An das Wort, sage ich, müssen wir uns halten; denn da wird uns Gott recht und lebendig aus seinen Werken beschrieben, indem nämlich diese Werke nicht nach unserem verkehrten Urteil, sondern nach der Regel der ewigen Wahrheit eingeschätzt werden! Weichen wir vom Worte ab, so mögen wir, wie gesagt, immerhin mit äußerster Schnelligkeit vorwärts streben, wir werden aber nie zum Ziel gelangen, weil wir eben auf einem Abweg sind! Wir müssen bedenken: Der Glanz von Gottes Angesicht, von dem auch der Apostel sagt: »da niemand zukommen kann« (I Tim 6,16), ist uns wie ein auswegloses Labyrinth, wenn uns nicht die Richtschnur des Wortes leitet. Es ist also besser, auf diesem Weg zu hinken, als auf einem Abweg zu rennen! Wenn darum David ankündet, dass der Aberglaube aus der Welt verschwinden wird, um der wahren Religion Platz zu machen, so stellt er uns Gott vor Augen, wie er sein Königreich aufrichtet (Ps 93; 96; 97; 99). Dabei versteht er aber unter Gottes Königreich nicht sein Machtwirken, wie er es in der Regierung der ganzen Natur ausübt, sondern die Lehre, in welcher er seine alleinige Herrschaft durchsetzt. Denn der Irrtum kann nicht aus dem Menschenherzen gerissen werden, ehe wahre Gotteserkenntnis darin gepflanzt ist!

(Institutio I,6,4). Derselbe Prophet sagt auch, dass die Himmel die Ehre Gottes erzählen, das Firmament seiner Hände Werk verkündigt, der geordnete Lauf von Tag und Nacht seine Majestät anzeigt (Ps 19,1); aber er spricht dann doch gleich darauf von Gottes Wort: »Das Gesetz des Herrn ist vollkommen und erquickt die Seele, das Zeugnis des Herrn ist gewiss und macht die Unverständigen weise, die Rechte des Herrn sind richtig und erfreuen das Herz, die Gebote des Herrn sind lauter und erleuchten die Augen« [Ps 19,8ff.]. Obwohl nun der Prophet auch andere Anwendungen des Gesetzes mit in Betracht zieht, so zeigt er doch allgemein: Da Gott vergebens alle Völker durch den Anblick Himmels und der Erden zu sich einlädt, ist dies die besondere Schule der Kinder Gottes! Ähnlich ist auch die Absicht des 29. Psalms. Da redet der Prophet von der furchtbaren Stimme Gottes, wie sie in Donner und Sturm, Platzregen und Unwetter die Erde erzittern macht, die Berge erschüttert, die Zedern knickt. Und dann fügt er am Schluss hinzu: »In seinem Tempel sagt ihm alles Ehre« – die Menschen sind ja gegen alle Stimmen Gottes, welche in der Luft erschallen, taub und ungläubig! So schließt er auch einen anderen

Psalm, in dem er die schrecklichen Fluten des Meeres beschrieben hat: »Dein Wort ist eine rechte Lehre, Heiligkeit ist die Zierde deines Hauses ewiglich« (Ps 93,5). Daher konnte auch Christus zur samaritischen Frau sagen, ihr Volk und alle anderen wüssten nicht, was sie anbeteten, die Juden allein aber beteten den wahren Gott an (Joh 4,22). Denn da der Menschengeist in seiner Schwachheit auf keine Weise zu Gott kommen kann, wo ihm Gottes Wort nicht aufhilft und ihn aufrichtet, so befanden sich notwendig alle Menschen außer den Juden, weil sie Gott ohne das Wort suchten, in Wahn und Irrtum.

### *Auf dem Weg zur Einheit im Glauben* (Vorrede Genfer Katechismus, 1545)[2]

An die treuen Diener Christi, welche in Ostfriesland die reine Lehre des Evangeliums verkündigen, von Johannes Calvin.

Da uns keine Anstrengung zu groß sein soll, damit unter uns jene Einheit des Glaubens, an der schon Paulus gelegen war, sichtbar werde, sollte zu diesem Zweck namentlich jenes feierliche Bekenntnis, welches gemeinhin mit der Taufe verbunden ist, wieder zur Geltung gebracht werden. Von daher sollte nicht bloß unter allen eine Übereinstimmung in Bezug auf die Glaubenslehre bestehen, sondern es wäre zu wünschen, dass auch alle Kirchen einen gemeinsamen Katechismus besäßen. Weil dies aber aus vielerlei Gründen kaum jemals zustande gekommen ist, kann man nicht allzu heftig dagegen angehen. Allerdings soll die Verschiedenheit in der Lehre nicht weiter gehen, als dass wir durch sie zu dem einen Christus geführt werden und, durch seine Wahrheit untereinander verbunden, so in einen Leib und Geist verschmelzen, dass wir einhellig miteinander die Hauptpunkte des Glaubens verkündigen. Lehrer, die dieses Ziel nicht anstreben, verursachen eine gottlose Entheiligung der Taufe, abgesehen von dem gewaltigen Schaden, den sie in den Kirchen anrichten, wenn sie verschiedene Ansichten über die Religion verbreiten. Was nützt denn die Taufe noch, wenn sie nicht die Grundlage der Übereinstimmung aller in einem Glauben ist? Herausgeber von Katechismen müssen darum erst recht Sorgfalt walten lassen, damit sie nichts Unbesonnenes vorbringen und dadurch nicht nur im Augenblick, sondern auch für die Zukunft der Frömmigkeit schweren Schaden zufügen oder gar der Kirche eine unheilvolle Wunde schlagen.

Dies habe ich vorausschicken wollen – wie es sich gehört, und nicht erst als Letztes –, damit die Leser mir bezeugen können, dass ich in meinem Katechismus nichts veröffentliche, das nicht in Einklang mit der von allen Frommen geteilten Lehre steht. Möchten dann doch all jene, die unvoreingenommen und mit gesundem Urteil an die Lektüre gehen, schließlich zum Ergebnis kommen, es sei nichts Unnützes, was ich hier vorlege. Ich traue mir zu, erreicht zu haben, dass meine Arbeit, auch wenn sie nicht in jeder Hinsicht genügt, doch allen Wohlmeinenden so zusagt, dass sie wenigstens als brauchbar betrachtet wird. Wenn mein Entschluss, sie lateinisch abzufassen, von manchen eventuell nicht gebilligt wird, gab es dazu doch für mich sehr viele Gründe, deren vollständige Aufzählung hier nicht von Wichtigkeit ist. Ich wähle nur jene aus, die genügen sollten, um eine Zurückweisung zu vermeiden.

Als erstes halte ich es bei dem gegenwärtigen verwirrten und zerstörten Zustand des Christentums für nützlich, dass öffentliche Zeugnisse vorhanden sind, mit welchen die Kirchen, die an verschiedenen Orten voneinander getrennt leben, eine in Bezug auf Christus übereinstimmende Lehre besitzen und sich gegenseitig anerkennen. Davon abgesehen, dass dies zur gegenseitigen Stärkung nicht wenig beiträgt: Was ist mehr zu wünschen, als dass sich alle gegenseitig ihre Teilnahme bezeugen und einander mit frommen Wünschen dem Herrn anbefehlen? Die Bischöfe pflegten einst zu diesem Zweck, als zwischen allen noch eine Übereinstimmung im Glauben bestand und lebendig war, synodale Schreiben bis übers Meer zu schicken, mit welchen sie wie mit Parolen die heilige Gemeinschaft unter den Kirchen bekräftigten. Ist dies nicht heute noch viel mehr nötig, in dieser entsetzlichen Verwüstung der ganzen Christenheit, dass die wenigen Kirchen, die Gott recht anrufen, die dazu noch verstreut und überall von den Versammlungen des Antichristen umgeben sind, dieses Zeichen heiliger Verbundenheit sich gegenseitig zukommen lassen und voneinander empfangen, durch das sie zu jener erwähnten engsten Gemeinschaft angetrieben werden? Wenn dies schon heutzutage derart nötig ist, was müssen wir dann erst von der Zukunft erwarten? Mir jagt dies eine derartige Besorgnis ein, dass ich kaum daran zu denken wage. Wenn uns nicht Gott vom Himmel mit einem Wunder beisteht, glaube ich vorauszusehen, wie eine völlige Glaubenslosigkeit auf Erden droht. Wenn nur unsere Nachkommen nicht kurz nach uns sagen müssen, dies sei wahrhaftig eher eine Weissagung als eine Vermutung gewesen! Umso mehr Mühe wird von uns verlangt, alles, was an Kirchen noch nach unserem Tode besteht oder auftaucht, mit unseren Schriften zu sammeln. Worin nun unser aller Übereinstimmung im Glauben besteht, das können auch andere Gattungen von Schriften zeigen; aber aus keinem Dokument kann einleuchtender ersehen werden, welche Übereinstimmung in der Lehre bei unseren Kirchen herrscht, als eben aus den Katechismen. Darin erscheint eben nicht nur, was der eine oder andere einmal gelehrt hat, sondern die grundlegenden Wahrheiten, mit welchen bei uns von klein auf beständig Gelehrte und Ungelehrte vertraut gemacht worden sind, damit alle Gläubigen ein feierliches Wahrzeichen ihrer christlichen Gemeinschaft besitzen sollten. Dies war für mich in der Tat der Hauptgrund für die Herausgabe des Katechismus. Recht wichtig war für mich allerdings noch der weitere, dass ich vernahm, er werde von sehr vielen gewünscht, die darin eine nicht unbrauchbare Lektüre erhofften. Es ist

nicht meine Sache, dazu Stellung zu nehmen, ob dies eine irrige Annahme ist; aber es war nur recht und billig, ihrem Wunsch zu entsprechen.
Im Übrigen stand ich beinahe unter dem Zwang einer Notwendigkeit und konnte diese Aufgabe nicht länger von mir weisen. Ich hatte ja vor sieben Jahren eine kurze Zusammenfassung der Glaubenswahrheit unter dem Titel eines Katechismus herausgegeben [= Genfer Katechismus von 1537]. Nun befürchtete ich, er könnte gegen meinen Willen neu herausgebracht werden, wenn ich dem nicht durch diese Veröffentlichung zuvorkäme. Wollte ich daher einen Entschluss zum allgemeinen Besten fassen, so schien es mir richtig, dafür zu sorgen, dass dieser von mir bevorzugte Katechismus dessen Platz einnähme.
Ferner meine ich, es könne als Beispiel dienen, durch die Sache selbst vor aller Welt zu bezeugen, dass wir, die wir die Wiederherstellung der Kirche betreiben, uns überall getreulich darauf verlegen, dass zumindest der Gebrauch des Katechismus, der früher jahrhundertelang unter den Papisten abgeschafft war, jetzt gleichsam sein altes Heimatrecht wieder erlangt. Diese heilige Einrichtung kann um ihres Nutzens willen gar nicht genug empfohlen und den Papisten gar nicht genug jene so schimpfliche Verderbnis vorgeworfen werden, womit sie den Katechismusunterricht in kindisches Narrenwerk verwandelt und ihn so nicht nur aus dem Zentrum entfernt, sondern auch zur Verbrämung eines schmutzigen und gottlosen Aberglaubens schändlich missbraucht haben. An dessen Stelle haben sie jene haltlose Firmung gesetzt und schmücken sie maßlos, einer Dirne gleich, mit gewaltigem Zeremoniengepränge und mannigfachem festlichem Aufputz; aber indem sie sie schmücken, behängen sie sie mit fluchwürdigen Lästerungen, wenn geprahlt wird, sie sei ein Sakrament höheren Ranges als die Taufe; und wer nicht mit ihrem stinkenden Öl beschmiert worden ist, gilt bei ihnen nur als ein halber Christ. Dabei besteht die ganze Handlung in nichts als heuchlerischem Herumfuchteln oder eher zügellosen äffischen Gaukeleien, ohne irgendein Geschick zu solchem Treiben.
Euch aber, meine allerteuersten Brüder im Herrn, welchen ich dieses Werk nun ankündige, habe ich deshalb ausgewählt, weil mich nicht nur manche aus eurem Kreis ihre Zuneigung zu mir und ihr Gefallen an meinen Schriften wissen ließen, sondern auch ausdrücklich brieflich von mir gewünscht hatten, dass ich diese Arbeit für sie auf mich nehme. So war dies im Übrigen für mich vorausschauend eine genügende Rechtfertigung, dass ich dies längst aus dem Bericht frommer und bedeutender Männer vernommen habe, was mich euch vollständig verpflichtet hat. Jetzt, wo ich fest auf Eure Zustimmung hoffe, bitte ich dennoch, dieses Zeugnis meiner Zuneigung zu euch wohlwollend gutzuheißen. Lebt wohl. Gott mehre euch täglich an Weisheit, Klugheit, Eifer und Stärke des Geistes im Aufbau seiner Kirche.
Genf, 4. Dezember 1545

## *Glaube beruht auf Erkenntnis* (Institutio, 1559)[3]

(Institutio III,2,2). Heißt das denn noch glauben, wenn man keinerlei Erkenntnis hat und seinen Sinn bloß gehorsam der Kirche unterwirft? Nein, der Glaube beruht nicht auf Unwissenheit, sondern auf Erkenntnis; und zwar handelt es sich dabei nicht bloß um die Erkenntnis Gottes, sondern auch um die des göttlichen Willens. Wir erlangen nämlich das Heil nicht dadurch, dass wir bereit sind, alles, was die Kirche uns zu glauben vorschreibt, als wahr anzunehmen, oder ihr die Aufgabe zuschieben, zu forschen und kennenzulernen, sondern nur dann, wenn wir erkennen, dass Gott um der Versöhnung willen, die durch Christus geschehen ist, unser gnädiger Vater ist, und dass Christus uns zur Gerechtigkeit, zur Heiligung und zum Leben gegeben ist. Durch diese Erkenntnis, sage ich, und nicht durch Unterwerfung unseres Sinnes, erlangen wir den Zutritt zum Himmelreich.
(Institutio III,2,3). Es ist doch rein widersinnig, … eine mit Demut untermischte Unwissenheit mit dem Namen »Glauben« auszuzeichnen. Denn der Glaube besteht in der Erkenntnis Gottes und Christi (Joh 17,3), nicht aber in der Ehrfurcht gegenüber der Kirche! Wir sehen ja auch, was für einen Irrgarten die Scholastiker sich … geschaffen haben. So wird alles ohne Unterschied, wenn es sich bloß unter Berufung auf die Kirche aufdrängt, von den Unerfahrenen wie ein Orakel angenommen, zuweilen auch der abergläubischste Irrtum! Diese unbedachte Leichtfertigkeit, die doch die Menschen notwendig ins sichere Verderben stürzen muss, wird trotzdem von den Scholastikern verteidigt, weil sie nichts ausdrücklich glaube, sondern alles nur unter der Bedingung: »Sofern die Kirche das glaubt«! Auf diese Weise, geben sie vor, hätte der Mensch mitten im Irrtum doch die Wahrheit, in der Blindheit das Licht, in der Unwissenheit das rechte Wissen inne!

## *Leben, um Gott zu erkennen* (Genfer Katechismus, 1537)[4]

Alle Menschen sind da, um Gott zu erkennen: Da man nirgends einen Menschen, sei er auch noch so ungesittet und wild, ohne irgendein Wissen um Religion antrifft, ist es klar, dass wir alle auf dieses Ziel hin erschaffen wurden, die Herrlichkeit unseres Schöpfers zu erkennen und aufgrund dieser Erkenntnis ihn über alles zu achten und in aller Furcht, Liebe und Ehrerbietung zu verehren. Aber lassen wir die Ungläubigen beiseite, die nur danach trachten, das Wissen um Gott, das in ihre Herzen gepflanzt ist, aus dem Gedächtnis zu tilgen: Wir, die wir den Glauben bekennen, müssen daran denken, dass dieses hinfällige und bald beendete Leben nichts anderes sein darf als ein Trachten nach der Unsterblichkeit. Nun kann man aber nirgendwo sonst als allein in Gott das ewige und unsterbliche Leben finden. Deshalb muss es die wichtigste Sorge und

Bemühung unseres Lebens sein, Gott zu suchen, mit der ganzen Zuneigung unseres Herzens zu ihm zu streben und nirgends Ruhe zu finden als allein in ihm.

Worin sich wahre und falsche Religion unterscheiden: Da durch allgemeine Übereinstimmung feststeht, dass unser Leben ohne Religion höchst erbärmlich und in nichts dem der wilden Tiere überlegen wäre, möchte niemand in den Ruf geraten, der Frömmigkeit und Gotteserkenntnis völlig fern zu stehen. Aber es gibt in der Art und Weise, seine Religion zu bekunden, viele Unterschiede; denn der größte Teil der Menschen ist nicht tatsächlich von Gottesfurcht erfasst. Da diese Menschen, ob sie wollen oder nicht, die Vorstellung, die sich ihnen immer wieder aufdrängt, nicht los werden, nämlich dass es eine Gottheit gibt, durch deren Macht sie stehen oder fallen, verehren sie diese so gewaltige Macht, derer sie mit Erstaunen gedenken, wie es ihnen gerade irgendwie einfällt, damit sie sie nicht durch allzu große Missachtung gegen sich aufbringen. Obschon sie nun zügellos leben und alle Ehrbarkeit von sich weisen, zeigen sie dennoch eine große Sicherheit im Verachten des Gerichtes Gottes. Und weil sie zudem Gott nicht entsprechend seiner unendlichen Majestät, sondern gemäß der verrückten und törichten Eitelkeit ihres Geistes einschätzen, wenden sie sich damit vom wahren Gott ab. So sehr sie sich auch bemühen, Gott zu dienen, es nützt ihnen nichts, da sie nicht den ewigen Gott, sondern nur Einbildungen und Träumereien anbeten. Indes ruht die wahre Frömmigkeit nicht in der Furcht, die so gerne dem Gericht Gottes entfliehen will und es gerade deshalb fürchtet, weil es vor ihm kein Entrinnen gibt. Sie besteht vielmehr in einem reinen und echten Eifer, der Gott nun eben als den Vater liebt und als den Herrn verehrt, seine Gerechtigkeit annimmt und mehr fürchtet, Gott zu erzürnen als zu sterben. Alle, die diesen Eifer besitzen, versuchen nicht, sich tollkühn einen Gott nach ihrem Willen auszudenken, sondern suchen die Erkenntnis des wahren Gottes bei ihm selbst und erfassen ihn nicht anders, als er sich ihnen offenbart und zu erkennen gibt.

Was wir von Gott erkennen müssen: Da die Herrlichkeit Gottes an sich die menschliche Fassungskraft übersteigt und auch gar nicht verstanden werden kann, müssen wir ihre Größe anbeten und nicht erforschen, damit wir nicht von ihrem so gewaltigen Glanz erdrückt werden. Deshalb müssen wir Gott in seinen Werken, die die Schrift »Abbildungen der unsichtbaren Dinge« (Röm 1,20; Hebr 11,1) nennt, suchen und betrachten; denn sie zeigen uns, was wir vom Herrn auf keine andere Weise erblicken können. Es handelt sich dabei nicht um etwas, das unseren Verstand mit leichtfertigen und fruchtlosen Spekulationen in Ungewissheit hält, sondern um etwas, das zu wissen für uns grundlegend ist und in uns eine echte und dauerhafte Frömmigkeit erzeugt, nährt und stärkt, nämlich den mit der Furcht verbundenen Glauben. Wir betrachten also in dieser Gesamtheit der Dinge die Ewigkeit Gottes, von der aller Dinge Anfang und Ursprung ausgeht, seine Macht, die ein so großes Werk erschuf und noch erhält, seine Weisheit, die eine so große und verwirrende Vielfalt zusammenfügte und nach unterschiedlicher Anordnung lenkt, seine Güte, die bei ihm selbst der Grund war, dass alle Dinge erschaffen wurden und fortbestehen, seine Gerechtigkeit, die sich in wunderbarer Weise darin zu erkennen gibt, dass die Guten beschützt und die Bösen bestraft werden, und seine Barmherzigkeit, die, um uns zur Besserung zu rufen, unsere Verderbtheit mit so großer Güte erträgt. Wir müssten gewiss durch all dies in reichem Maße und soweit es für uns notwendig ist belehrt sein, wer Gott ist, wäre unsere Stumpfheit nicht blind für einen so gewaltigen Glanz. Doch sündigen wir darin nicht allein durch unsere Blindheit, sondern unsere Verkehrtheit ist derart, dass es nichts gibt, was sie nicht falsch und verkehrt auffasst, wenn es gilt, die Werke Gottes zu achten, und dabei die himmlische Weisheit, die in ihnen erstrahlt, ins Gegenteil verkehrt. Man muss also zum Wort Gottes kommen, wo uns Gott durch seine Werke sehr gut beschrieben ist, weil diese Werke hier nicht nach der Verkehrtheit unseres Urteils, sondern nach der Regel der ewigen Wahrheit gewürdigt werden. Wir lernen dort, dass unser einiger und ewiger Gott Ursprung und Quelle allen Lebens, aller Gerechtigkeit, Weisheit, Kraft, Güte und Milde ist, dass nur von ihm alles Gute kommt und demzufolge jeder Lobpreis rechtens wieder zu ihm zurückkehren soll. Und obwohl dies alles an jeder Stelle des Himmels und der Erde offenkundig ist, erkennen wir doch schließlich erst wahrhaft, wohin alles zielt, welchen Wert alles besitzt und in welchem Sinn wir es verstehen müssen, wenn wir auf uns selbst zurückgehen und bedenken, wie der Herr sein Leben, seine Weisheit, seine Stärke in uns offenbart und seine Gerechtigkeit, Milde und Güte an uns ausübt.

## *Glauben lernen* (Brief an den Herzog von Somerset, 1548)[5]

Der ganze Adel und alle Regierenden sollen nur aufrichtig und in aller Demut sich finden in die Unterordnung unter den großen König Jesus Christus und ihm huldigen ohne jede Verstellung, mit Seele und Leib und allem, damit er ändere und unterdrücke die kühne Frechheit der Leute, die sich gegen sie erheben möchten. Das ist's, wie die irdischen Obrigkeiten regieren sollen – im Dienst Jesu Christi und mit der Wirkung, dass er die oberste Gewalt hat über alle, die Kleinen und Großen.
Deshalb, Monseigneur, so sehr Ihnen der Staat Ihres königlichen Neffen lieb ist und am Herzen liegt, wie Sie es ja wohl beweisen, so sehr bitte ich Sie im Namen Gottes, darauf hauptsächlich Ihre Sorgfalt und Aufmerksamkeit zu richten, dass Gottes Lehre gepredigt wird so wirksam und kräftig, dass sie Frucht bringt und durch nichts, was es auch sei, sich darin ermüden zu lassen, nach einer vollständigen Reformation der Kirche zu streben. Um Ihnen deutlicher zu erklären, was ich damit meine, will ich das Ganze in drei Teile zerlegen. Erstens: die Weise, das Volk recht zu

belehren, zweitens: die Ausrottung der bisher herrschenden Missbräuche, drittens: die sorgfältige Bekämpfung des Lasters und die Verhütung aufkommender Ärgernisse und Zuchtlosigkeiten, durch die der Name Gottes gelästert wird.

Was den ersten Punkt angeht, so glaube ich nicht erklären zu müssen, welche Lehre statthaben soll. Vielmehr danke ich unserem lieben Gott, dass er Sie erleuchtet hat zu reiner Gotteserkenntnis und Ihnen den Rat und Entschluss gegeben hat, für die Verkündigung seiner reinen Wahrheit zu sorgen. So brauche ich Sie, Gott sei gelobt dafür, nicht zu unterrichten, was der wahre Christenglaube ist und die Lehre, an der man festhalten muss, da ja durch Sie die wahre Glaubensreinheit wiederhergestellt ist. Nämlich, dass wir Gott für den einzigen Herrn unserer Seele ansehen und sein Gesetz für die einzige Regel und geistliche Vorschrift für unser Gewissen, so dass wir ihm nicht nach törichten Menschensatzungen dienen. Ferner, dass er nach seinem Wesen verehrt sein will im Geist und in Herzensreinheit. Andererseits aber erkennen wir, dass in uns nur Unseligkeit liegt, dass wir verderbt sind in all unserem Sinnen und Trachten, so dass unser Herz ein Abgrund der Bosheit ist. So verzweifeln wir an uns selbst, machen zunichte jeden Anspruch auf eigene Weisheit, Würdigkeit oder Fähigkeit zum Guten, wenden uns zu dem Quell aller Güter, welcher ist Jesus Christus, und nehmen an, was er uns gibt, nämlich das Verdienst seines Leidens und Sterbens, damit wir dadurch versöhnt werden mit Gott. Rein gewaschen durch sein Blut, fürchten wir nun nicht mehr, dass unsere Flecken uns hindern, Gnade zu finden vor seinem himmlischen Thron. Sicher, dass uns unsere Sünden vergeben sind umsonst, kraft seines Opfers, finden wir darin Ruhe und Halt und werden unseres Heils gewiss. Wir werden geheiligt durch seinen Geist, uns dem Gehorsam gegen die Gerechtigkeit Gottes zu weihen; gestärkt durch seine Gnade, werden wir Sieger über Teufel, Welt und Fleisch. Als Glieder seines Leibes schließlich zweifeln wir nicht daran, dass Gott uns zu seinen Kindern rechnet und dass wir ihn voll Vertrauen anrufen dürfen als unseren Vater. Wir sind uns klar, dass auf diese Hauptsache alles, was in der Kirche gesagt und getan wird, zurückführen muss, nämlich dass wir der Welt entzogen, emporgehoben werden zum Himmel mit unserem Haupt und Heiland. Da Gott also Ihnen die Gnade erwiesen hat, die Kenntnis dieser Lehre, die so lange begraben war vom Antichrist, wiederherzustellen, so enthalte ich mich, davon mehr zu reden.

Wenn ich die Art der Belehrung berührt habe, so geschah es nur, damit das Volk so unterrichtet wird, dass es lebendig angefasst wird und man spürt, was der Apostel sagt (Hebr 4,12), Gottes Wort sei ein zweischneidig Schwert, das Gedanken und Sinne durchdringt bis aufs Mark im Gebein. Ich sage das, Monseigneur, da es mir scheint, es gebe recht wenig lebendige Predigt im englischen Reich, sondern meistens werde nur Abgelesenes hergesagt. Ich sehe wohl, was Sie zu solcher Vorschrift zwang: Erstens hatten Sie keine guten, tauglichen Pfarrer, denke ich, wie Sie es

wünschten, und mussten deshalb diesem Mangel so abhelfen. Zweitens könnte es viele leichtsinnige Geister geben, die aus der rechten Bahn weichen und törichte Phantastereien säen, wie es oft bei Neuerungen vorkommt. Aber alle diese Erwägungen dürfen doch nicht hindern, dass das Gebot Jesu Christi seine Kraft behält in der Predigt des Evangeliums. Nun darf aber die Predigt nicht tot sein, sondern muss lebendig sein zur Lehre, zur Strafe, zur Besserung, wie St. Paulus dem Timotheus sagt (II Tim 3,16). Ja so, dass, wenn ein Ungläubiger hereinkäme, er dadurch gestraft und gerichtet würde und Gott die Ehre geben müsste, wie es an anderer Stelle heißt (I Kor 14,24f.). Sie wissen auch, Monseigneur, wie er von der Lebendigkeit spricht, die in der Rede derer liegen muss, die sich als gute, treue Diener Gottes bewähren wollen, wie diese nicht den Prunk der Redekunst haben müssen, um sich damit geltend zu machen, sondern wie der Geist Gottes in ihrer Stimme wiedertönen soll, um kräftig zu wirken. Alle Gefahren, die man befürchten könnte, dürfen doch nicht verhindern, dass Gottes Geist seinen freien Lauf in denen nimmt, denen er seine Gnadengaben gegeben hat zur Erbauung der Kirche.
Freilich ist es doch gut und nützlich, dem Leichtsinn phantastischer Geister entgegenzutreten, die sich zuviel Freiheit herausnehmen, und allen neugierigen, neuen Lehren die Tür zu verschließen; aber dazu gibt es ein gutes, geeignetes Mittel, wie es uns Gott selber zeigt. Das ist erstens, dass es eine Zusammenfassung der Lehre gibt, die alle predigen sollen; dieses Bekenntnis zu halten, müssen alle Prälaten und Pfarrer beschwören, und keiner soll in ein kirchliches Amt gelassen werden, der nicht versprochen hat, an dieser Vereinbarung festzuhalten. Ferner ist Not eine gemeinsame Lehrform für die Kinder und das ungebildete Volk, durch die ihnen die gute Lehre vertraut wird, so dass sie sie wohl unterscheiden können von den Lügen und Entstellungen, die man etwa im Gegensatz dazu einführen könnte. Glauben Sie mir, Monseigneur, die Kirche Gottes kann sich nie halten ohne Katechismus; denn dieser ist gleichsam der Same, der verhindert, dass die gute Saat nicht ausstirbt, sondern sich mehrt von Geschlecht zu Geschlecht. Deshalb, wenn Sie einen Bau ausführen wollen, der von langer Dauer ist und nicht bald in Zerfall gerät, so sorgen Sie dafür, dass die Kinder unterrichtet werden nach einem guten Katechismus, der ihnen kurz und ihrem kindlichen Verständnis entsprechend zeigt, wo das wahre Christentum liegt. Dieser Katechismus wird dann zu doppeltem Gebrauch nützlich sein, nämlich, um alles Volk zu lehren, damit es von der Predigt Nutzen hat und es auch unterscheiden kann, wenn irgendein eingebildeter Mensch eine fremdartige Lehre vorbrächte. Jedoch halte ich es auch für gut und sogar notwendig, die Pfarrer auf eine bestimmte, schriftliche Form der Lehre zu verpflichten, sowohl um der Unwissenheit und Einfalt einzelner zu Hilfe zu kommen als auch um die Übereinstimmung und Einigkeit aller Kirchen besser zum Ausdruck zu bringen, und drittens, um aller Neugier und den Erfindungen der Leute, die nur etwas Besonderes haben wollen, die Spitze abzubrechen; wie

schon gesagt, muss für solche Leute der Katechismus als Zügel dienen. Ebcnso steht es mit der Art und Weise der Sakramentsverwaltung und der öffentlichen Gebete. Aber trotzdem, soviel daran ist, so darf doch solche Zucht die Wirkungsfähigkeit nicht ertöten, die die Predigt des Evangeliums haben muss. Sorgen Sie doch ja soviel als möglich dafür, dass das Evangelium gute Schallrohre finde, durch die es bis ins Innerste der Herzen dringe. Denn es besteht Gefahr, dass Sie keinen großen Erfolg der von Ihnen begonnenen Reformation sehen werden, so gut und heilig sie auch ist, wenn nicht die Macht der Predigt je und je angewandt wird. Nicht umsonst steht von Jesus Christus geschrieben: Mit dem Stab seines Mundes wird er die Erde schlagen und mit dem Odem seiner Lippen den Bösen töten (Jes 11,4). Das ist das Mittel, durch das er uns bezwingen will und alles zerstören, was ihm feind ist. Deshalb wird ja auch das Evangelium die Herrschaft Gottes genannt. Wie sehr also auch Edikte und Gebote der Obrigkeiten gute Hilfsmittel sein mögen zur Förderung und Aufrechterhaltung des Christenstandes, so will doch Gott seine unumschränkte Gewalt zeigen in diesem geistlichen Schwert seines Wortes, wenn es verkündet wird durch die Pfarrer.

1 Institutio (1559) I,6,1–4.
2 Vorrede zum Genfer Katechismus von 1545, in: CStA 2,10–15.
3 Institutio (1559) III,2,2f.
4 Genfer Katechismus von 1537, in: CStA 1.1,138–143.
5 Brief an Eduard Seymour, Herzog von Somerset, vom 22.10.1548, in: Briefe II,440–444.

# 9 Die Sakramente Taufe und Abendmahl

Im Verständnis der Sakramente vollzieht Calvin eine Gratwanderung. Einerseits wendet sich Calvin gegen den römisch-katholischen Gedanken, als würde durch den Sakramentsvollzug ein Handeln Gottes bewirkt. Andererseits wehrt er sich gegen eine Unterschätzung der Sakramente, als ginge es dort allein um ein menschliches Handeln. Das in Christus gegebene Heil wird in den Sakramenten durch den Heiligen Geist bezeugt, denn er stärkt mit den Sakramenten den Glauben. So geschieht in den Sakramenten nicht mehr als in der Predigt, aber es geschieht anders, denn die Sakramente sind von Jesus Christus eingesetzt, um andere menschliche Sinne anzusprechen. Die Hauptaufgabe der Sakramente besteht darin, über sich hinauszuweisen auf Christus hin, um die Glaubenden in der Gemeinschaft mit Christus zu stärken. Darum nennt Calvin die Sakramente »Siegel«, mit denen der Heilige Geist die Verheißungen Gottes in den Herzen festigt. In der Taufe gibt und stärkt der Heilige Geist den Glaubenden die Gewissheit ihrer Reinigung und Erneuerung durch das Blut Jesu Christi. Und im Abendmahl gibt und stärkt der Heilige Geist den Glaubenden die Gewissheit ihrer Gemeinschaft mit Jesus Christus.

*Die Sakramente versiegeln Gottes Herrschaft* (Genfer Katechismus, 1545)[1]

Frage 309. Gibt es außer dem Wort kein anderes Mittel – wie man so sagt –, durch welches Gott sich uns mitteilt? Der Predigt des Wortes hat er die Sakramente hinzugefügt.
Frage 310. Was ist ein Sakrament? Ein äußeres Zeugnis des göttlichen Wohlwollens gegen uns, das mit einem sichtbaren Zeichen die göttlichen Gnadengaben abbildet, um in unseren Herzen Gottes Verheißungen zu versiegeln, wodurch deren Wahrheit noch bekräftigt wird.
Frage 311. Liegt denn in einem sichtbaren Zeichen eine solche Kraft, dass es die Gewissen im Vertrauen auf das Heil festigt? Es hat sie freilich nicht aus sich selbst, sondern durch Gottes Willen, weil es zu diesem Zweck eingesetzt worden ist.
Frage 312. Wenn es nun doch die besondere Aufgabe des Heiligen Geistes ist, Gottes Verheißungen in unseren Herzen zu versiegeln, wie kannst du dies den Sakramenten zusprechen? Hier handelt es sich um zwei völlig verschiedene Dinge. Die Herzen zu bewegen und zu erfassen, die Gemüter zu erleuchten und unsere Gewissen fest und ruhig zu machen, ist so ausschließlich die Sache des Heiligen Geistes, dass es ganz und gar als sein

Werk angesehen werden und als seine Gabe betrachtet werden muss, und das Lob ihm allein gebührt. Dem steht jedoch überhaupt nicht entgegen, dass Gott sich der Sakramente wie untergeordneter Hilfsmittel bedient und sie zum Gebrauch heranzieht, so wie es ihm gut erscheint; und zwar so, dass dem Geist nichts von seiner Bedeutung genommen wird.

Frage 313. Die Kraft und Wirksamkeit der Sakramente ist also nach deiner Überzeugung nicht in ein äußerliches Element eingeschlossen, sondern geht ganz vom Geiste Gottes aus? Jawohl. Gott will seine Kraft durch seine Hilfsmittel, die er zu diesem Zweck bestimmt hat, offenbaren. Dies tut er so, dass er seinem Geiste nichts von dessen Bedeutung nimmt.

Frage 314. Kannst du mir den Grund angeben, warum Gott so handelt? Er nimmt dabei Rücksicht auf unsere Schwachheit. Wenn wir alle eine Geistnatur besäßen, könnten wir, gleich den Engeln, bald ihn, bald seine Gnadengaben im Geiste schauen. Da wir aber von der Masse dieses irdischen Leibes umschlossen sind, brauchen wir Abbilder oder Spiegelbilder, die uns den Anblick geistlicher und himmlischer Dinge auf irdische Weise darbieten. Auf andere Weise würden wir nie dazu gelangen. Außerdem ist es für uns wichtig, dass sich all unsere Sinne mit Gottes Verheißungen befassen, damit wir darin noch mehr bestärkt werden.

Frage 315. Wenn es also zutrifft, dass die Sakramente von Gott als Hilfen für unsere Bedürftigkeit eingesetzt sind, muss es dann nicht zu Recht als Anmaßung verurteilt werden, wenn jemand denkt er könne sie als überflüssig ansehen und entbehren? Allerdings. Wer freiwillig auf ihren Gebrauch verzichtet, als ob er sie nicht nötig hätte, verachtet Christus, weist seine Gabe zurück und entkräftet das Wirken des Geistes.

Frage 316. Welch ein Vertrauen zur Festigung der Gewissen und welche Gewissheit können dann aber aus Sakramenten gewonnen werden, die Gute und Böse unterschiedslos empfangen? Wenn auch allen Gottes Gaben in den Sakramenten dargeboten werden, machen die Gottlosen sie doch für ihre Person zunichte. Sie können deswegen aber nicht bewirken, dass den Sakramenten ihre Kraft oder ihr Wesen verloren gingen.

Frage 317. Wie und wann wirken nun die Sakramente? Wenn wir sie im Glauben empfangen und allein Christus und seine Gnade bei ihnen suchen.

Frage 318. Warum sagst du, man müsse Christus bei ihnen suchen? Ich verstehe das so: Wir dürfen nicht an den sichtbaren Zeichen hängen bleiben, um von daher unser Heil zu begehren, oder uns einbilden, die Kraft, uns Gnade zukommen zu lassen, hafte an ihnen oder sei dort eingeschlossen. Wir müssen sie vielmehr wie ein zeichenhaftes Hilfsmittel ansehen, wodurch wir geradewegs zu Christus geführt werden, um von ihm selbst Heil und beständigen Segen zu begehren.

Frage 319. Wenn zu ihrem Empfang der Glaube gefordert wird, wie kannst du dann sagen, die Sakramente seien uns zur Stärkung des Glaubens gegeben, um uns der Verheißungen Gottes gewisser zu machen? Es genügt eben nicht, dass der Glaube einmal in uns angefangen hat, wenn er nicht dauernd genährt wird; er soll von Tag zu Tag wachsen. Um ihn zu nähren, zu stärken und zu fördern, hat daher der Herr die Sakramente eingesetzt. Gerade dies meint Paulus, wenn er ihre Bedeutung darin sieht, die Verheißungen Gottes zu versiegeln [Röm 4,11].

Frage 320. Ist es aber nicht ein Zeichen von Unglauben, keinen festen Glauben an Gottes Verheißungen zu besitzen, wenn sie uns nicht von anderswoher bestätigt werden? Dies zeugt zwar von der Schwäche des Glaubens, woran auch die Kinder Gottes kranken; deswegen sind sie aber trotzdem weiterhin Gläubige, auch wenn ihr Glaube bis jetzt schwach und unvollkommen ist. Solange wir uns in dieser Welt befinden, hangen an unserem Fleisch immer noch Reste des Unglaubens, die wir nur durch ständiges Vorwärtsschreiten bis an unser Lebensende loswerden können. Wir müssen deshalb immer weitere Fortschritte machen.

Frage 321. Wie viele Sakramente kennt die christliche Kirche? Im Ganzen zwei, die unter allen Gläubigen in Gebrauch sind.

Frage 322. Welche sind es? Die Taufe und das heilige Abendmahl.

Frage 323. Worin gleichen sie sich, und wo liegt der Unterschied? Die Taufe ist für uns sozusagen der Zugang zur Kirche. In ihr haben wir das Zeugnis, dass wir, die wir sonst Außenstehende und Fremde wären, in Gottes Familie aufgenommen werden, damit wir zu seinen Hausgenossen gehören. Das Abendmahl bezeugt uns, dass Gott sich uns als Vater erweist, indem er unsere Seelen speist.

## *Die Taufe besiegelt die Reinigung durch Christi Blut* (Genfer Katechismus, 1545)[2]

Frage 324. Um von beiden ein klareres Bild zu gewinnen, wollen wir jedes für sich behandeln. Zunächst: Was ist die Bedeutung der Taufe? Zweierlei. Sie bildet die Vergebung der Sünden und die geistliche Erneuerung ab [Eph 5,26f.; Röm 6,4].

Frage 325. In welcher Hinsicht gleicht das Wasser diesen Dingen, so dass es sie darstellen kann? Die Vergebung der Sünden ist eine Art von Abwaschung, wodurch die Seele von ihren Sünden gereinigt wird, nicht anders als das Wasser den Schmutz vom Körper abwäscht.

Frage 326. Und die Erneuerung? Ihr Anfang ist ja die Abtötung unseres natürlichen Wesens; ihr Ziel, dass wir neue Geschöpfe seien. In der Benetzung des Kopfes mit Wasser wird uns das Abbild des Todes dargestellt, das neue Leben aber darin, dass wir nicht im Wasser untergetaucht bleiben, sondern nur für einen Augenblick wie im Grab untergehen, um sogleich daraus wieder aufzutauchen.

Frage 327. Hältst du etwa das Wasser für das Reinigungsbad der Seele? Ganz und gar nicht. Es wäre frevelhaft, diese Ehre dem Blut Christi zu rauben, das deswegen vergossen wurde, um uns, von aller Befleckung ge-

säubert, rein und frei von Schmutz Gott darzubringen [I Joh 1,7; I Petr 1,19]. In der Besprengung unseres Gewissens mit jenem heiligen Blut durch den Heiligen Geist empfangen wir die Frucht dieser Reinigung. Dies wird im Sakrament besiegelt.
Frage 328. Ist das Wasser also deines Erachtens nichts anderes als lediglich ein Abbild dieser Reinigung? Ein Abbild, ja, aber so, dass die Sache selbst damit verknüpft ist. Gott enttäuscht uns nämlich nicht, wenn er uns seine Gaben verspricht. Daher ist es auch sicher, dass uns die Vergebung der Sünden und das neue Leben in der Taufe angeboten und von uns empfangen werden.
Frage 329. Erfüllt sich diese Gnade an allen ohne Unterschied? Viele verschließen ihr durch die eigene Schlechtigkeit den Weg und machen sie so für sich wirkungslos. So gelangt ihre Auswirkung nur zu den Gläubigen. Damit geht aber dem Wesen des Sakraments nichts ab.
Frage 330. Woher kommt dann die Erneuerung? Aus dem Tod und der Auferstehung Christi zugleich. Denn sein Tod hat die Kraft, dass durch ihn unser alter Mensch gekreuzigt und die Lasterhaftigkeit unseres natürlichen Wesens gleichsam begraben wird, damit sie nichts mehr in uns vermag. Dass wir aber zu einem neuen Leben in Gehorsam gegen Gott wiedergeboren werden, ist die Wohltat seiner Auferstehung.
Frage 331. Wie verschafft uns die Taufe diese Güter? Wenn wir nicht die uns in ihr dargebotenen Verheißungen verschmähen und sie so wirkungslos machen, werden wir mit Christus bekleidet und mit seinem Geist beschenkt.
Frage 332. Was müssen wir tun, um die Taufe recht zu gebrauchen? Der rechte Gebrauch der Taufe beruht auf Glauben und Buße. Dies bedeutet, dass wir zunächst mit herzlichem Vertrauen fest glauben, dass wir durch Christi Blut von aller Befleckung gereinigt und so Gott wohlgefällig sind; danach, dass wir spüren, wie sein Geist in uns wohnt, und dies mit Taten gegenüber unsern Mitmenschen zeigen, und dass wir stets um Abtötung unseres Fleisches und Gehorsam gegen Gott bemüht sind.
Frage 333. Wenn dies zum rechten Gebrauch der Taufe verlangt wird, wie kann man dann Kinder taufen? Glauben und Buße müssen nicht notwendigerweise immer der Taufe vorausgehen. Sie werden nur von denen gefordert, die entsprechend ihrem Alter schon zu beidem fähig sind. Es genügt darum, wenn die Kinder die Wirkung der Taufe zeigen, nachdem sie herangewachsen sind.
Frage 334. Kannst du beweisen, dass dies nicht widersinnig ist? Gewiss, wenn man mir zugesteht, dass nichts, was Gott eingesetzt hat, mit der Vernunft unvereinbar ist. Mose und die Propheten lehren ja, die Beschneidung sei ein Zeichen der Buße gewesen, und nach Paulus auch ein Sakrament des Glaubens; und dennoch hat Gott die Kinder nicht davon ausgeschlossen [Dtn 10,16; 30,6; Jer 4,4; Röm 4,11].
Frage 335. Muss man die Kinder also aus demselben Grund, der für die Beschneidung galt, jetzt auch zur Taufe zulassen? Genau aus demselben;

denn die Verheißungen, die Gott einst dem Volk Israel gegeben hat, gelten jetzt der ganzen Welt.
Frage 336. Schließt du also daraus, wir dürften dieses Zeichen für uns in Anspruch nehmen? Wer beides genau prüft, wird diese Schlussfolgerung ziehen. Christus hat uns ja nicht seiner Gnade, die früher dem Volk Israel erwiesen wurde, derart teilhaftig gemacht, dass sie bei uns weniger klar oder irgendwie verringert sei. Nein, er hat sie im Gegenteil reichlicher und übervoller auf uns ausgegossen.
Frage 337. Denkst du, wenn die Kinder von der Taufe ferngehalten würden, ginge der Gnade Gottes etwas verloren, sodass man sagen könnte, sie sei seit dem Kommen Christi geschmälert worden? Das ist ganz offensichtlich so. Wenn uns dieses Zeichen fehlte, das größte Bedeutung zur Bezeugung von Gottes Barmherzigkeit und Verheißungen besitzt, dann müssten wir einen hervorragenden Trost vermissen, den die Alten genießen konnten.
Frage 338. Du meinst damit also: Wenn Gott im Alten Bund, um sich als Vater der Kleinen zu erklären, die Verheißung des Heils mit einem sichtbaren Zeichen ihren Körpern aufgeprägt haben wollte, so wäre es nicht recht, wenn die Gläubigen nach dem Kommen Christi weniger Bekräftigung hätten. Denn heute ist uns ja dieselbe Verheißung gegeben wie den Vätern, und in Christus hat Gott uns ein weit helleres Zeugnis seiner Liebe gegeben. Jawohl. Und da ja feststeht, dass die Kraft und die Wirklichkeit der Taufe, wenn ich so sagen darf, auch die Kinder umfasst, geschähe ihnen offensichtlich Unrecht, wenn man ihnen das Zeichen verweigern wollte, das doch weniger ist als die Sache selbst.
Frage 339. Mit welcher Bestimmung soll man nun die Kinder taufen? Zum Zeugnis, dass sie Erben des Segens sind, der dem Volk der Gläubigen verheißen ist, damit sie als Erwachsene die Wirklichkeit der Taufe erkennen und daraus Nutzen ziehen und bringen.

## *Das Abendmahl stärkt die Gemeinschaft mit Christus* (Genfer Katechismus, 1545)[3]

Frage 340. Gehen wir zum Abendmahl über. Da möchte ich zuerst von dir wissen: Was bedeutet das Abendmahl? Christus hat es eingesetzt, um uns zu lehren, dass unsere Seelen durch die Gemeinschaft mit seinem Leib und Blut in der Hoffnung auf das ewige Leben genährt werden, und uns dessen gewiss zu machen.
Frage 341. Warum bildet das Brot den Leib, der Wein das Blut des Herrn ab? Wir sollen daraus lernen: Dieselbe Kraft, die das Brot als Nahrung des Körpers zur Erhaltung des gegenwärtigen Lebens besitzt, eignet ebenso dem Leib des Herrn als geistliche Speise der Seelen. So wie der Wein des Menschen Herz erfreut, seine Kräfte von neuem weckt und den ganzen Menschen stärkt, so empfangen wir aus dem Blute des Herrn entsprechende Wirkungen für unsere Seele.

Frage 342. Nähren wir uns also wirklich von Leib und Blut des Herrn? Jawohl. Denn unsere ganze Heilsgewissheit beruht ja darauf, dass sein Gehorsam, den er dem Vater erwiesen hat, uns angerechnet wird, als wäre es unser eigener. Darum müssen wir ihn notwendig besitzen. Der Herr teilt uns nämlich seine Wohltaten nicht anders mit, als indem er sich uns zu Eigen macht.
Frage 343. Hat er sich aber nicht schon damals hingegeben, als er sich dem Tode auslieferte, um uns als vom Urteil des Todes Erlöste mit dem Vater zu versöhnen? Das ist wohl wahr. Aber dies genügt nicht, wenn wir ihn nicht jetzt empfangen, sodass Wirksamkeit und Nutzen seines Todes zu uns gelangen.
Frage 344. Empfangen wir ihn aber nicht im Glauben? Sicherlich. Doch dies geschieht nicht, indem wir einfach glauben, er sei gestorben, um uns vom Tode zu erlösen, und auferstanden, um uns das Leben zu erwerben, sondern indem wir erkennen, dass er in uns wohnt, und wir in einer derartigen Einheit mit ihm verbunden sind, dass wir durch die Gabe dieser Einheit all seiner Wohltaten teilhaftig werden.
Frage 345. Erlangen wir nun diese Gemeinschaft einzig durch das Abendmahl? Gewiss nicht. Paulus bezeugt uns, dass uns durch das Evangelium die Gemeinschaft mit Christus mitgeteilt wird [I Kor 1,4–9]. Und er lehrt dies zu Recht, denn im Evangelium hören wir, dass wir Fleisch von seinem Fleisch und Gebein von seinem Gebein sind [Eph 5,29f.], dass er das lebendige Brot ist, das vom Himmel herabgekommen ist, um unsere Seelen zu nähren [Joh 6,51], dass wir eins mit ihm sind, wie er mit dem Vater eins ist [Joh 17,21], und ähnliches mehr.
Frage 346. Was erhalten wir darüber hinaus mit diesem Sakrament, oder welchen zusätzlichen Nutzen bringt es uns? Jene Gemeinschaft, von der ich gesprochen habe, wird in uns gefestigt und gestärkt. Christus wird uns zwar in der Taufe und im Evangelium dargeboten, aber wir empfangen ihn dort nicht vollständig, sondern nur zum Teil.
Frage 347. Was erhalten wir nun mit dem Zeichen des Brotes? Der Leib Christi, der einmal für uns zur Versöhnung mit Gott geopfert wurde, wird uns jetzt so gegeben, damit wir Gewissheit erlangen sollen, dass die Versöhnung zu uns gelangt.
Frage 348. Und mit dem Zeichen des Blutes? Christus reicht uns sein Blut, so wie er es einmal zur Genugtuung für die Sünden und als Preis für unsere Erlösung vergossen hat, jetzt zum Trinken dar, damit wir den Nutzen, der von dort zu uns gelangen soll, erkennen.
Frage 349. Gemäß deinen Antworten verweist uns also das Heilige Abendmahl des Herrn auf seinen Tod, damit wir dessen Wirkungskraft teilhaftig werden? Ganz und gar. Dort ist jenes einzige und immergültige Opfer gebracht worden, das zu unserem Heil genügt. Es braucht nichts weiter, als dass wir uns daran laben.
Frage 350. Das Abendmahl ist also nicht zu dem Zweck eingesetzt worden, damit man Gott den Leib seines Sohnes darbringe? Ganz und gar

nicht. Er allein, der selbst der ewige Hohepriester ist, hat diese Würde inne [Hebr 5,5–10]. Dies geht auch aus seinen Worten hervor: »Nehmet, esset!« Dies hat er doch nicht vorgeschrieben, damit wir seinen Leib als Opfer darbringen, sondern damit wir uns von ihm nähren sollen [Mt 26,26–28].

Frage 351. Weshalb brauchen wir zwei Zeichen? Damit hat Gott unserer Schwäche Rechnung getragen, um uns noch freundlicher zu lehren, er sei nicht nur Speise, sondern auch Trank für unsere Seele, damit wir nirgendwo anders als allein bei ihm etwas für unser geistliches Leben suchen.

Frage 352. Sollen alle ausnahmslos in gleicher Weise von beiden Gebrauch machen? So legt es Christi Auftrag fest. Davon etwas abzuschaffen und Gegenteiliges anzustreben, ist schwerster Frevel.

Frage 353. Haben wir im Abendmahl nur das Zeichen für die erwähnten Wohltaten, oder wird uns dort die Sache selbst dargeboten? Da unser Herr Christus die Wahrheit selber ist, gibt es gar keinen Zweifel, dass er die Verheißungen, die er uns hier gibt, auch erfüllt, und mit den Abbildern die Sache selbst gibt. Ich zweifle nicht daran, dass er uns, wie mit Wort und Zeichen bezeugt, auch seiner Wirklichkeit teilhaftig macht, damit wir mit ihm in ein gemeinsames Leben zusammenwachsen.

Frage 354. Wie kann dies aber geschehen, wenn der Leib Christi im Himmel ist, wir aber noch auf der Erde unterwegs sind? Er bewirkt dies durch die wunderbare und verborgene Kraft seines Geistes, für den es keine Schwierigkeit bedeutet, räumlich Getrenntes und Entferntes zu verbinden.

Frage 355. Du stellst dir also nicht vor, der Leib Christi sei im Brot eingeschlossen oder das Blut im Kelch? Ganz und gar nicht. Vielmehr meine ich, dass wir, um die in den Zeichen gemeinte Sache zu erlangen, unseren Sinn zum Himmel erheben müssen, wo Christus ist, und von woher wir ihn als Richter und Erlöser erwarten. Ihn in diesen ganz und gar irdischen Elementen zu suchen, ist verkehrt und umsonst.

Frage 356. Wir können deine Worte also so zusammenfassen: Im Abendmahl sind zwei Dinge beisammen, nämlich Brot und Wein, die mit den Augen gesehen, mit den Händen berührt und mit dem Geschmack wahrgenommen werden, und Christus, durch den unsere Seelen innerlich als mit der ihnen zukommenden Nahrung gespeist werden. Jawohl; und dadurch werden wir wie mit einem Pfand unserer zukünftigen leiblichen Auferstehung vergewissert, da auch der Leib an diesem Zeichen des Lebens teilhat.

## *Die Sakramente führen zu Christus hin* (Consensus Tigurinus, 1549)[4]

Artikel 1. Die ganze geistliche Leitung der Kirche führt uns zu Christus. Weil Christus das Ziel und die Erfüllung des Gesetzes ist und weil die Christuserkenntnis die ganze Summe des Evangeliums in sich schließt, so zielt zweifellos die ganze geistliche Leitung der Kirche darauf hin, uns zu Christus zu führen, wie wir ja auch durch ihn allein zu Gott gelangen, der das letzte Ziel eines glückseligen Lebens ist. Wer also davon auch nur im Geringsten abweicht, wird niemals richtig und brauchbar von irgendwelchen Anordnungen Gottes reden.

Artikel 2. Die wahre Erkenntnis der Sakramente kommt aus der Christuserkenntnis. Weil die Sakramente Zugaben zum [verkündigten] Evangelium sind, äußert sich erst derjenige angemessen und nützlich über deren Natur, Kraft, Aufgabe und Frucht, der von Christus ausgeht. Jedoch nicht bloß so, dass er den Namen Christi nebenbei erwähnt, sondern so, dass er wirklich versteht, wozu er uns vom Vater gegeben ist und was er uns an Gütern gebracht hat.

Artikel 3. Welcher Art die Christuserkenntnis ist. Es ist also festzuhalten: Indem Christus der ewige Sohn Gottes ist, von gleichem Wesen und gleicher Herrlichkeit mit dem Vater, hat er doch unser Fleisch angenommen, damit er uns durch Adoption das mitteile, was ihm von Natur zu eigen war, – nämlich dass auch wir Kinder Gottes seien. Indem wir durch den Glauben in den Leib Christi eingepflanzt werden und zwar durch die Kraft des Heiligen Geistes, ergibt sich daraus, dass wir erstens durch gnädige Anrechnung der Gerechtigkeit als gerecht gelten und sodann zu einem neuen Leben wiedergeboren werden, damit wir in der Erneuerung zum Ebenbild des himmlischen Vaters dem alten Menschen absagen.

Artikel 4. Christus der Priester; Christus der König. So haben wir Christus in seinem Fleisch [den Menschgewordenen] als Priester anzusehen. Er hat durch das einmalige Opfer seines Todes unsere Sünden unschädlich gemacht. Er hat durch seinen Gehorsam alle unsere Verfehlungen vernichtet. Er hat uns vollkommene Gerechtigkeit verschafft und tritt jetzt so für uns ein, dass uns der Zugang zu Gott offen steht. Er ist gleichsam als Sühnopfer anzusehen, durch das Gott mit der Welt versöhnt ist. Er ist als Bruder anzusehen, der uns aus elenden Adamskindern zu glückseligen Gotteskindern gemacht hat. Er ist als Wiederhersteller anzusehen, der durch die Kraft seines Geistes neu macht, was in uns fehlerhaft ist, damit wir aufhören, der Welt und dem Fleische zu leben, damit vielmehr Gott selber in uns lebe. Er ist als König anzusehen, der uns reich macht an jeder Art von Gütern. Er regiert und schützt uns durch seine Kraft. Er rüstet uns aus mit geistlichen Waffen, damit wir unbesiegt Welt und Teufel standhalten. Er befreit uns von jedem Schaden. Er lenkt und leitet uns mit dem Zepter seines Mundes. Ja, so ist Christus anzusehen, dass er uns zu sich, dem wahren Gott, und zu dem Vater emporhebt, bis erfüllt ist, was schließlich stattfinden wird, nämlich, dass Gott alles in allem ist.

Artikel 5. Wie Christus sich uns mitteilt. Des Weiteren: Damit sich uns Christus in solcher Weise gibt und solche Wirkung in uns hervorbringt, dazu müssen wir mit ihm eins werden und in seinem Leib einwurzeln. Denn er gießt sein Leben nur so in uns ein, dass er unser Haupt ist, von dem her der ganze Leib zusammengehalten und verbunden ist. Und der

Leib wächst durch die Verknüpfung aller sich unterstützenden Gelenke, doch so, wie ein jedes Glied es leisten kann.
Artikel 6. Das geistliche Teilhaben; die verordneten Sakramente. Das ist unser geistliches Teilhaben am Sohn Gottes: Wenn er durch seinen Geist in uns wohnt, macht er alle Gläubigen all der Güter teilhaftig, die in ihm sind. Um dies zu bezeugen, ist sowohl die Predigt des Evangeliums eingesetzt, wie auch der Gebrauch der Sakramente uns anvertraut, nämlich der der heiligen Taufe und des heiligen Abendmahls.
Artikel 7. Der Zweck der Sakramente. Die Sakramente sind aber dazu da, Zeichen und Wahrzeichen des christlichen Bekenntnisses und der christlichen Gesellschaft oder Geschwisterschaft zu sein. Sie sollen Ansporn zur Danksagung und Übungen des Glaubens und gottesfürchtigen Lebens sein, schließlich [sind sie] Pflichtzeichen, die [uns] das alles verbindlich machen. Doch ist unter allen anderen Zweckbestimmungen die eine vor allem wichtig: Durch die Sakramente bezeugt, vergegenwärtigt und besiegelt uns Gott seine Gnade. Denn auch wenn sie nichts anderes bedeuten, als was durch das Wort verkündigt wird, so sind uns doch [durch sie] – und das ist etwas Großes – gewissermaßen lebendige Bilder vor Augen gestellt: Sie beeindrucken unsere Sinne besser; sie führen gleichsam zur Sache selbst, indem sie uns den Tod Christi und alle seine Wohltaten ins Gedächtnis rufen. Dadurch wird der Glaube stärker in Bewegung gesetzt, und es wird wie durch Siegel das bestätigt und gültig gemacht, was Gott gesprochen hat.
Artikel 8. Was die Sakramente tatsächlich darstellen, das gewährt Gott tatsächlich; die Danksagung. Da die uns vom Herrn gegebenen Zeugnisse und Siegel seiner Gnade wahr sind, gewährt er uns selbst tatsächlich ohne Zweifel innerlich durch seinen Geist das, was die Sakramente den Augen und übrigen Sinnen darstellen – das heißt, dass wir Christi als der Quelle aller Güter inne werden, dass wir sodann durch die Wohltat seines Todes mit Gott versöhnt und durch den Geist zur Heiligkeit des Lebens erneuert werden und schließlich Gerechtigkeit und Heil erlangen. Und zugleich sagen wir Dank für all die Wohltaten, die einst am Kreuz erwiesen worden sind und die wir täglich durch den Glauben empfangen.
Artikel 9. Die Zeichen und die durch sie bezeichneten Sachen sind zu unterscheiden. Auch wenn wir daher zwischen den Zeichen und den durch sie bezeichneten Sachen einen Unterschied machen, so lösen wir dennoch die Wirklichkeit der Sache selbst nicht von den Zeichen ab. Denn wir bekennen, dass alle, die im Glauben die dort dargebotenen Verheißungen erfassen, Christus mit seinen geistlichen Gaben geistlich empfangen, ja dass die, die zuvor schon Christi teilhaftig waren, diese Gemeinschaft [mit ihm] fortsetzen und erneuern.
Artikel 10. Bei den Sakramenten ist am meisten auf die [dazugehörige] Verheißung zu achten. Denn man muss nicht auf die bloßen Zeichen, sondern vielmehr auf die damit verbundene Verheißung achten. In dem Maße also, in dem unser Glaube die ihm dort dargebotene Verheißung

beherzigt, in dem Maße zeigt sich jene Kraft und Wirksamkeit, von der wir sprechen. So bringt der Stoff des Wassers, des Brotes oder Weines keineswegs Christus herbei und macht uns auch nicht der geistlichen Gaben teilhaftig, vielmehr ist auf die Verheißung zu achten. Ihre Sache ist es, uns auf den richtigen Glaubensweg zu führen. Dieser Glaube macht uns Christi teilhaftig.

Artikel 11. Man soll nicht auf die Elemente starren. Hier fällt der Irrtum derer dahin, die auf die Elemente starren und an sie das Vertrauen auf ihr Heil heften. Denn die von Christus losgelösten Sakramente sind nichts als leere Gespinste. In ihnen allen wird klar gesagt, dass wir nichts anderem als Christus allein anhängen sollen und dass von anderswoher die Heilsgnade nicht zu holen ist.

Artikel 12. Die Sakramente bewirken aus sich heraus nichts; das ganze Heilsgeschehen ist Gott allein zuzuschreiben. Ferner, wenn uns durch die Sakramente etwas Gutes zugetragen wird, so geschieht das nicht durch ihre eigene Kraft, auch wenn man die Verheißung mit einbezieht, durch die sie ausgezeichnet sind. Denn Gott allein ist es, der durch seinen Geist handelt. Und wenn er die Sakramente in seinen Dienst nimmt, so gießt er ihnen weder seine Kraft ein noch nimmt er der Wirksamkeit seines Geistes etwas weg. Vielmehr verwendet er sie wegen der Unzulänglichkeit unseres Fassungsvermögens gleichsam als Hilfsmittel, so dass das Vermögen, etwas zu bewirken, bei ihm allein bleibt.

Artikel 13. Gott verwendet ein Werkzeug, aber so, dass die ganze Kraft bei Gott ist. Wie nun Paulus daran erinnert, der, welcher pflanzt oder bewässert, sei nichts, sondern einzig Gott, der das Wachstum schenkt, so ist auch von den Sakramenten zu sagen, dass sie nichts sind, weil sie nichts nützen, wenn nicht Gott gänzlich alles bewirkt. Sie sind freilich Werkzeuge, durch die Gott, wo es ihm wohlgefällt, wirksam handelt, aber so, dass das ganze Werk unseres Heils ihm allein zu verdanken ist.

Artikel 14. Daher stellen wir fest, dass es einzig Christus ist, der wahrhaft innerlich tauft, der uns im Abendmahl mit einem Wort seiner teilhaftig macht, der erfüllt, was die Sakramente darstellen. Und zwar benutzt er diese Hilfsmittel so, dass die ganze wirksame Kraft in der Gewalt seines Geistes ist.

Artikel 15. Auf welche Weise die Sakramente bekräftigend wirken. Wenn die Sakramente bisweilen als Siegel bezeichnet werden, wenn es von ihnen heißt, dass sie den Glauben nähren, bekräftigen und fördern, so ist dennoch allein der Geist das eigentliche Siegel und er der Anfänger und Vollender des Glaubens. Denn was da alles den Sakramenten zugeschrieben wird, ist von untergeordneter Bedeutung, damit auch nicht das kleinste Teilchen unseres Heils vom alleinigen Urheber weg auf die Geschöpfe oder [Sakraments-] Elemente übertragen wird.

Artikel 16. Nicht alle Teilnehmer am Sakrament haben auch Anteil an der eigentlichen Wirklichkeit [des Sakraments]. Außerdem lehren wir nachdrücklich, dass Gott seine Kraft nicht unterschiedslos an allen Empfängern des Sakraments erweist, sondern nur an den Erwählten. Denn wie er nur die zum Glauben erleuchtet, die er zum Leben vorausbestimmt hat, so bewirkt er auch durch die geheime Kraft seines Geistes, dass die Erwählten das empfangen, was die Sakramente darbieten.

Artikel 17. Die Sakramente verleihen die Gnade nicht. Durch diese Lehre wird jene Fiktion gewisser Sophisten über den Haufen geworfen, wonach die Sakramente des neuen Gesetzes allen die Gnade verleihen, sofern sie ihr nicht durch eine Todsünde einen Riegel vorschieben. Denn abgesehen davon, dass in den Sakramenten nichts ohne Glauben empfangen wird, ist auch festzuhalten, dass ihnen Gottes Gnade keineswegs derart angeheftet ist, dass jeder, der das Zeichen in Händen hält, auch die Sache selbst erlangt. Denn die Zeichen werden ohne Unterschied den Verworfenen und den Erwählten dargereicht. Die Wirklichkeit der Zeichen erreicht aber nur die letzteren.

Artikel 18. Die Gaben Gottes werden allen dargeboten, aber nur die Gläubigen bekommen sie. Sicher ist zwar, dass Christus mit seinen Gaben allen gemeinsam dargeboten und die Wahrheit Gottes durch den menschlichen Unglauben nicht erschüttert wird, sodass die Sakramente stets ihre Kraft behalten. Aber nicht alle nehmen Christus und seine Gaben in sich auf. Daher ändert sich wohl von Gottes Seite her nichts; was aber die Menschen betrifft, empfängt ein jeder nach dem Maß seines Glaubens.

Artikel 19. Die Gläubigen haben auch vor und neben dem Gebrauch der Sakramente mit Christus Gemeinschaft. Wie aber der Gebrauch der Sakramente den Ungläubigen nicht mehr nützt, als wenn sie sich deren enthalten würden, ja, wie er ihnen sogar zum Verderben gereicht, so gilt für die Gläubigen auch außerhalb des Gebrauchs der Sakramente die in ihnen dargestellte Wirklichkeit. So sind in der Taufe die Sünden des Paulus abgewaschen worden, die schon zuvor abgewaschen waren. So war auch die Taufe für Cornelius ein Bad der Wiedergeburt, obschon er doch bereits mit dem Heiligen Geist beschenkt worden war. So teilt sich uns Christus im Abendmahl mit, der sich uns doch schon vorher geschenkt hat und stets in uns bleibt. Denn wenn jeder Einzelne die Weisung erhält, sich zu prüfen, so folgt daraus, dass von ihm Glauben erwartet wird, bevor er zum Sakrament hinzutritt. Nun aber ist kein Glaube ohne Christus; aber sofern der Glaube durch die Sakramente bestärkt wird und wächst und die Gaben Gottes in uns bekräftigt werden, wächst gewissermaßen auch Christus in uns und wachsen wir in ihm.

Artikel 20. Die Gnade der Sakramente ist so wenig an deren Vollzug gebunden, dass deren Frucht manchmal erst nach dem Vollzug erfasst wird. Der Nutzen nun, den wir aus den Sakramenten bekommen, darf ja keineswegs auf den Zeitpunkt beschränkt werden, an dem sie uns ausgeteilt werden, so als ob die sichtbare Zeichenhandlung im selben Moment, da sie ausgeführt wird, die Gnade Gottes mit sich bringen würde. Denn die in der ersten Kindheit Getauften lässt Gott in der Jugend oder bei beginnendem Mannesalter oder bisweilen erst im Greisenalter wiedergeboren werden. So erstreckt sich der Nutzen der Taufe auf den ganzen Lauf des Lebens. Denn die darin enthaltene Verheißung bleibt stets in Kraft. Und es kann bisweilen geschehen, dass die Teilnahme am heiligen Mahl, die bei der Handlung selbst wegen unserer Unbedachtsamkeit und Trägheit gar wenig nutzt, erst später ihre Frucht hervorbringt.

Artikel 21. Die Einbildung einer räumlichen Gegenwart ist fallen zu lassen. Ganz besonders aber ist jede Einbildung einer räumlichen Gegenwart [Christi] fallen zu lassen. Denn wenn auch die Zeichen hier auf Erden vorhanden sind, mit den Augen geschaut und mit den Händen betastet werden können, so ist doch Christus, insofern er Mensch ist, nirgends anderswo als im Himmel und kann nicht anders als durch die Einsicht und Erkenntnis des Glaubens gesucht werden. Darum ist es verdrehter und gottloser Aberglaube, Christus unter die Elemente dieser Welt einzuschließen.

Artikel 22. Erklärung der Herrenmahlsworte »Dies ist mein Leib«. Daher lehnen wir diejenigen als verkehrte Ausleger ab, die bei den feierlichen Worten des Abendmahls »Dies ist mein Leib, dies ist mein Blut« den, wie sie sagen, schlechtweg buchstäblichen Sinn verfechten. Denn es steht für uns außer Diskussion, dass diese Worte bildlich aufzufassen sind, sodass man von Brot und Wein sagt, sie sind, was sie darstellen. Es braucht wahrlich weder neu noch unerhört zu erscheinen, wenn durch begriffliche Vertauschung der Name der durch das Zeichen bezeichneten Sache auf das Zeichen selbst übertragen wird. Denn solche Redeweise kommt in den Schriften immer wieder vor. Und wenn wir so reden, sagen wir nur, was sich [auch] bei manchen ältesten und trefflichsten Schriftstellern der Kirche findet.

Artikel 23. Vom Essen des Fleisches Christi. Wenn aber Christus unsere Seelen beim Essen seines Fleisches und dem Trinken seines Blutes, welche hier bildlich dargestellt werden, durch den Glauben in der Kraft seines Geistes nährt, dann ist das nicht so zu verstehen, als ob irgendeine Vermischung oder Übertragung der Substanz stattfinden würde. Wir schöpfen vielmehr das Leben aus dem einmal zum Opfer gegebenen Fleisch und aus dem zur Versöhnung vergossenen Blut.

Artikel 24. Gegen die Transsubstantiation und andere Torheiten. Auf diese Weise werden nicht nur die Fabel der Papisten über die Transsubstantiation, sondern alle geistlosen Erdichtungen und eitlen Spitzfindigkeiten verworfen, die entweder der himmlischen Herrlichkeit Christi Abbruch tun oder mit der Wahrheit seiner menschlichen Natur unvereinbar sind. Denn für ebenso unsinnig wie die Verwandlung des Brots in seinen Leib halten wir es, Christus unter dem Brot zu lokalisieren oder mit dem Brot zu verbinden.

Artikel 25. Christi Leib ist im Himmel als an einem bestimmten Ort. Damit keine Unklarheit bleibt: Wenn wir sagen, dass Christus im Himmel zu suchen ist, so bezeichnet diese Redeweise für uns klar den räumlichen Abstand und gibt dem Ausdruck. Obwohl nämlich, philosophisch geredet, über den Himmeln kein Raum ist, muss er doch durch solchen räumlichen Abstand von uns getrennt sein, wie der Himmel von der Erde getrennt ist. Denn der Leib Christi ist begrenzt, so wie es die Natur und Art des menschlichen Leibes mit sich bringt, und er wird vom Himmel wie von einem Raum umschlossen.

Artikel 26. Christus darf nicht im Brot oder überhaupt im Sakrament anbetend verehrt werden. Wenn es unrecht ist, Christus durch unsere Einbildung dem Brot oder Wein anzuheften, so ist es noch viel weniger erlaubt, ihn im Brot anbetend zu verehren. Denn obschon uns das Brot dargereicht wird als Wahrzeichen und Pfand für unsere Gemeinschaft mit Christus, ist es doch [nur] Zeichen und nicht die Sache selbst, und so hat es diese Sache nicht in sich eingeschlossen oder an sich geheftet. Wer seine Sinne darauf richtet, um Christus zu verehren, der macht daraus einen Götzen.

---

1 Genfer Katechismus von 1545, in: CStA 2,112–119.

2 CStA 2,118–125.

3 CStA 2,124–131.

4 Consensus Tigurinus (1549), in: CStA 4,14–27. Im Zürcher Konsens, der in der Hauptsache von Calvin verfasst wurde, haben die auf Zwingli zurückgehende deutschschweizer und die Genfer Reformation zu einem gemeinsamen Sakramentsverständnis gefunden.

# 10 Gottes Gebote

In deutlicher Unterscheidung zu den Akzentuierungen Luthers erarbeitet sich Calvin ein Verständnis der Gesetze Gottes, das diese primär im Sinne von Geboten deutet. Dabei zeigt er ihren positiven, lebenspraktischen Sinn auf. Seit 1539 versteht er die Gebote in erster Linie als Anleitung zu einem verantwortlichen christlichen Leben (»usus in renatis«) und weist damit einen Weg in der Zuordnung von Evangelium und Gesetz, der für die reformierte Theologie der Neuzeit prägend wird. Diese Würdigung von Gottes Geboten zieht sich wie ein roter Faden sowohl durch Calvins Lehrbücher als auch durch seine Auslegung der Bibel, hier besonders der Psalmen. Calvin steht der von seiner Sündenlast durch Christi Tod und Auferstehung erlöste und zu einem neuen Leben in der Dankbarkeit befreite Mensch vor Augen, dem eine Richtschnur für ein Leben in der Gemeinschaft mit Christus und seinen Mitmenschen an die Hand gegeben wird. Diese Lebensantwort des Befreiten geschieht nicht unter dem Zwang einer Notwendigkeit, sondern ist Ausdruck eines bereitwilligen und fröhlichen Tuns »aus freien Stücken« (Inst. III,19,4). Gerade so macht der Mensch von der Freiheit Gebrauch, im Recht zu leben. Facettenreich sind die Bedeutungen, die Calvin den einzelnen Geboten einschließlich des Doppelgebots der Liebe entnimmt. Über diesen steht einerseits die Erinnerung, dass die Gebote einen Akt der Befreiung zur Voraussetzung haben (Ex 20,2), und andererseits das Anliegen des 1. Gebotes, das die freie Souveränität des dreieinigen Gottes in den Mittelpunkt rückt, durch die andere Machtansprüche relativiert und begrenzt werden.

## *Gottes Gebote studieren* (zu Psalm 1,1–3, 1557)[1]

[V. 1f.] »Glücklich der Mann, der sich nicht im Rat der Gottlosen bewegt, der nicht auf dem Weg der Frevler stehen bleibt, noch auf dem Stuhl der Spötter sitzt, sondern der sein Verlangen auf das Gesetz des Herrn richtet und über dessen Gesetz Tag und Nacht nachsinnt.« Dass es den treuen Liebhabern Gottes, die sich unablässig darum mühen, im [Studium] seines Gesetzes Fortschritte zu machen, immer gut ergehen wird, ist, wie ich oben erwähnt habe, der wichtigste Satz [des Psalms]. Denn weil die Welt ihre Einfalt meistens verlacht, wie wenn ihre Mühe nur ein vergebliches Spiel wäre, tun sie gut daran, sich mit dem Schild zu rüsten, dass ohne Gottes Segen alle Sterblichen bejammernswert sind. Gott zeigt sich in der Tat nur den Schülern seines Wortes geneigt. Nun hat in der Welt jedoch das Verderben von jeher in einem solchen Maß überhand genommen, dass die allenthalben übliche Lebensweise fast immer ein Abfall vom göttlichen Gesetz war. Ehe der [Psalmist] daher die Schüler des Gesetzes glücklich preist, rät er ihnen dringend, sich davor zu hüten, dass die Gottlosigkeit der Menge sie nicht mit sich fortreißt. Denn wenn er sich zu Anfang feierlich gegen die Bösen verwahrt, weist er darauf hin, dass niemand sich mit Herz [und Verstand] in die Betrachtung des göttlichen Gesetzes vertiefen kann, ohne sich zuvor von der Gesellschaft der Gottlosen abzuwenden, ja sich von ihnen zu trennen. Das ist allemal eine nützliche Ermahnung, sehen wir doch, wie unbedacht sich fast alle in die Schlingen des Teufels stürzen, wie wenige sich nicht einmal vor lasterhaften Verlockungen in acht nehmen. Wer also sicher gehen will, muss im Auge behalten, dass die Welt voll ist von unheilbringenden Verführungen. Deshalb ist der erste Schritt auf dem Weg zu einer geradlinigen Lebensführung die Absage an den Umgang mit Gottlosen, der uns sonst mit ihren Lastern anstecken würde. Wenn nun aber der [Psalmist] den Frommen an vorderster Stelle gebietet, sich vor solch schädlichen Hindernissen in Acht zu nehmen, sollen wir uns auch an diese Regel halten. […]

Im zweiten Vers preist [der Psalmist] nicht einfach, wie sonst, die Gottesfürchtigen glücklich, sondern macht die intensive Beschäftigung mit dem Gesetz zum Kennzeichen der Frömmigkeit. Daraus sollen wir lernen, dass Gott nur dann so verehrt wird, wie es ihm zusteht, wenn man seinem Wort gehorcht. Deshalb darf sich auch nicht jedermann die Religion nach seinem eigenen Belieben zurechtlegen, sondern der Maßstab der Frömmigkeit muss aus Gottes Wort erhoben werden. Wenn hier nur vom Gesetz die Rede ist, darf das jedoch nicht so verstanden werden, als ob der Rest der Schrift bedeutungslos wäre. Da vielmehr die ganze Schrift nur eine ausführliche Darlegung des Gesetzes gewesen ist, wird auch hier im Haupt der ganze Leib mitumfasst. Der [Psalmist] legt uns also das Gesetz mit allem, was dazu gehört, ans Herz, andernfalls könnte tatsächlich nicht stimmen, was wir eingangs über seine Absicht gesagt haben: den Gläubigen auch zum Lesen der Psalmen Lust zu machen. Wenn er also an erster Stelle fordert, dass sich das Verlangen der Frommen auf das Gesetz des Herrn richte, gibt er uns damit zu verstehen, dass Gott an einem erzwungenen und knechtischen Dienst am allerwenigsten Gefallen hat, dass vielmehr nur die zu Schülern des Gesetzes taugen, die mit heiterem Gemüt an die Sache herangehen und an diesem Lehrstück solche Freude haben, dass sie nichts Lieberes und Angenehmeres treiben wollen, als darin Fortschritte zu machen. Aus solcher Liebe zum Gesetz geht dann das unermüdliche Nachsinnen darüber hervor, was der Psalmist alsbald folgen lässt. Denn jeder, der sich von dieser Liebe tatsächlich anrühren lässt, kann gar nicht anders, als sich auch gern in [den Vorschriften] des Gesetzes zu üben.

[V. 3] »Und er wird sein wie ein Baum gepflanzt über Wasserbächen, der seine Frucht bringen wird zu seiner Zeit. Und sein Laub wird nicht herabfallen, und was immer er tut, das wird gelingen.« Mit einem Gleichnis erläutert [der Psalmist] den vorangegangenen Vers und bestätigt ihn damit zugleich. Denn er zeigt, in welchem Sinne man die Gottesfürchtigen glücklich schätzen darf: Sie genießen nicht nur für einen Augenblick eine flüchtige und eitle Fröhlichkeit, sondern ihr Glück hat Bestand. [Diesem Bild] liegt jedoch ein stillschweigender Gegensatz zugrunde zwischen der Lebenskraft eines an wasserreichem Ort gepflanzten Baumes und dessen vergehender Schönheit, die zwar in prächtigem Grün erblüht, doch wegen der Unfruchtbarkeit des Bodens schnell verdorrt. Denn in Psalm 37,35 werden wir sehen, dass bisweilen auch Gottlose wie Zedern des Libanon aussehen. Sie genießen im Überfluss jede Fülle an Reichtum und Ehre, so dass ihnen nichts zu ihrem gegenwärtigen Glück fehlt. Doch wenn sie auch noch so sehr in die Höhe schießen und ihre Zweige in die Länge und Breite ausstrecken, so schwindet und vergeht doch ihre ganze Zierde, ja sie verwelkt, weil sie unter der Erde keine Wurzel treiben und ihnen auch die Feuchtigkeit fehlt, aus der sie Saft ziehen könnten. Es ist also allein der Segen Gottes, der uns in einem gedeihlichen Zustand erhält. Wer freilich aus diesem Gleichnis den Schluss ziehen wollte, dass die Gläubigen ihre Früchte [nur deshalb] zur rechten Zeit bringen, weil sie in ihrer Klugheit [den Zeitpunkt] erkennen, wann es erfolgreich zu handeln gilt, der argumentiert meiner Ansicht nach spitzfindig und geht am Sinn des [Psalmisten] vorbei. Denn er hat ja nur [sagen] wollen, dass die Kinder Gottes ununterbrochen in Blüte stehen und durch Gottes verborgene Gnade fortwährend bewässert werden, so dass alles, was ihnen widerfährt, ihnen auch als Mittel zu ihrem Heil dienen muss, während die Gottlosen ein plötzliches Unwetter mit sich reißt oder übermäßige Hitze sie umkommen lässt. Wenn es jedoch heißt, dass [der Fromme] Frucht bringt zu seiner Zeit, so zielen diese Worte auf das richtige Reifestadium. Denn die Gottlosen mögen wohl frühreife Früchte zur Schau stellen, doch bringen sie nur Fehlgeburten hervor.

## *Freude an Gottes Geboten* (zu Psalm 19,7f., 1557)[2]

»Das Gesetz des Herrn [ist vollkommen].« […] Wenn [der Psalmist] das Zeugnis des Herrn verlässlich nennt, so ist das eine Wiederholung des vorangegangenen Satzes, so dass die Vollständigkeit des Gesetzes und die Zuverlässigkeit bzw. Wahrheit des Zeugnisses dasselbe bedeuten. Denn sobald wir uns von Gottes Wort regieren lassen, besteht keine Gefahr, auf Abwege zu geraten, weil der Herr die Seinen auf diesem Weg sicher zum Heil führt. Die Unterrichtung in Weisheit scheint als eine Art Grundlage für die Erneuerung der Seele hinzugefügt zu sein. Denn Erkenntnis ist ihre vorzüglichste Fähigkeit. Wir müssen sie, wie David lehrt, aus dem Gesetz gewinnen, weil wir sie von Natur aus nicht haben. Denn mit den Geringen bezeichnet er nicht nur eine bestimmte Art von Menschen, als ob die anderen für sich schon weise genug wären, sondern erinnert zu-

nächst daran, dass niemand mit der Gabe des richtigen Erkenntnisvermögens ausgestattet ist, solange er im Gesetz Gottes keine Fortschritte gemacht hat. Zugleich zeigt er damit auch, was für Schüler Gott haben will: solche, die sich selbst zu Toren machen [I Kor 1,27] und sich in den Stand von Kindern versetzen lassen, damit ihr eigensinniger Hochmut sie nicht daran hindert, sich bis ins Innerste gelehrig Gottes Wort zu fügen.
»Die Befehle des Herrn [sind recht].« [Der Psalmist] scheint nur etwas ganz Selbstverständliches zu sagen, wenn er die Befehle des Herrn richtig nennt. Sobald man jedoch den Gegensatz zwischen der Geradlinigkeit des Gesetzes und den gewundenen Wegen betrachtet, in die sich Menschen verstricken, wenn sie nur ihrem Eigensinn folgen, dann wird man erkennen, dass dieses Lob großes Gewicht hat. Wir wissen ja, wie sehr ein jeder von sich selbst eingenommen ist und wie schwer es fällt, das Vertrauen auf falsche Klugheit aus unseren Herzen zu tilgen. Es ist daher eine eindrückliche Lehre, dass sich das Leben eines Menschen nur dann in geordneten Bahnen führen lässt, wenn wir es nach Gottes Gesetz gestalten, ohne [dessen Leitung] es sich immer in zweideutigem Schwanken verirrt.
An zweiter Stelle fügt er hinzu, dass Gottes Befehle das Herz erfreuen. Denn es gibt sonst keine beständige Freude als die eines guten Gewissens, und die genießen wir erst dann, wenn wir fest davon überzeugt sind, dass unser Leben Gottes Wohlgefallen findet. Zwar kommt der Friede [des Gewissens] aus dem Glauben, der uns ohne eigenes Verdienst mit Gott versöhnt. Doch haben die frommen Verehrer Gottes auch darin eine Quelle unschätzbarer Freude, dass sie wissen: Sie mühen sich nicht planlos oder umsonst ab, weil Gott ihre Lebensführung beurteilt und billigt. Kurzum, [David] stellt diese Freude allen üblen Verführungen und Lustbarkeiten gegenüber, die unglückliche Seelen ins Verderben locken, wie um zu sagen: Wer an der Sünde Gefallen findet, zieht eine vielfache Last von Betrübnis und Kummer auf sich herab, reine Freude aber gewinnt man nur über dem Eifer um Gottes Gesetz. Wenn er vollends am Ende des Verses feststellt, dass die Richtschnur des göttlichen Gebotes lauter ist und die Augen erleuchtet, so deutet er damit an, dass man nur in Verkennung dessen die Unterscheidung von Gut und Böse anderswoher erlernen kann, weil alles, was Menschen von sich aus hier beimischen wollen, die Reinheit des Lebens mit ihrem Unrat übertüncht. Denn sie sind bei all ihrem Scharfsinn blind und tappen ständig im Dunkeln umher, bis sie ihre Augen zum Licht der himmlischen Gelehrsamkeit wenden. Folglich darf man nur die mit Fug und Recht weise [nennen], die Gott als ihrem Anführer und Lehrmeister folgen und auf den Frieden bedacht sind, den er [ihnen] mit seinem Wort voranträgt.
Indessen erhebt sich hier eine gar nicht leicht [zu beantwortende] Frage, weil Paulus die von David vorgetragenen Lobreden [offenbar] von Grund auf aus den Angeln hebt. Denn wie soll sich dies beides zusammenreimen: dass das Gesetz die Seele neu belebt und doch ein toter, unheilvoller Buchstabe ist [II Kor 3,6], dass es die Herzen froh macht und doch

schreckliche Angst einjagt, weil es einen Geist der Knechtschaft mit sich führt [Röm 8,15], dass es die Augen erleuchtet und doch wie mit einem Schleier widerspruchsvoll das innere Licht unterdrückt [II Kor 3,13]? Zunächst allerdings müssen wir im Gedächtnis behalten, woran ich eingangs [zu Ps 19,7] erinnert habe: David spricht hier nicht von nackten Geboten, sondern hat den ganzen Bund im Blick, durch den Gott die Kinder Abrahams zu seinem Volk angenommen hatte. Deshalb verbindet er mit den Regeln eines guten Lebens die aus Gnade hinzugefügten Verheißungen unseres Heils, ja sogar Christus selbst, in dem diese Annahme ihr Fundament hat. Paulus aber berührt hier lediglich den Mose-Dienst, weil er es mit verkehrten Auslegern des Gesetzes zu tun hatte, die es von Geist und Gnade Christi abzutrennen versuchten. Und es steht ja fest, dass das Gesetz, wenn es nicht durch den Geist Christi lebendig gemacht wird, für seine Schüler nicht nur nutzlos, sondern sogar tödlich ist. Denn losgelöst von Christus herrscht in ihm nur eine unerbittliche Strenge, die das ganze Menschengeschlecht dem Zorn Gottes und seinem Fluch unterwirft [Gal 3,13]. Dann aber setzt sich bei uns die Rebellion des Fleisches fort, die den Hass auf Gott und sein Gesetz in uns schürt, so dass es bei jener traurigen Knechtschaft und ihrem Schrecken bleibt. Diese grundverschiedene Auffassung des Gesetzes also erzeugt leicht den Schein eines Widerspruchs zwischen dem, was David und Paulus ausführen. Paulus hat die Absicht zu zeigen, was das Gesetz für sich allein uns bieten kann, sofern es ohne die Verheißung der Gnade in Strenge fordert, was wir Gott schulden. David hingegen vertraut uns die ganze Lehre des Gesetzes an, mit der das Evangelium übereinstimmt, und schließt deshalb Christus in sie ein.

### *Die wichtigste Anwendung des Gesetzes* (Institutio, 1559)[3]

(Institutio II,7,12). Die dritte Anwendung des Gesetzes ist nun die wichtigste und bezieht sich näher auf seinen eigentlichen Zweck: Sie geschieht an den Gläubigen, in deren Herz Gottes Geist bereits zu Wirkung und Herrschaft gelangt ist. Ihnen ist zwar mit Gottes Finger das Gesetz ins Herz geschrieben, ja eingemeißelt; das bedeutet: Sie sind durch die Leitung des Geistes innerlich so gesinnt und gewillt, dass sie Gott gern gehorchen möchten. Aber trotzdem haben sie noch einen doppelten Nutzen vom Gesetz.

Denn es ist (1) für sie das beste Werkzeug, durch das sie von Tag zu Tag besser lernen, was des Herrn Wille sei, nach dem sie ja verlangen, und durch das sie auch in solcher Erkenntnis gefestigt werden sollen. Wenn ein Knecht auch noch so sehr von ganzem Herzen danach trachtet, sich bei seinem Herrn recht zu bewähren, so hat er es doch noch immer nötig, die Eigenart seines Herrn genauer zu erforschen und zu beachten, der er sich ja recht anpassen will. So ist es auch bei den Gläubigen. Von dieser

Notwendigkeit kann sich niemand von uns frei machen; denn keiner ist schon so weit in der Weisheit vorgedrungen, dass er nicht durch die tagtägliche Erziehungsarbeit des Gesetzes neue Fortschritte zur reineren Erkenntnis des Willens Gottes machen könnte.

Wir bedürfen aber nicht nur der Belehrung, sondern auch (2) der Ermahnung; und auch den Nutzen wird der Knecht Gottes aus dem Gesetze ziehen, dass er durch dessen häufige Betrachtung zum Gehorsam angetrieben, in ihm gestärkt und von dem schlüpfrigen Weg der Sünde und des Ungehorsams weggezogen wird. Eines solchen Antriebs bedürfen die Heiligen durchaus; denn sie mögen zwar nach dem Geiste mit noch solchem Eifer nach der Gerechtigkeit Gottes sich ausstrecken – es belastet sie doch immer noch die Trägheit des Fleisches, so dass sie nicht mit der erforderlichen freudigen Bereitwilligkeit ihren Weg gehen! So ist das Gesetz für das Fleisch gleich einer Geißel, die es wie einen faulen und langsamen Esel zur Arbeit treibt, ja auch für den geistlichen Menschen, der von der Last des Fleisches noch nicht ledig ist, ist es immerzu ein Stachel, der ihm nicht zu ruhen gestattet. Sicherlich dachte David an diese [dritte] Anwendung des Gesetzes, wenn er schrieb: »Das Gesetz des Herrn ist vollkommen und erquickt die Seele; die Befehle des Herrn sind richtig und erfreuen das Herz; die Gebote des Herrn sind lauter und erleuchten die Augen« (Ps 19,8f.). Oder auch: »Dein Wort ist meines Fußes Leuchte und ein Licht auf meinem Wege« (Ps 119,105) und unzählige andere Worte in diesem ganzen [119.] Psalm. Diese Worte stehen nicht mit denen des Paulus im Widerspruch. Denn in ihnen ist ja nicht von der Anwendung des Gesetzes gegenüber den Wiedergeborenen die Rede, sondern von der Frage, was das Gesetz dem Menschen an und für sich zu helfen vermöchte. Hier dagegen besingt der Prophet, wie viel Segen uns der Herr zuteil werden lässt, wenn er Menschen, denen er innerlich die Bereitschaft zum Gehorsam eingegeben hat, dadurch erzieht, dass sie sein Gesetz lesen dürfen; und dabei gedenkt er nicht allein der Gebote, sondern auch der ihnen beigegebenen Gnadenverheißung, die allein das Bittere süß machen kann. Denn was ist weniger liebenswert als das Gesetz, wenn es bloß durch Forderungen und Drohen das Herz erschreckt und mit Angst bedrängt? Vor allem aber zeigt David, dass er im Gesetz den Mittler kennen gelernt hat, ohne den keine Freude und keine Erquickung aufkommen können.

(Institutio II,7,13). Diesen Unterschied kennen einige unerfahrene Leute nicht, und deshalb verwerfen sie grimmig das ganze Gesetz und lassen beide Tafeln fahren; denn es ist nach ihrer Meinung mit dem Wesen eines Christen nicht vereinbar, einer Lehre anzuhangen, die doch das »Amt des Todes« in sich trägt. Aber solch eine gottlose Meinung soll ferne von unserem Herzen sein; denn Mose lehrt selbst sehr klar, dass das Gesetz zwar bei den Sündern nichts als den Tod erzeugen kann, aber bei den Heiligen doch eine besondere und herrlichere Anwendung finden müsse. So gebot er dem Volke unmittelbar vor seinem Tod: »Nehmet zu Herzen alle Worte, die ich euch heute bezeuge, dass ihr sie euren Kindern befehlet und sie lehret halten und tun alle Worte dieses Gesetzes; denn es ist nicht ein vergebliches Wort an euch, sondern es ist euer Leben« (Dtn 32,46f.). Wenn wirklich unleugbar im Gesetz ein vollkommenes Urbild der Gerechtigkeit vor uns hintritt, so haben wir notwendig entweder gar keine Richtschnur für ein rechtes, gerechtes Leben – oder aber es ist unrecht, von diesem Gesetz zu weichen. Denn es gibt ja nicht mehrere solcher Maßstäbe, sondern nur einen, der dauernd und unwandelbar in Geltung ist. Wenn also David zeigt, wie das Leben des Gerechten in steter Betrachtung des Gesetzes besteht (Ps 1,2), so sollen wir das nicht auf ein bestimmtes Zeitalter beziehen, denn das geziemt sich sehr wohl zu allen Zeiten bis zum Ende der Welt! Deshalb sollen wir uns nicht von der Unterweisung im Gesetz abwenden oder vor ihr die Flucht ergreifen, etwa unter Berufung darauf, dass es uns ja eine viel vollkommenere Heiligkeit gebietet, als wir sie je zu leisten vermögen, solange wir das Gefängnis unseres Fleisches mit uns herumtragen. Denn es wirkt an uns nicht wie ein harter Treiber, der nur zufrieden ist, wenn das volle Maß erreicht ist, sondern es zeigt uns bei aller Ermahnung zur Vollkommenheit das Ziel, zu dem alle Zeit unseres Lebens zu laufen nützlich und unseres Amtes ist. Lassen wir in diesem Lauf nicht ab, so ist es gut. Denn dies ganze Leben ist ein Lauf auf der Kampfbahn; haben wir diesen Lauf vollendet, so wird uns der Herr schenken, dass wir jenes Ziel, auf welches wir jetzt noch von ferne unser Sinnen und Trachten richten, erreichen!

(Institutio II,8,9). Der Satz: Wenn das Gute geboten wird, so ist damit das Gegenteil, nämlich das Böse, verboten, bedarf keines Beweises; seine Richtigkeit gesteht jedermann zu. Auch dass mit dem Verbot des Bösen das Gegenteil als Pflicht befohlen wird, wird man allgemein ohne Widerspruch annehmen. Dass Tugenden dadurch gepriesen werden, dass ihr Gegenteil als Laster verdammt wird, ist gewöhnliche Meinung. Aber wir verlangen noch etwas mehr, als diese Redensarten gemeinhin bedeuten. Denn unter der Tugend, die dem Laster entgegensteht, begreift man gemeinhin bloß die Enthaltung von dem betreffenden Laster; nach meiner Meinung ist darunter aber mehr zu verstehen: nämlich die tatsächliche Leistung der [dem Laster entgegen gesetzten] pflichtmäßigen Aufgabe! So versteht der gewöhnliche Menschenverstand unter der Forderung des Gebotes: »Du sollst nicht töten« nur dies, dass man sich von jeder Freveltat und auch der Lust dazu zu enthalten habe. Ich meine aber, dass außerdem noch damit gesagt ist: Wir sollen unseres Nächsten Leben mit allen uns zu Gebote stehenden Mitteln erhalten. Das soll nicht ohne Begründung ausgesprochen sein. Denn Gott verbietet, den Bruder zu verletzen oder ihm Gewalt anzutun, weil nach seinem Willen dessen Leben uns teuer und wert sein soll; also fordert er zugleich auch den Dienst der Liebe zur Erhaltung dieses Lebens! Und so werden wir immer aus der Absicht eines Gebotes erkennen können, was wir zu tun oder zu lassen haben!

(Institutio II,8,13). »Erstes Gebot. Ich bin der Herr, dein Gott, der ich dich aus Ägyptenland, aus dem Diensthause geführt habe; du sollst nicht andere Götter haben neben mir.« [Ex 20,2f.] Ob man den ersten Satz zu einem Teil des ersten Gebotes macht oder ihn für sich allein liest, ist mir gleichgültig; nur soll man mir nicht abstreiten, dass er eine Art Vorrede auf das ganze Gesetz darstellt. Wenn Gesetze gegeben werden, so ist zu allererst darauf zu sehen, dass sie nicht bald in Verachtung geraten und abgetan werden. So sorgt auch Gott zunächst dafür, dass die Würde seines Gesetzes, wie er es gibt, nicht der Geringschätzung anheimfalle; so macht er es mit einer dreifachen Begründung unverletzlich. Er misst sich erstens die Macht und das Recht bei, zu befehlen, um das erwählte Volk zu unbedingtem Gehorsam zu verpflichten. Dann gibt er zweitens seine Gnadenverheißung, um durch deren Süßigkeit das Volk zum Trachten nach der Heiligkeit zu locken. Und er erinnert drittens an seine bereits geschehene Wohltat, um die Juden ihrer Undankbarkeit zu überführen, wenn sie sich nicht so verhielten, wie es seiner Güte angemessen war. Der Name »Herr« bezeichnet sein Herrschaftsrecht und seine Gewalt. Wenn von ihm alle Dinge sind und auch alle Dinge in ihm ihr Dasein haben, so muss auch alles auf ihn bezogen werden, wie Paulus sagt (Röm 11,36). So werden wir durch dies eine Wort voll und ganz unter das Joch der göttlichen Majestät gebracht; denn es wäre ja ungeheuerlich, wollten wir uns der Gewalt dessen entziehen, außer dem wir gar nicht sein können!

(Institutio II,8,14). So hat sich der Herr als der erzeigt, der das Recht hat zu gebieten und dem man gehorchen muss. Aber er will nicht, dass wir uns allein gezwungen fühlen sollen, und deshalb lockt er uns freundlich und nennt sich den Gott seiner Kirche. Denn dieser Satz [»Ich bin der Herr, dein Gott«] bezeichnet eine gegenseitige Beziehung, wie sie in der Verheißung ausgesprochen ist: »Ich will ihr Gott sein, und sie sollen mein Volk sein« (Jer 31,33). So erweist ja auch Christus die Unsterblichkeit Abrahams, Isaaks und Jakobs daraus, dass der Herr sich als ihr Gott bezeugt hat (Mt 22,32). Es ist also, als ob er spräche: Ich habe mir euch als Volk erwählt, dem ich nicht nur in diesem Leben Gutes tun, sondern auch die Seligkeit des ewigen Lebens zuteil werden lassen will. Wohin das führen soll, bemerkt das Gesetz an verschiedenen Stellen. Hat uns der Herr solcher Barmherzigkeit für wert geachtet, zu seinem Volke zu gehören, so gilt auch, was Mose sagt: »Er hat uns erwählt, dass wir ihm sein sollten ein Volk des Eigentums, ein heiliges Volk, und dass wir halten sollen seine Gebote« (Dtn 7,6; 14,2; 26,18f.). Daraus ergibt sich auch die Mahnung: »Ihr sollt heilig sein, denn ich bin heilig« (Lev 19,2). Aus diesen zwei Zeugnissen ergibt sich dann auch der Vorwurf bei dem Propheten Maleachi: »Ein Sohn soll seinen Vater ehren und ein Knecht seinen Herrn. Bin ich nun Vater, wo ist meine Ehre? Bin ich Herr, wo fürchtet man mich?« (Mal 1,6).

(Institutio II,8,15). Ferner gedenkt Gott der Wohltat, die er dem Volke erwiesen hat. Das hat umso größere Kraft, uns zum Gehorsam zu bringen, als selbst unter den Menschen die Undankbarkeit als schlimmer Frevel gilt. Zwar erinnerte Gott das Volk Israel an dieser Stelle an eine ihm neuerdings widerfahrene Wohltat, die aber wegen ihrer wundersamen Größe in alle Zeit denkwürdig und auch noch den Nachfahren gegenüber in Kraft bleiben sollte. Sie eignet sich aber zudem auch ganz besonders zur Anwendung auf die vorliegende Sache. Denn der Herr deutet an, dass sein Volk von der elenden Knechtschaft dazu frei geworden ist, dass es nun seinen Befreier in freudiger Bereitschaft gehorsam verehre. Um uns bei der rechten Verehrung zu halten, die ihm allein zukommt, pflegt er sich aber auch bestimmte Namen beizulegen, um seine heilige göttliche Majestät von allen Götzen und allen ersonnenen Göttern zu unterscheiden. Denn wir sind ja – wie ich bereits zeigte – dermaßen zur Eitelkeit und Vermessenheit geneigt, dass wir den Namen »Gott« gar nicht hören können, ohne notwendig gleich auf irgendein leeres Hirngespinst zu verfallen. Gegen dies Übel will nun Gott selber Abhilfe schaffen; und deshalb ziert er seine Gottheit mit bestimmten Titeln und setzt uns gewissermaßen einen Zaun, damit wir nicht hin- und herschweifen und uns vermessen irgendeinen neuen Gott erdenken, also den lebendigen Gott verlassen und uns selber ein Götzenbild aufrichten! Wenn deshalb die Propheten Gott besonders bezeichnen wollen, so umkleiden, ja umschließen sie ihn gewissermaßen mit den Kennzeichen, unter denen er sich dem Volke Israel offenbart hatte. Wenn er der »Gott Abrahams, Isaaks und Jakobs« genannt wird (Ex 3,6), wenn man seine Wohnung im Tempel zu Jerusalem unter den Cherubim sucht (Am 1,2; Hab 2,20; Ps 80,2; 99,1; Jes 37,16), so binden ihn derartige Ausdrücke nicht etwa an einen Ort oder an ein Volk; sie dienen vielmehr nur dazu, die Gedanken der Gläubigen unbeweglich auf den Gott zu richten, der sich in seinem Bunde, den er mit Israel schloss, dergestalt dargestellt hat, dass man von diesem Bilde unter keinen Umständen mehr abweichen darf.

Das muss indessen festgehalten werden: Jene Erlösung [aus der Knechtschaft] wird erwähnt, damit die Juden sich in größerer Bereitwilligkeit Gott hingeben sollten, der sie sich nach seinem Rechte erkauft hatte. Wir sollen indessen nicht meinen, diese Erlösung ginge uns nichts an; und deshalb müssen wir in Betracht ziehen, dass die ägyptische Knechtschaft Israels ein Vorbild der geistlichen Gefangenschaft ist, in der wir alle uns befinden, bis uns der himmlische Befreier durch die Gewalt seines Arms losmacht und in das Reich der Freiheit führt. Wie also Gott einstmals die Israeliten aus der untragbaren Herrschaft des Pharao, die sie bedrückte, herausriss, um sie aus ihrer Zerstreuung zur Anbetung seines Namens zu versammeln, so schützt er auch heute alle die, als deren Gott er sich bezeugt, vor der furchtbaren Gewalt des Teufels, für die jene leibliche Knechtschaft ein Abbild war. Deshalb müsste doch jeder in seinem Herzen entbrennen, dies Gesetz zu hören, wenn er vernimmt, dass es von dem höchsten Herrn gegeben ist, von dem doch alles seinen Ursprung hat und in dem nun billigerweise auch alles sein Ziel sehen soll, nach dem

es sich bestimmen lassen und ausrichten muss! Da müsste doch jeder von der Liebe zu diesem Gesetzgeber durchdrungen werden, wenn er hört, dass er dazu erwählt ist, seine Gebote zu halten, die Gebote dieses Gesetzgebers, von dessen Freundlichkeit er alles Gute im Überfluss, ja auch die Herrlichkeit des ewigen Lebens erwartet, durch dessen wunderbare Kraft er sich doch aus dem Rachen des Todes gerissen weiß!
(Institutio II,8,16). Nachdem also Gott die Autorität seines Gesetzes begründet und fest ausgerichtet hat, gibt er das erste Gebot: dass wir keine anderen Götter haben sollen »vor ihm«. Der Zweck dieses Gebotes ist der: Gott will in seinem Volke ganz allein groß sein und sein Recht voll und ganz ausüben. Dazu soll nach seinem Gebot alle Unfrömmigkeit von uns weichen und aller Aberglaube, der die Herrlichkeit seiner göttlichen Majestät mindert oder verfinstert. Und aus dem gleichen Grunde gebietet er uns, ihn mit wahrer Frömmigkeit zu verehren und anzubeten. Das ergibt sich schon aus dem schlichten Wortsinn; denn wir können ihn nicht zum Gott haben, ohne ihm zugleich alles zuzueignen, was ihm gehört. Wenn er uns also verbietet, andere Götter zu haben, so macht er uns damit kund: Wir sollen nicht das, was ihm eigen ist, auf einen anderen übertragen. Was wir Gott schuldig sind, ist nun zwar sehr mannigfaltiger Art; aber es lässt sich doch recht gut auf vier Hauptstücke zusammenfassen. Das ist (1) die Anbetung, zu der gewissermaßen als Zusatz der geistliche Gehorsam im Gewissen kommt, dann (2) das Vertrauen, (3) die Anrufung und endlich (4) die Danksagung. (1) Unter Anbetung verstehe ich die Huldigung und Verehrung, die wir ihm alle erweisen, wenn wir uns seiner Größe unterwerfen. Deshalb ist es auch begründet, wenn ich die Unterwerfung unseres Gewissens unter sein Gesetz zu einem Stück dieser Anbetung machte. (2) Das Vertrauen ist die gewisse Zuversicht unseres Herzens zu ihm, wie wir sie gewinnen, wenn wir ihn und seine herrlichen Tugenden recht erkennen, wenn wir bei ihm allein Weisheit und Gerechtigkeit, Macht, Wahrheit und Güte suchen und in der Gemeinschaft mit ihm allein unsere Seligkeit sehen. (3) Die Anrufung geschieht, indem unser Herz in aller Not, die uns umdrängen mag, zu seiner Treue als einziger Hoffnung sich flüchtet. (4) Die Danksagung ist der Ausdruck unserer Dankbarkeit, die ihm allein Lob und Preis für all seine Guttaten darbringt. Denn der Herr will dies alles keinem anderen geben und gebietet uns deshalb, es ihm allein darzubringen!
Es ist auch keineswegs genug, uns bloß vor allen fremden Göttern zu hüten, nein, wir sollen ihm wirklich anhangen; es finden sich ja nichtswürdige Gottesverächter, die über alle und jede Religion in Bausch und Bogen ihren Spott ausgießen! Wollen wir dies Gebot recht halten, so muss wahre Gottesverehrung in uns schon da sein, die uns dahin treibt, uns dem lebendigen Gott gänzlich zu ergeben. Ist uns auf solche Weise die Erkenntnis Gottes zuteil geworden, so sollen wir in unserem ganzen Leben nur dies eine als unser Ziel im Auge haben, seine Majestät zu achten, zu ehren, zu verehren, an seinen Gütern teilzuhaben, alle Hilfe bei ihm zu

suchen, die Größe seiner Werke zu erkennen und recht zu preisen! Dann sollen wir auch allem bösen Aberglauben aus dem Wege gehen, der das Herz von Gott abbringt und es bald hierhin, bald dorthin zu allerlei Göttern zerrt. Wollen wir wirklich an dem einen Gott unser Genüge haben, so müssen wir, wie gesagt, alle erdichteten Götter fahren lassen und uns hüten, den Gottesdienst, den er sich doch allein vorbehalten hat, zu zertrennen. Denn es darf von seiner Ehre auch nicht das Geringste genommen werden, sondern er muss wirklich empfangen, was ihm zukommt.

## *Befreit und verpflichtet* (Genfer Katechismus, 1537)[4]

Im Gesetz Gottes ist uns eine vollkommene Regel aller Gerechtigkeit gegeben. Man kann sie mit gutem Grund den ewigen Willen des Herrn nennen, denn er hat darin auf zwei Tafeln vollständig und deutlich alles umfasst, was er von uns fordert. Auf der ersten hat er uns mit wenigen Geboten vorgeschrieben, welche Verehrung seiner Majestät wohlgefällig ist; auf der anderen, welcher Art die Pflichten der Nächstenliebe sind, die wir dem Nächsten schulden. Hören wir es also und sehen dann, welche Lehre wir daraus entnehmen und welche Frucht wir daraus gewinnen sollen.

»Ich bin der Herr, dein Gott, der ich dich aus dem Lande Ägypten, aus dem Sklavenhause herausgeführt habe; du sollst keine anderen Götter vor meinem Angesicht haben.« [Ex 20,2f.] Der erste Teil dieses Gebotes ist so etwas wie ein Eingangswort zum ganzen Gesetz; denn wenn Gott sich äußert, er sei der Herr, unser Gott, so erklärt er sich als der, welcher das Recht zum Gebieten hat und dessen Gebot Gehorsam heischt. So spricht er durch seinen Propheten: »Bin ich Vater, wo ist die Liebe? Bin ich Herr, wo ist die Furcht von mir?« [Mal 1,6]. Entsprechend vergegenwärtigt er seine Wohltat, wodurch unsere Undankbarkeit nachgewiesen ist, wenn wir seiner Stimme nicht gehorchen. Denn mit derselben Güte, mit der er einst das jüdische Volk aus der Knechtschaft geführt hat, befreit er auch alle seine Knechte aus dem immerwährenden Ägypten der Gläubigen, d.h. von der Macht der Sünde. Sein Verbot, fremde Götter zu haben, bedeutet, dass wir nichts von dem, was ihm eigen ist, jemand anderem als ihm zuschreiben sollen. Und er fügt hinzu: vor meinem Angesicht, und erklärt damit, dass er als Gott nicht allein durch ein äußeres Bekenntnis, sondern in reiner Wahrheit aus dem Inneren des Herzens anerkannt werden will. Dies alles ist Gott allein eigen und kann, ohne Gott zu berauben, auf niemanden übertragen werden, woraus folgt, dass wir ihn allein anbeten, dass wir uns mit unserem ganzen Vertrauen und all unserer Hoffnung auf ihn allein stützen, dass wir anerkennen, wie alles Gute und Heilige von ihm kommt, und ihm den Lobpreis für alle Güte und Heiligkeit darbringen.

»Du sollst nicht töten.« [Ex 20,13] Hier ist uns alle Gewalt und Beleidigung untersagt, und allgemein jeder Angriff, durch den der Leib unseres Nächsten verletzt werden könnte. Denn wenn wir uns daran erinnern, dass der Mensch nach dem Bilde Gottes erschaffen wurde, so müssen wir ihn für heilig und geweiht halten, so dass er nicht verletzt werden kann, ohne dass das Bild Gottes in ihm nicht auch verletzt wurde.

»Du sollst nicht stehlen.« [Ex 20,15] Hier ist uns ganz allgemein verboten und untersagt, dass einer die Güter des anderen an sich reiße. Denn der Herr will, dass sein Volk sich fernhalte von allen Räubereien, durch die Schwache belastet und unterdrückt werden, und von allen Arten von Täuschung, durch die die einfachen Leute in ihrer Arglosigkeit ausgenutzt werden. Wenn wir also unsere Hände von Diebstahl rein und schuldlos bewahren wollen, müssen wir auf alle Kniffe und Listen nicht weniger verzichten als auf gewaltsamen Raub.

»Du sollst nicht das Haus deines Nächsten begehren, ebenso wenig seine Frau, seinen Knecht oder seine Magd, sein Rind oder seinen Esel, noch irgendetwas, was dein Nächster hat.« [Ex 20,17] Hiermit legt der Herr all unseren Begierden, die die Grenzen der Nächstenliebe überschreiten, gleichsam einen Zügel an. Denn alles das, was durch die anderen Gebote als tätiger Verstoß gegen die Regel des Liebesgebotes verboten ist, verbietet dieses Gebot, im Herzen zu hegen. So verdammt dieses Gebot Hass, Neid und Missgunst ebenso wie vorher den Mord. Geile Empfindungen und innerliche Befleckungen des Herzens sind ebenso verboten wie die Laster selbst. Vorher wurden schon Habgier und List verboten, hier der Geiz; zuvor Verleumdung untersagt, hier ist auch die Bosheit inbegriffen. Wir sehen, wie allgemein der Sinn dieses Gebotes ist und wie weit er sich erstreckt. Denn der Herr fordert ein wundervolles und uneingeschränkt brennendes Gefühl der Bruderliebe, und er will, dass diese Liebe nicht durch die geringste Begehrlichkeit nach Gut und Vorteil unseres Nächsten erschüttert werde. Das Gebot besagt also im Ganzen: Wir sollen so sehr von Liebe erfüllt sein, dass wir von keiner Begierde, die dem Liebesgebot entgegengesetzt ist, verlockt werden sollen, und dass wir bereit sind, einem jeden noch so gerne das Seine zukommen zu lassen. Auch müssen wir einen jeden so achten, dass ihm zuteil wird, was wir durch die Pflicht unseres Amtes gehalten sind, ihm zu gewähren.

Was uns das Gesetz allein bringt: Wir haben darin das Vorbild eines heiligen gerechten Lebens und sogar ein vollkommenes Abbild der Gerechtigkeit, dergestalt, dass jemandem, der das Gesetz Gottes lebte, vor dem Herrn nichts mangelte, was zur Vollkommenheit gefordert wird. Um dies zu bezeugen, verspricht er denen, die sein Gesetz erfüllen, nicht nur die großen Segnungen des irdischen Lebens, von denen im 3. Buch Mose, Kapitel 26 (Lev 26,3–13) und im 5. Buch Mose, Kapitel 28 (Dtn 28,1–14) die Rede ist, sondern auch die Belohnung des ewigen Lebens (Lev 18,5).

*In den Geboten leben* (Genfer Katechismus, 1545)[5]

Frage 143. Gehen wir zum zweiten Gebot über. Du sollst dir kein Bild machen noch irgendein Abbild dessen, was oben im Himmel oder unten auf Erden oder in den Wassern unter der Erde ist. Bete sie nicht an und diene ihnen nicht.
Frage 144. Verbietet Gott damit nicht jede Art von Abbildung in Malerei oder Bildhauerei? Nein, er verbietet hier nur zwei Dinge: Wir dürfen keine Bilder zur Darstellung Gottes oder zur Anbetung anfertigen.
Frage 145. Warum ist die sichtbare Darstellung Gottes nicht erlaubt? Weil es keine Ähnlichkeit zwischen ihm als ewigem, unfassbarem Geist und einer körperlichen, vergänglichen und sterblichen Gestalt gibt [Dtn 4,15; Jes 41,7; Röm 1ff.; Apg 17,24f.].
Frage 146. Du betrachtest es also als Vergehen gegen seine Hoheit, wenn er auf diese Weise dargestellt wird? Jawohl.
Frage 147. Welche Art Anbetung wird hier verdammt? Dass wir uns als Beter an eine Statue oder ein Bild wenden, uns vor ihnen niederwerfen niederknien, oder ihm anderswie eine Ehre erweisen, so als zeigte sich Gott uns da.
Frage 148. Man muss also verstehen, dass mit diesem Gebot nicht einfach Malerei oder Bildhauerei an sich verdammt werden; es ist nur verboten, Bilder dazu herzustellen, um in ihnen Gott zu suchen oder zu dienen, oder, was dasselbe ist, sie anstelle Gottes zu verehren oder sie sonst auf irgendeine Weise zu Aberglauben und Götzendienst zu missbrauchen. Richtig.
Frage 149. Was hat dieses Gebot nun für einen Sinn? Zunächst hat Gott erklärt, er allein müsse verehrt und angebetet werden; jetzt zeigt er uns die rechte Gestalt der Anbetung, womit er uns von allem Aberglauben und anderen lasterhaften und fleischlichen Erfindungen wegruft.
Frage 166. Kommen wir zum vierten Gebot. Gedenke des Sabbattages, dass du ihn heilig haltest; sechs Tage sollst du arbeiten und all dein Werk tun, der siebente Tag aber ist der Sabbat des Herrn, deines Gottes. Da sollst du keine Arbeit tun, weder du noch dein Knecht noch deine Magd, noch dein Ochse noch dein Esel noch der Fremde, der innerhalb deiner Tore wohnt. Denn in sechs Tagen hat Gott Himmel und Erde und Meer und was in ihnen ist vollendet und ruhte am siebenten Tage. Daher hat er den Sabbattag gesegnet und für sich geheiligt.
Frage 167. Befiehlt er also, sechs Tage zu arbeiten und am siebenten zu ruhen? Nicht einfach so; vielmehr erlaubt er die Arbeit an sechs Tagen, nimmt aber den siebenten davon aus und bestimmt ihn zum Ruhen.
Frage 168. Verbietet er an diesem Tag jede Arbeit? Dieses Gebot hat nur eine begrenzte und besondere Bedeutung. In Bezug auf die Beachtung der Arbeitsruhe ist es ein Teil des Zeremonialgesetzes des Alten Bundes und somit durch das Kommen Christi außer Kraft gesetzt.

Frage 169. Bezieht sich also dieses Gebot nur gerade auf die Juden und ist deshalb vergänglich gewesen? Ja, soweit es die äußerliche Sitte betrifft.
Frage 170. Wie? Besteht es noch aus einem anderen Grund außer der gebotenen Zeremonie? Es wurde aus drei Gründen gegeben.
Frage 171. Nenne sie mir. Als Abbild der geistlichen Ruhe, zur Bewahrung der kirchlichen Ordnung und zur Entlastung der Bediensteten.
Frage 172. Was verstehst du unter »geistlicher Ruhe«? Wir sollen von unserem eigenen Werk ruhen, damit Gott seine Werke in uns wirken kann.
Frage 173. In welcher Weise vollzieht sich dieses Ruhen? Indem wir unser Fleisch kreuzigen, d.h. auf unser eigenes Planen verzichten, um uns von Gottes Geist leiten zu lassen.
Frage 174. Genügt es, wenn wir dies am siebten Tag tun? Es muss unaufhörlich geschehen. Womit wir einmal begonnen haben, das soll durch unser ganzes Leben hindurch weitergeführt werden.
Frage 175. Warum hat er einen bestimmten Tag mit dieser Bedeutung versehen? Die Wahrheit braucht nicht notwendigerweise mit dem Abbild völlig überein zu stimmen; wenn nur genügend Übereinstimmung mit der gemeinten Sache vorhanden ist.
Frage 176. Warum hat er dann den siebenten Tag vorgeschrieben und einem anderen bevorzugt? Diese Zahl bezeichnet in der Bibel die Vollendung. So eignet sie sich zur Angabe der Dauer und zeigt an, dass diese geistliche Ruhe nur ein Anfang in dieser Zeit ist und erst vollendet sein wird, wenn wir aus dieser Welt scheiden.
Frage 177. Was beabsichtigt Gott aber mit seiner Mahnung, nach seinem Beispiel die Sabbatruhe zu halten? Als er die Erschaffung der Welt in sieben Tagen vollendet hatte, weihte er den siebenten der Betrachtung seiner Werke. Um uns dazu noch mehr anzutreiben, hält er uns sein Beispiel vor. Es ist ja auch nichts erstrebenswerter, als dass wir uns nach seinem Bild gestalten lassen.
Frage 178. Soll man aber Gottes Werke nicht ständig betrachten, oder genügt es, dass einer von sieben Tagen dazu bestimmt ist? Wir sollen uns gewiss täglich damit befassen. Aber wegen unserer Schwachheit ist ein Tag besonders dazu festgesetzt. Dies ist die Ordnung, welche ich erwähnt habe.
Frage 179. Welche Ordnung muss also an diesem Tag eingehalten werden? Das Volk soll zusammenkommen, um die Lehre Christi zu hören, sich an den öffentlichen Gebeten zu beteiligen und seinen Glauben zu bekennen.
Frage 180. Erkläre mir jetzt die Aussage, Gott habe mit diesem Gebot auch zur Erleichterung des Loses der Dienstboten Vorsorge tragen wollen. Es soll damit allen Untergebenen eine Erholung gewährt werden. Dies dient ja auch zur Wahrung der allgemeinen Ordnung. Wenn ein Tag als Ruhetag bestimmt ist, gewöhnt sich jeder daran, in der übrigen Zeit der Arbeit nachzugehen.

Frage 181. Nun wollen wir sehen, inwiefern dieses Gebot für uns gilt. Als Zeremonialgesetz ist es abgeschafft, weil sein eigentliches Wesen in Christus hervorgetreten ist [Kol 2,16f.].
Frage 182. Inwiefern? Weil durch die Kraft seines Todes unser alter Mensch gekreuzigt ist und wir zu einem neuen Leben auferweckt werden [Röm 6,4–6].
Frage 183. Was gilt an diesem Gebot dann noch für uns? Wir sollen die heiligen Satzungen, die zur geistlichen Ordnung der Kirche dienen, nicht verachten, und vor allem die Gottesdienste besuchen, um das Wort Gottes zu hören, die Sakramente zu feiern und die gemeinsamen Gebete zu halten, alles nach den entsprechenden Ordnungen.
Frage 184. Und als Gleichnis hat uns das Gebot nichts mehr zu sagen? O doch. Es muss nur auf seine eigentliche Wahrheit zurückgeführt werden: Da wir in den Leib Christi eingefügt und zu seinen Gliedern gemacht worden sind, sollen wir von unserm eigensinnigen Handeln ablassen und uns ganz Gottes Führung übergeben.
Frage 196. Sag das sechste Gebot auf. Du sollst nicht töten.
Frage 197. Verbietet es nichts anderes, als Mordtaten auszuführen? O doch. Wenn Gott hier spricht, stellt er nicht nur ein Gesetz für die äußeren Taten auf, sondern auch für die Regungen der Seele, und für diese sogar am vordringlichsten.
Frage 198. Du willst offenbar darauf hinweisen, es gebe eine Art von verborgenem Morden, von dem Gott uns hier wegruft? So ist es. Zorn und Hass und alle Lust, jemandem zu schaden, gelten vor Gott als Mord.
Frage 199. Wenn wir niemanden mit Hass verfolgen, haben wir das Gebot dann hinreichend erfüllt? Überhaupt nicht. Wenn Gott den Hass verdammt und uns von jeder schädlichen Tat, wodurch unser Nächster verletzt wird, zurückhält, so zeigt er damit zugleich seine Forderung, dass wir alle Menschen von Herzen lieben und sorgfältig darauf achten sollen, sie zu beschützen und zu bewahren.
Frage 208. Wie heißt das neunte Gebot? Du sollst nicht falsches Zeugnis reden wider deinen Nächsten.
Frage 209. Verbietet es nur falsche Eide vor Gericht oder überhaupt jede unwahre Aussage über unsere Nächsten? Mit einem Beispiel wird eine allgemein gültige Lehre erfasst, nämlich die, unsere Nächsten nicht mit Unwahrheiten zu verleumden, damit wir nicht durch unser Schmähen und Herabsetzen ihrem Ruf oder ihrem Besitz irgendwie schaden.
Frage 210. Warum wird aber ausdrücklich der öffentliche Meineid genannt? So soll die Abschreckung vor dieser Schandtat um so größer sein. Gott gibt uns nämlich zu verstehen: Wer gewohnt ist, andere zu schmähen und zu verleumden, ist dann auch bald soweit, in einen Meineid zu verfallen, wenn sich die Gelegenheit ergibt, den Nächsten anzuschwärzen.
Frage 211. Will Gott uns nur von übler Nachrede fernhalten oder auch von üblen Verdächtigungen und ungerechten falschen Meinungen? Beides wird hier aus dem schon angeführten Grunde verdammt. Was als Tat

den Menschen gegenüber schlecht ist, ist vor Gott auch schon als Absicht schlecht.
Frage 212. Erkläre also, was der Hauptsinn dieses Gebotes ist. Es verbietet uns, dazu zu neigen, von unserem Nächsten schlecht zu denken oder sie zu verleumden, und befiehlt uns vielmehr, in Gerechtigkeit und Freundlichkeit von ihm Gutes zu halten, soweit es die Wahrheit erlaubt, und sich zu bemühen, seinen guten Ruf unverletzt zu bewahren.
Frage 217. Gibt es nun eine kurze Zusammenfassung des ganzen Gesetzes? Gewiss; wenn wir es in zwei Abschnitte fassen: Der erste lautet: Wir sollen Gott lieben von ganzem Herzen, von ganzer Seele und mit allen Kräften; der zweite: Wir sollen die Nächsten genau so lieben wie uns selbst [Mt 22,37–39].
Frage 218. Was umfasst die Liebe zu Gott? Gott so zu lieben, wie es ihm gebührt: ihn als Herrn, Vater und Erretter anerkennen. Daher gehören zu der Liebe zu Gott seine Verehrung und der Wille, ihm zu gehorchen mit dem Vertrauen, das in ihm begründet sein soll.
Frage 219. Was verstehst du unter den Worten: von ganzem Herzen, ganzer Seele und mit allen Kräften? Gemeint ist ein solcher Eifer und eine solche Kraft, dass in uns überhaupt kein Platz ist für Gedanken, Wünsche und Absichten, die dieser Liebe entgegenstehen.
Frage 220. Was ist der Sinn des zweiten Abschnittes? Wir neigen von Natur aus so sehr zur Selbstliebe, dass diese Regung über alle andern siegreich bleibt. Entsprechend soll nun die Nächstenliebe so in uns regieren, dass sie uns vollständig leitet und die Richtschnur aller Pläne und Taten ist.
Frage 221. Wer ist nun dein Nächster? Nicht nur die Verwandten und Freunde oder wer sonst aus irgendeinem Grunde mit uns verbunden ist, sondern auch die, welche für uns Fremde oder gar Feinde sind.
Frage 222. Welche Verbindung haben diese zu uns? Sie sind unbestreitbar durch jenes Band verbunden, mit welchem Gott das ganze Menschengeschlecht einst umfangen hat, das hochheilig und unverletzlich ist und von keiner Schlechtigkeit zerrissen werden kann.
Frage 223. Du sagst also, wenn uns jemand hasse, so sei das seine Angelegenheit; er bleibt dennoch unser Nächster, und wir sollen ihn entsprechend behandeln, weil Gottes Ordnung unerschütterlich feststeht, wonach das Band zwischen uns geheiligt ist. So ist es.
Frage 224. Da das Gesetz die rechte Art der Verehrung Gottes aufzeigt, sind wir dann nicht verpflichtet, nach seinen Vorschriften zu leben? Das ist tatsächlich so. Aber alle leiden unter der Unfähigkeit, das Gebotene vollständig erfüllen zu können.
Frage 225. Warum fordert Gott von uns dann eine Vollkommenheit, die unser Vermögen übersteigt? Er fordert nichts, was wir nicht zu leisten verpflichtet wären. Wenn wir uns im Übrigen bemühen, die hier vorgeschriebene Lebensweise einzuhalten, auch wenn wir dabei noch weit vom Ziel der Vollkommenheit entfernt sind, so rechnet uns Gott das Fehlende nicht an.

Frage 228. Welche [Anwendung findet das Gesetz bei den Gläubigen]? Zunächst werden sie zur Demut erzogen, und zwar durch die Erfahrung, dass sie mit Werken keine Gerechtigkeit erlangen können. Das ist die rechte Vorbereitung darauf, das Heil in Christus zu suchen. Da das Gesetz dann viel mehr von ihnen verlangt, als was jemand zu leisten imstande ist, stachelt es sie an, Gott um Kraft zu bitten, und erinnert sie zugleich dauernd an ihre Schuld, damit sie nicht in Hochmut verfallen. Schließlich legt es ihnen gleichsam Zügel an, um sie in der Furcht Gottes festzuhalten [Röm 5,10; Gal 4,6].

Frage 229. Auch wenn wir in diesem irdischen Leben das Gesetz nie erfüllen, dürfen wir es also nicht als überflüssig ansehen, weil es von uns eine solche Vollkommenheit verlangt. Es zeigt uns nämlich das vorgegebene Ziel, dem wir uns annähern und das wir anstreben sollen: dass jeder von uns nach dem Maßstab der ihm verliehenen Gnade seinen Fleiß und Eifer daran setzt, sein Leben nach der höchsten Gerechtigkeit einzurichten und darin immer größere Fortschritte zu machen. So ist es.

Frage 230. Haben wir also im Gesetz eine vollkommene Richtschnur aller Gerechtigkeit? Ja, und zwar so, dass Gott nichts anderes von uns will als dessen Befolgung; und anderseits hält er für unnütz und verschmäht, was wir außerhalb seines Gebotes unternehmen. Er will nämlich kein anderes Opfer von uns als Gehorsam [I Sam 15,22; Jer 7,21–23].

### *Die Summe des christlichen Lebens* (Institutio, 1559)[6]

(Institutio III,7,1). Das Gesetz des Herrn bietet uns gewiss eine großartige und trefflichst geordnete Anleitung zur Gestaltung unseres Lebens. Doch hat es unserem himmlischen Meister wohlgefallen, die Seinen noch auf eine genauere Weise nach der Regel zu bilden, die er im Gesetz vorgeschrieben hatte. Der Hauptgrundsatz dieser Erziehungsweise ist der: Die Gläubigen haben das Amt, »ihre Leiber zu begeben zum Opfer, das da lebendig, heilig und Gott wohlgefällig sei – welches sei ihr vernünftiger Gottesdienst!« (Röm 12,1). Aus diesem Satz entnimmt Paulus Ursache zu der Ermahnung: »Und stellet euch nicht dieser Welt gleich, sondern verändert euch durch Erneuerung eures Sinnes, auf dass ihr prüfen möget, welches da sei der Wille Gottes!« [Röm 12,2]. Das ist nun eine große Sache, dass wir dem Herrn geheiligt und geweiht sind – um nun in unserem Denken, Reden, Trachten und Handeln nichts anderes zu tun, als was zu seiner Ehre dient! Denn das, was Gott heilig ist, zu unheiligem Gebrauch zu bestimmen, das bedeutet entsetzliches Unrecht gegen ihn!

Sind wir nun aber nicht unsere eigenen Herren, sondern gehören wir dem Herrn, so wird sofort klar, welchen Irrtum wir zu meiden haben und worauf alle unsere Werke in unserem ganzen Leben zu richten sind. Wir sind nicht unsere eigenen Herren, also darf bei unseren Plänen und Taten weder unsere Vernunft noch unser Wille die Herrschaft führen. Wir sind

nicht unsere eigenen Herren, also dürfen wir uns nicht das Ziel setzen, danach zu suchen, was uns nach dem Fleische nütze! Wir sind nicht unsere eigenen Herren, also sollen wir uns und alles, was wir haben, soweit irgend möglich, vergessen!
Auf der anderen Seite: Wir sind Gottes Eigentum, also sollen wir ihm leben und ihm sterben! Wir sind Gottes Eigentum, also müssen seine Weisheit und sein Wille bei all unserem Tun die Führung haben! Wir sind Gottes Eigentum, also muss unser Leben in allen seinen Stücken allein zu ihm als dem einzigen rechtmäßigen Ziel hinstreben! (Röm 14,8). Wie weit ist der schon fortgeschritten, der erkannt hat, dass er nicht sein eigener Herr ist und der deshalb seiner eigenen Vernunft Herrschaft und Regiment entzogen hat, um sie Gott allein zu überantworten! Denn die schädlichste Pestilenz, die die Menschen nur zugrunde richten kann, herrscht da, wo der Mensch sich selber gehorcht. Der einzige Hafen des Heils liegt dementsprechend darin, dass wir von uns aus nichts denken, von uns aus nichts wollen, sondern einzig dem Herrn folgen, wie er uns vorangeht! Der erste Schritt soll also darin bestehen, dass der Mensch von sich selber abscheidet, um alle Kraft seines Geistes daran zu setzen, dem Herrn zu Willen zu sein. Unter solcher Dienstschaft verstehe ich nicht nur die, welche im Gehorsam gegen das Wort beruht, sondern jene, bei der sich das Herz des Menschen, leer von allem eigenen, fleischlichen Sinn, ganz zu dem Willen des Geistes Gottes bekehrt.

---

1 Kommentar zu Ps 1,1–3, in: CStA 6,42–51.
2 Kommentar zu Ps 19,7f., in: CStA 6,88–97.
3 Institutio (1559) II,7,12f.; II,8,9.13–15.
4 Genfer Katechismus von 1537, in: CStA 1.1,146–149.152–157.
5 Genfer Katechismus von 1545, in: CStA 2,60f.64–71.74–85.
6 Institutio (1559) III,7,1.

# 11 Das Gebet und die Erwartung des ewigen Lebens

Sowohl in der Institutio als auch in den Katechismen und in der Gottesdienstordnung hebt Calvin das Gebet als eine dem Menschen von Gott geschenkte Wohltat und als Vorrecht hervor. Wer betet, kann die Erfahrung machen, dass Gott seine Ohren vor den Bitten, vor den Klagen und vor dem Dank der Betenden nicht verschließt. Gott wendet sich gerade dem zu, der in höchster Not sein ganzes Vertrauen auf ihn setzt und sich vor ihm ausspricht. Calvin beweist neben den theologischen Grundlegungen zum Gebet auch seinen Sinn für das praktische Christentum, wenn er Empfehlungen für Gott angemessene Gebete ausspricht, zur Geduld im Beten rät und eigene Gebete formuliert. Das beispielhaft christliche Gebet ist das Herrengebet (»Unser Vater«), das allen anderen Gebeten seinen Maßstab verleiht. Aus Calvins Auslegung dieses Gebets im Genfer Katechismus von 1542/45 wird deutlich, wie Calvin jede einzelne Bitte von der vertrauensvollen Anrede Gottes her versteht: In der Bindung an Gott, der um Jesu Christi willen »unser Vater im Himmel« ist, darf auch Alltägliches erbeten werden. Die Bitte um das Kommen von Gottes Reich bildet die Brücke, um Texte über Calvins Sicht der Ewigkeit anzuschließen. Diese sind u.a. von den Leitgedanken geprägt, im irdischen Leben die Gedanken bereits auf die Ewigkeit zu richten (»sursum corda«) und über sie nachzusinnen (»meditatio futurae vitae«). Wie im Gebet, so wird auch im begründeten Erwarten der Ewigkeit die Geduld zur bestimmenden Lebenshaltung.

*Das Gebet als Wohltat* (Institutio, 1559)[1]

(Institutio III,20,2). Die Wohltat des Gebets schenkt uns nun dies, dass wir zu den Reichtümern durchdringen, die bei dem himmlischen Vater für uns aufgehoben sind. Das Gebet ist also gewissermaßen ein Verkehr des Menschen mit Gott: Er tritt in das Heiligtum des Himmels ein und erinnert Gott persönlich an seine Verheißungen! Und dabei darf er, wo die Not es nun fordert, die Erfahrung machen, dass das, was er dem Worte auf seine bloß hinweisende Zusage hin geglaubt hat, nicht wirkungslos ist! Deshalb sehen wir auch, wie uns nichts vor Augen gestellt wird, das wir von Gott erwarten sollen, ohne dass wir zugleich auch die Weisung erhielten, es im Gebet zu begehren. Es ist also wirklich wahr: Das Gebet gräbt die Schätze aus, die unser Glaube im Evangelium des Herrn angezeigt gefunden und dort erblickt hat!

Wie notwendig aber die Übung des Gebets ist und in wievielerlei Hinsicht sie uns nützt, das lässt sich mit Worten überhaupt nicht genugsam aussprechen. Es ist wahrlich nicht ohne Grund, wenn der himmlische Vater uns bezeugt, dass das einzige Mittel zu unserem Heil in der Anrufung seines Namens besteht; denn damit rufen wir zugleich auch die Gegenwart seiner Vorsehung herbei, in der er ja immer auf der Wacht ist, für uns in allen Dingen zu sorgen, die Gegenwart seiner Kraft, durch die er uns Schwache und nahezu Ermattete aufrechterhält, und die Gegenwart seiner Güte, durch die er uns, die wir jämmerlich unter der Last unserer Sünden bedrückt werden, in seine Gnade aufnimmt. Kurz, wenn wir seinen Namen anrufen, so rufen wir Gott ganz herbei, dass er sich uns als gegenwärtig erweise! Daraus erwächst unserem Gewissen eine herrliche Stille und Ruhe; denn wenn wir die Not, die uns bedrückte, dem Herrn vorgelegt haben, dann finden wir darin völlige Sicherheit, dass nun der, welcher nach unserer festen Überzeugung das Beste für uns will und das Beste für uns schaffen kann, all unsere Nöte kennt!
(Institutio III,20,11). Für die Heiligen [= Gläubigen] ist es aber der beste Ansporn zur Anrufung Gottes, wenn die Not sie auf die Folter spannt und sie dadurch von höchster Unruhe gemartert und fast entmutigt werden, bis der Glaube ihnen zur rechten Zeit zu Hilfe kommt! Denn mitten in solchen Ängsten leuchtet ihnen Gottes Güte hell auf, und nun seufzen sie zwar, ermüdet unter der Last ihrer gegenwärtigen Nöte, werden auch von der Furcht vor noch größeren bedrückt und gequält, aber sie trauen auf Gottes Güte, und so wird ihnen in der Schwere ihres Duldens Erleichterung und Trost zuteil, und sie hoffen auf das Ende und auf ihre Befreiung. So soll sich das Gebet des Frommen aus einer doppelten Regung erheben, und es muss zweierlei in sich tragen und darstellen: Der Mensch seufzt unter seinen gegenwärtigen Nöten, lebt auch in Angst und Furcht vor weiteren, aber dennoch nimmt er zugleich seine Zuflucht zu Gott und zweifelt nicht im mindesten daran, dass er bereit ist, ihm seine helfende Hand zuzustrecken. Es ist nämlich gar nicht zu sagen, wie sehr Gott durch unser mangelndes Vertrauen erzürnt wird, wenn wir also von ihm eine Wohltat begehren, die wir tatsächlich gar nicht erwarten.
(Institutio III,20,28). Obwohl das Gebet im eigentlichen Sinne nur Wünsche und Bitten umfasst, besteht doch zwischen Bitten und Danksagung eine so große Verwandtschaft, dass man sie leicht unter einem einzigen Namen zusammenfassen kann. Die Arten von Gebeten, die Paulus [I Tim 2,1 zunächst] aufführt, fallen unter das erste Glied dieser Einteilung [= Bitte, Gebet, Fürbitte]. Wenn wir »bitten« und »beten«, so schütten wir vor Gott unsere Wünsche aus und begehren einerseits, was zur Ausbreitung seines Ruhmes und zur Verherrlichung seines Namens dient, andererseits aber auch Wohltaten, die unserem eigenen Wohlergehen zugute kommen. Wenn wir »Dank sagen« [I Tim 2,1], so preisen wir seine Wohltaten gegen uns mit dem schuldigen Lob und danken seiner Freigebigkeit für alles Gute, das wir erlangt haben. So hat David diese beiden

Stücke in eins zusammengefasst: »Rufe mich an in der Not, so will ich dich erretten, und du sollst mich preisen!« (Ps 50,15). Nicht ohne Ursache gibt uns die Schrift die Weisung, dass beides bei uns stets in Übung sein soll. Denn unser Mangel ist, wie wir bereits an anderer Stelle sagten, so groß, und die Erfahrung bezeugt es ja laut, dass wir allenthalben von so vielen und so großen Nöten umdrängt werden, dass alle Menschen Ursache genug haben, stets zu Gott zu seufzen und zu flehen und ihn demütig anzurufen! Aber selbst wenn sie von Unglück frei wären, so müssten auch die Heiligsten unter ihnen durch die Schuld ihrer Missetaten und auch durch die unzähligen Angriffe der Anfechtungen dazu angespornt werden, eine Arznei zu begehren. Das Opfer des Lobpreises und der Danksagung kann nie und nimmer eine Unterbrechung erfahren, ohne dass wir dadurch Sünde auf uns laden; denn Gott hört ja auch nicht auf, Wohltaten auf Wohltaten zu häufen, um uns, so langsam und träge wir sind, zur Dankbarkeit zu zwingen. Kurz: So groß und so überschwänglich ist der Reichtum seiner Wohltaten, der uns geradezu überschüttet, so vielfältig und so gewaltig sind die Wunder, die wir ringsum erblicken, dass es uns zum Lobpreis und zur Danksagung nie an Grund und Anlass fehlt!

Wir wollen dies noch etwas deutlicher entfalten: All unsere Hoffnung und all unser Reichtum liegt in Gott, wie wir das schon oben hinreichend erwiesen haben; und deshalb kann es weder uns, noch allem, was wir haben, gut gehen, ohne allein durch seinen Segen: Ihm müssen wir also auch uns und alles, was wir haben, beständig ans Herz legen! (Jak 4,14f.). Weiterhin sollen wir alles, was wir überlegen, reden und tun, unter seiner Hand, unter seinem Willen und schließlich in der Hoffnung auf seine Hilfe überlegen, reden und tun! Denn es werden alle von Gott für verflucht erklärt, die ihre Pläne im Vertrauen auf sich selber oder irgendjemand anders überlegen und festlegen und die außerhalb seines Willens, ohne ihn anzurufen, etwas ins Werk setzen oder zu beginnen versuchen (Jes 30,1; 31,1). Wir haben auch schon mehrfach gesagt, dass ihm die schuldige Ehre widerfährt, wenn er als der Geber aller Güter anerkannt wird. Daraus folgt: Wir müssen alle diese Güter so aus seiner Hand entgegennehmen, dass wir unablässig für sie danken, und es gibt keine andere Weise, seine Wohltaten recht anzuwenden, als dass wir auch unaufhörlich sein Lob verkündigen und ihm danksagen; denn dies ist der einzige Zweck, weshalb sie uns aus seiner Freundlichkeit heraus zufließen und zukommen! Denn wenn Paulus [von dem, was wir empfangen] sagt: »Es wird geheiligt durch das Wort Gottes und Gebet« (I Tim 4,5), so gibt er damit zugleich zu verstehen, dass es ohne Wort und Gebet in keiner Weise heilig und rein für uns ist; dabei meint er nun freilich, wenn er »Wort« sagt, zugleich damit auch den Glauben! Trefflich finden wir das bei David ausgedrückt: Er hat des Herrn Freigebigkeit erfahren, und nun singt er: »Er hat mir ein neues Lied in meinen Mund gegeben« (Ps 40,4). Damit deutet er zugleich an, dass es ein böses Schweigen ist, wenn wir irgendeine seiner Wohltaten ohne Lobpreis übergehen! Denn sooft er uns wohl tut, sooft bietet er uns auch einen Anlass zum preisen! So verkündigt auch Jesaja Gottes einzigartige Gnade und ruft dabei die Gläubigen zu einem neuen und ungewöhnlichen Liede auf (Jes 42,10). Im gleichen Sinne heißt es anderwärts bei David: »Herr, tue meine Lippen auf, dass mein Mund deinen Ruhm verkündige« (Ps 51,17). In gleicher Weise bezeugen Hiskia und Jona, ihre Errettung solle zu dem Ziel führen, dass sie Gottes Güte mit Lobgesängen im Tempel verherrlichten (Jes 38,20; Jon 2,10). Dieselbe Regel schreibt David ganz allgemein allen Frommen vor: »Wie soll ich dem Herrn vergelten alle seine Wohltat, die er an mir tut? Ich will den Kelch des Heils nehmen und des Herrn Namen predigen« (Ps 116,12f.). Und die Kirche folgt dieser Regel in einem anderen Psalm: »Hilf uns, Herr, unser Gott, dass wir danken deinem heiligen Namen und rühmen dein Lob« (Ps 106,47). Oder auch: »Er wendet sich zum Gebet der Verlassenen und verschmäht ihr Gebet nicht. Das werde geschrieben auf die Nachkommen, und das Volk, das geschaffen soll werden, wird den Herrn loben, auf dass sie zu Zion predigen den Namen des Herrn und sein Lob zu Jerusalem« (Ps 102,18f.22). Ja, sooft die Gläubigen Gott bitten, er möge etwas »um seines Namens willen« tun, sooft erklären sie sich für unwürdig, etwas in ihrem eigenen Namen zu empfangen, verpflichten sie sich auch zugleich zur Danksagung und versprechen, Gottes Wohltat solle darin bei ihnen ihre rechte Anwendung finden, dass sie nun ihre Verkündiger werden! So spricht es Hosea aus, und zwar an einer Stelle, an der er von der künftigen Erlösung der Kirche redet: »Vergib uns alle Sünde und tue uns wohl, Herr, so wollen wir opfern die Frucht unserer Lippen« (Hos 14,3).

Aber Gottes Wohltaten machen nicht nur Anspruch auf den Heroldsdienst unserer Lippen, sondern sie erwirken sich zugleich natürlicherweise unsere Liebe. So sagt David: »Ich habe ihn lieb; denn der Herr hat die Stimme meines Flehens gehört« (Ps 116,1). An anderer Stelle berichtet er von der Hilfe, die er erfahren hat, und dabei heißt es: »Herzlich lieb habe ich dich, Herr, meine Stärke« (Ps 18,2). Unser Lobpreis wird aber nie und nimmer Gottes Wohlgefallen finden, wenn er nicht aus dieser herzlichen Liebe hervorgeht! Ja, wir müssen auch ein Wort des Paulus festhalten, nach welchem alle unsere Gebete verkehrt und verderbt sind, wenn sie nicht in eine Danksagung ausmünden; er sagt nämlich: »In allen Dingen lasset eure Bitten im Gebet und Flehen mit Danksagung vor Gott kund werden« (Phil 4,6). Es gibt ja viele Leute, die sich von Eigensinn, Ärger und Ungeduld, von der Bitterkeit des Schmerzes und der Angst dazu treiben lassen, in ihrem Gebet zu murren; da gebietet nun Paulus eine solche Mäßigung der inneren Regungen, dass die Gläubigen, bevor sie erlangt haben, was sie begehren, dennoch Gott fröhlich preisen! Soll diese Verbindung von Gebet und Danksagung nun gar bei schier widerwärtigen Dingen ihre Kraft behalten, so bindet uns Gott mit um so festerem Bande, sein Lob zu singen, wenn er uns unsere Wünsche gewährt!

### *Die rechte Weise zu beten* (Genfer Katechismus, 1537)[2]

Der Mensch, der auf rechte Weise im wahren Glauben unterwiesen ist, erkennt als erstes klar, wie bedürftig und aller Güter entblößt er ist und wie sehr ihm selbst jede Hilfe zum Heil fehlt. Wenn er darum eine Unterstützung sucht, die ihm in seiner Armut zu Hilfe komme, muss er aus sich heraustreten, um sie anderswo zu finden. Anderseits denkt er an den Herrn, der ihm großmütig und in seinem Wohlwollen in Jesus Christus begegnet und in ihm alle himmlischen Schätze aufschließt, damit der ganze Glaube des Menschen innehalte, um sich diesem vielgeliebten Sohn zuzuwenden, seine ganze Erwartung von diesem abhänge und all seine Hoffnung in diesem ruhe und festgemacht sei. Also muss der Mensch sich zu Gott wenden und von ihm erbitten, was er als in ihm befindlich erkannt hat. Gott anderseits nicht anzurufen und zu bitten, obwohl wir wissen, dass er der Herr ist, von dem alles Gute kommt und der uns einlädt, alles was wir nötig haben, von ihm zu erbitten, ist derart unnütz, wie wenn jemand, der einen in der Erde vergrabenen Schatz kennt, ihn aus Gleichgültigkeit dort lässt und sich keine Mühe gibt, ihn zu heben.

Worauf man beim Beten achten muss: Da das Gebet eine bestimmte Ähnlichkeit mit einer Zwiesprache zwischen Gott und uns aufweist, durch die wir vor ihm unsere Wünsche, Freuden, Seufzer, ja, alles, was unsere Herzen bewegt, ausbreiten, müssen wir jedes Mal, wenn wir den Herrn anrufen, sorgfältig darauf achten, dass wir in die Tiefe unseres Herzens hinabsteigen und ihn von dort aus anrufen, und ja nicht bloß mit Kehle oder Zunge. Denn obschon die Zunge manchmal dem Gebet dient – sei es, dass unser Geist im Gedanken an Gott aufmerksamer festgehalten wird, oder auch, dass dieser Teil unseres Körpers, der ganz besonders dazu bestimmt ist, Gottes Herrlichkeit zu preisen, gemeinsam mit dem Herzen tätig ist, seine Güte zu betrachten –, hat dennoch der Herr durch seinen Propheten (Jes 29,13; Mt 15,8f.) erklärt, was ihr Gebrauch ohne innere Beteiligung verursacht, als er die schwerste Bestrafung für alle verkündete, die ihn mit den Lippen preisen, während ihr Herz ihm fern ist. Wenn weiter das wahre Gebet, das für uns der Weg ist, Gott nahe zu kommen, nichts anderes sein soll als ein aufrichtiges Gefühl unseres Herzens, so müssen wir dabei auf jeden Gedanken an unseren eigenen Ruhm, jede Einbildung eigener Würdigkeit und jedes Vertrauen auf uns selbst verzichten, so wie der Prophet uns ermahnt, nicht im Vertrauen auf unsere Verdienste, sondern auf die große Barmherzigkeit des Herrn zu beten, damit dieser uns um seiner Liebe willen erhöre, weil sein Name über uns ausgesprochen ist (Dan 9,4–19; Bar 2,11–15). Die Erkenntnis unseres Elends soll uns jedoch nicht vom Zugang zu Gott abschrecken. Das Beten ist ja weder dazu gelehrt, dass wir uns anmaßend vor Gott erheben, noch dazu, dass wir die eigene Würdigkeit preisen, sondern damit wir unsere Not bekennen und unser Unglück beseufzen, so wie Kinder vor dem Vater vertrauensvoll ihre Klagen ausbreiten. Ein solches Gefühl soll uns Ansporn sein, uns immer mehr zum Beten anzutreiben und anzustacheln.

Zwei Dinge sollen uns auf wunderbare Weise zum Gebet bewegen: als Erstes das Gebot Gottes, wodurch er uns zu beten befiehlt, und dann die Verheißung, mit der er uns versichert, dass wir alles, worum wir bitten, erlangen werden. Denn die, welche Gott anrufen und ihn bitten, empfangen eine einzigartige Tröstung, weil sie wissen, dass sie damit etwas Gott Wohlgefälliges tun. Zugleich haben sie im Vertrauen auf seine Wahrheit die Gewissheit, erhört zu werden, sagt er doch (Mt 7,7): »Bittet, und es wird euch gegeben werden, klopft an, und es wird euch aufgetan werden, suchet, und ihr werdet finden«, und im Psalm (Ps 50,15): »Rufe mich am Tage der Not, so will ich dich erretten und du sollst mich preisen.« In diesem Satz hat er die beiden Weisen des Gebetes zusammengefasst, nämlich die Anrufung oder Bitte und den Dank. Durch die erstere decken wir vor Gott die Wünsche unseres Herzens auf, durch die andere anerkennen wir die Wohltaten, die er uns erweist. Und von beiden Weisen haben wir beharrlich Gebrauch zu machen; denn wir sind von solcher Armut und Bedürftigkeit bedrängt, dass dies auch für die Besten Anlass genug ist, unablässig zu seufzen, zu klagen und in aller Demut den Herrn anzurufen. Anderseits sind die Wohltaten, die der Herr in seiner Güte über uns ausgießt, so umfassend, und die Wunder seiner Werke, wohin wir auch blicken mögen, zeigen sich derart gewaltig, dass uns nie ein Anlass zum Loben und Danken fehlen kann.

[Zum Herrengebet Mt 6,9–13]: Dieser Vater voll Milde hat uns nicht nur ermahnt und ermuntert, ihn in jeder Notlage zu suchen, sondern er wollte angesichts dessen, dass wir nicht einmal erkennen, worum wir bitten sollen und was wir nötig haben, uns in unserer Unkenntnis beistehen und hat aus dem Seinen das ersetzt, was unserer geringen Fähigkeit abging. Durch dieses Wohlwollen empfangen wir einen einzigartigen Trost, da es uns nun offenbar ist, dass wir ihn um nichts Unvernünftiges, Abwegiges oder Unangemessenes bitten oder um etwas, das ihm nicht annehmbar wäre, da wir gleichsam mit seinem Munde beten. Diese Gestalt und Regel des Betens enthält sechs Bitten, wovon die ersten drei im Besonderen die Ehre Gottes betreffen, auf die allein wir in ihnen unsere Aufmerksamkeit richten sollen, ohne irgendwie auf unsren eigenen Nutzen zu blicken. Die drei anderen sind der Sorge um uns selbst gewidmet und sollen die Dinge, die zu unserem Wohl dienen, erbitten, jedoch so, dass die Ehre Gottes, welche Gegenstand der drei ersten Bitten ist, unser Wohl nach sich zieht, von dessen Betrachtung wir doch in ihnen unsren Geist abkehren, und anderseits so, dass wir in den drei anderen nur so um das bitten dürfen, was für uns nützlich ist, dass es zu Gottes Ehre dient.

»Unser Vater in den Himmeln« [Mt 6,9]: Als Erstes zeigt sich für jedes Gebet die Regel, dass es sich im Namen Christi an Gott richten muss, da in einem anderen Namen keines für ihn annehmbar wäre. Denn da wir Gott unseren Vater nennen, ist es ja gewiss, dass wir dabei den Namen

Christi in Anspruch nehmen. Weil ja sicherlich kein Mensch auf Erden würdig ist, vor Gott zu treten und vor seinem Angesicht zu erscheinen, hat uns dieser gütige himmlische Vater, um uns von der Beschämung zu befreien, die uns mit gutem Grund verstören muss, seinen Sohn Jesus als Mittler und Fürsprecher vor ihm gegeben. Durch seine Führung können wir uns kühn ihm nahen, in vollem Vertrauen auf diesen Vermittler, dass nichts von dem, worum wir in seinem Namen bitten, uns verweigert werde, weil eben der Vater ihm nichts verweigern kann. So ist sogar der Thron Gottes nicht nur ein Thron der Majestät, sondern ebenso ein Thron der Gnade, vor welchem wir in seinem Namen frei und kühn erscheinen dürfen, um Barmherzigkeit zu erlangen und Gnade zu finden, wenn wir ihrer bedürfen. Und tatsächlich haben wir, so wie die Anordnung des Gesetzes, Gott anzurufen und die Verheißung, dass alle, die ihn anrufen, erhört werden, auch ebenso das Gebot, ihn im Namen Christi anzurufen und die gegebene Verheißung, zu erhalten, worum wir in seinem Namen bitten (Joh 14,13; 16,23).

Hier wird hinzugefügt, dass Gott unser Vater in den Himmeln ist. Damit wird seine wunderbare Majestät, die unser Geist in seiner Beschränktheit nicht auf andere Weise erfassen kann, angezeigt, da es ja vor unseren Augen nichts Hervorragenderes und Majestätischeres gibt als den Himmel. Darum bedeutet diese Wendung ebenso viel, wie wenn er erhaben, mächtig und unbegreiflich genannt würde. Wenn wir dies hören, müssen wir also jedes Mal unsere Gedanken nach oben richten, sooft Gott erwähnt wird, um uns unter ihm nicht etwas Fleischliches oder Irdisches vorzustellen und um ihn nicht an unserem Begriffsvermögen zu messen oder seinen Willen unseren Gefühlen entsprechen zu lassen. […]

Vom Beharren im Gebet: Endlich müssen wir dies gut beachten, dass wir Gott nicht an bestimmte Umstände [zur Erfüllung einzelner Bitten] binden sollen, so wie wir eben in diesem Gebet gelehrt werden, ihm kein Gesetz aufzuerlegen noch eine Bedingung zu stellen. Denn bevor wir ihm irgend eine Bitte für uns vorlegen, sagen wir vor allen Dingen: Sein Wille geschehe, womit wir bereits unseren Willen dem seinen unterstellen, damit er, wie durch einen Zügel festgemacht und zurückgehalten, sich nicht anmaßt, Gott zu beherrschen und sich zu unterwerfen. Wenn wir uns mit Herzen, die in solchem Gehorsam geformt sind, nach dem Wohlgefallen der göttlichen Vorsehung leiten lassen, werden wir es leicht lernen, im Gebet auszuharren und in Geduld den Herrn zu erwarten. Dabei schieben wir unsere Wünsche auf den Zeitpunkt seines Willens auf und sind dabei ganz sicher, dass er uns immer nahe ist, auch wenn er sich uns jetzt nicht zeigt, und zu seiner Zeit klarmachen wird, dass er nie taube Ohren für unsere Gebete hatte, mochten sie auch bei den Menschen als von ihm missachtet erscheinen. Und wenn am Ende nach langem Warten unser Verstand nicht begreifen kann, was das Beten genützt haben soll und davon kein Ergebnis spürt, wird dennoch unser Glaube uns dessen gewiss machen, was unser Verstand nicht wahrzunehmen vermag, dass wir doch alles erhalten haben, was wir brauchten, und wird es so richten, dass wir in der Armut Reichtum und in der Betrübnis Trost besaßen. Denn selbst wenn uns alles fehlen sollte, Gott wird und dennoch nie verlassen, wie er ja auf keinen Fall die Erwartung und Geduld der Seinen zu enttäuschen vermag. Er allein wird uns alle anderen Dinge ersetzen, wie er ja in sich alle Güter enthält, die er uns an einem zukünftigen Zeitpunkt voll und ganz offenbaren wird.

## *Die Bitten des Herrengebetes* (Genfer Katechismus, 1545)[3]

Frage 263. Warum nennst du ihn allgemein »Unser« Vater, und nicht lieber im Besonderen den deinen? Jeder Gläubige kann ihn seinen Vater nennen; aber der Herr hat hier die allgemeine Bezeichnung gebraucht, um uns dadurch an die Ausübung der Nächstenliebe im Gebet zu gewöhnen. Keiner soll sich dabei nur um sich selbst kümmern und die andern vernachlässigen.
Frage 264. Was bedeutet die angefügte Aussage, Gott sei »im Himmel«? Das ist dasselbe, als wenn ich ihn erhaben, machtvoll und unbegreiflich nennte.
Frage 265. Wozu aber und aus welchem Grund? Wir werden hier gelehrt, bei der Anrufung Gottes unsere Gemüter emporzuheben, damit wir uns nicht unter ihm etwas Fleischliches oder Irdisches vorstellen, ihn nicht an unserem Fassungsvermögen messen oder etwas Niedriges von ihm denken und ihn so unserem Willen unterwerfen wollen, sondern vielmehr seine herrliche Hoheit mit Ehrfurcht und Ergebenheit verehren lernen. Es dient auch dazu, unser Vertrauen auf ihn zu beleben und zu stärken, wenn er Herr und Herrscher des Himmels genannt wird, der alles nach seinem Willen lenkt.
Frage 266. Sage mir den Inhalt der ersten Bitte. Unter dem Namen Gottes versteht die Schrift Gottes Ruhm und Ansehen zu seiner Verehrung unter den Menschen. Wir bitten darum, dass seine Ehre überall und in allen Dingen immer mehr hervortrete.
Frage 267. Kann denn seine Ehre vermehrt oder vermindert werden? In sich selbst nimmt sie weder zu noch ab. Wir bitten darum, dass sie unter den Menschen so deutlich werde, wie es ihr zusteht; alles, was Gott tut, alle seine Werke sollen so herrlich erscheinen, wie sie eigentlich sind; und so soll er selbst auf jede Weise verherrlicht werden.
Frage 268. Was verstehst du in der zweiten Bitte unter dem Reich Gottes? Dazu gehören vor allem zwei Dinge: Gott lenkt die Erwählten durch seinen Geist; die Verworfenen aber, die sich ihm nicht gehorsam fügen wollen, schlägt er nieder und gibt sie der Vernichtung preis. So soll offenbar werden, dass nichts seiner Macht widerstehen kann.
Frage 269. Welchen Inhalt hat für dich die Bitte um das Kommen dieses Reiches? Der Herr möge von Tag zu Tag die Zahl der Gläubigen vermeh-

ren; er möge sie mit den Gaben seines Geistes überschütten, bis er sie ganz damit erfüllt hat. Weiter soll seine Wahrheit die Finsternisse des Teufels vertreiben und so immer heller und klarer zutage treten, und seine Gerechtigkeit sich durchsetzen und alle Ungerechtigkeit vernichten.
Frage 270. Geschieht dies alles nicht schon jeden Tag? Es geschieht so, dass man von einem Anfang des Reiches Gottes sprechen kann. Wir bitten darum, dass es immer wieder wachse und vorangetrieben werde, bis es zur letzten Vollendung gelangt. Wir hoffen auf sie als auf den Jüngsten Tag, an welchem Gott alle Geschöpfe sich unterworfen hat und allein über allen gepriesen wird. Dann wird Gott alles in allem sein [I Kor 15,27f.].
Frage 271. Welchen Sinn hat die Bitte, dass Gottes Wille geschehe? Alle Geschöpfe sollen ihm in Gehorsam unterworfen sein und so von seinem Wink abhängen, dass nichts geschieht, es sei denn durch seinen Willen.
Frage 272. Denkst du denn, es könnte etwas geschehen, was seinem Willen nicht entspricht? Wir bitten ja nicht nur, dass geschehe, was er bei sich beschlossen hat, sondern dass er alles Widerstrebende bändige und unterjoche, den Willen eines jeden in jeder Hinsicht dem seinen unterwerfe und ihm allein gehorsam mache.
Frage 273. Verzichten wir mit einer derartigen Bitte nicht auf unsern eigenen Willen? Jawohl; und nicht nur, damit Gott alle Gelüste, die in uns seinem Willen widerstreiten, wirkungslos macht, sondern damit er in uns ein neues Gemüt und ein neues Herz schafft, damit wir nichts selbstsüchtig von uns aus wollen, sondern vielmehr sein Geist unsere Wünsche leite und sie so völlig mit Gottes Willen übereinstimmen.
Frage 274. Warum bittest du, er geschehe »wie im Himmel, so auf Erden«? Die heiligen Engel, die seine himmlischen Geschöpfe sind, haben ja nur die eine Absicht, ihm in allem zu dienen, und sind ständig bereit, auf seinen Ruf zu hören und ihm aus freien Stücken Gehorsam zu leisten. Eine solche Bereitwilligkeit des Gehorsams erbitte ich auch für die Menschen, damit sich ihm jeder freiwillig und vollständig füge und hingebe.
Frage 275. Ich komme jetzt zum zweiten Teil. Was verstehst du unter dem täglichen Brot, um welches du bittest? Alles, was zur Bewahrung dieses gegenwärtigen Lebens dient: nicht nur Nahrung und Kleidung, sondern Gewährleistung aller äußeren Hilfsmittel zur Erfüllung unserer Lebensbedürfnisse, damit wir so unser Brot in Frieden essen können, soweit Gott es als förderlich ansieht.
Frage 276. Warum erbittest du als eine Gabe Gottes, was er uns durch unsere Arbeit erwerben heißt? Auch wenn wir für unseren Unterhalt im Schweiße unseres Angesichts arbeiten sollen, leben wir doch nicht dank unserer Arbeit, unseres Fleißes oder unserer Anstrengung, sondern allein durch Gottes Segen, wodurch die Arbeit unserer Hände gedeiht, die sonst fruchtlos wäre. Im Übrigen gilt sogar: Auch wenn uns Nahrungsmittel in Fülle zur Verfügung stehen und wir davon essen, so nährt uns doch nicht ihr Wesen, sondern allein Gottes Kraft. Sie besitzen nämlich diese Fähig-

keit nicht von Natur aus, sondern Gott gebraucht sie wie Werkzeuge seiner himmlischen Güte [Dtn 8,3.17].

Frage 277. Mit welchem Recht nennst du es dann dein Brot, wenn du es doch als Gabe Gottes erbittest? Es wird unser durch Gottes Güte, auch wenn er es uns nicht im Geringsten schuldet. Im Übrigen soll uns dieses Wort mahnen, nicht das Brot eines anderen zu begehren und uns mit dem zufriedenzugeben, was uns rechtmäßig wie aus Gottes Hand zuteil geworden ist.

Frage 278. Warum fügst du die Wörter »täglich« und »heute« an? Sie halten uns zu Mäßigkeit und Selbstbeherrschung an, damit unsere Wünsche nie das Maß des Notwendigen überschreiten.

Frage 279. Wenn dies nun das allgemeine Gebet für alle ist, wie ist es dann möglich, dass Reiche mit einem Haus voll Überfluss und Vorrat für lange Zeit um das tägliche Brot bitten sollen? Reiche ebenso wie Arme müssen wissen, dass ihnen all ihr Besitz nichts nützt, soweit nicht Gott ihnen dessen Verwendung gestattet und dies durch seine Gnade wirksam und nützlich macht. So haben wir bei allem Besitz nichts als das, was wir Stunde um Stunde aus Gottes Hand empfangen, soviel wir bedürfen und gut für uns ist.

Frage 280. Was ist der Inhalt der fünften Bitte? Gott möge uns unsere Sünden vergeben.

Frage 281. Ist denn auf Erden niemand so gerecht, dass er diese Vergebung nicht nötig hätte? Überhaupt niemand. Als Jesus seinen Jüngern dieses Mustergebet gab, hat er es für die ganze Kirche bestimmt. Wer meint, er könne sich davon ausnehmen, verlässt damit notwendigerweise die Gemeinschaft der Gläubigen. Wir hören ja auch das Zeugnis der Schrift: Wer sich in einer Sache vor Gott reinzuwaschen sucht, wird in tausend Fällen für schuldig befunden werden [Hi 9,3]. Es bleibt uns nur allein die Zuflucht zu seinem Erbarmen.

Frage 282. Wie werden uns denn deiner Ansicht nach die Sünden vergeben? So wie es Christi Worte selbst sagen: Es sind Schulden, derer angeklagt wir unausweichlich des ewigen Todes schuldig befunden werden, bis uns Gott ganz allein durch seine Gnade davon befreit.

Frage 283. Du sagst also, dass wir durch Gottes gnädiges Erbarmen die Vergebung der Sünden erlangen. Allerdings. Wenn wir auch nur für eine Sünde, und sei es die allerkleinste, Wiedergutmachung leisten müssten, wären wir doch niemals zur Genugtuung imstande. Gott muss uns daher alles aus Gnade schenken und verzeihen.

Frage 284. Welchen Nutzen bringt uns diese Vergebung? Dass wir von Gott so angenommen sind, als wären wir gerecht und unschuldig. Gleichzeitig werden wir damit im Vertrauen auf seine väterliche Güte als Grundlage unserer Heilsgewissheit bestärkt.

Frage 285. Nun steht eine Bedingung dabei: Gott soll uns vergeben, »wie auch wir vergeben unsern Schuldigern«. Bedeutet dies nun, dass wir uns Gottes Vergebung verdienen müssen, indem wir den Menschen vergeben, wenn sie sich irgendwie gegen uns vergangen haben? Ganz und gar nicht. Sonst wäre ja die Vergebung nicht mehr freie Gnade und nicht allein in der Genugtuung Christi durch seinen Tod für uns am Kreuz begründet, wie es doch sein muss. Weil wir aber dadurch, dass wir uns angetanes Unrecht vergessen und so Gottes Milde und Güte nachahmen, uns als seine Kinder erweisen, will er uns darin wie mit einem Kennzeichen bestärken. Gleichzeitig sollen wir umgekehrt auch merken: Wenn wir nicht schnell bereit zum Vergeben sind, können wir von Gott nichts anderes erwarten als größte und unerbittlichste Härte und Strenge.

Frage 286. Du meinst also, Gott sage sich von allen, die Beleidigungen nicht aus ihrem Herzen verbannen können, los und schließe sie aus dem Kreis seiner Kinder aus, so dass sich keiner darauf verlassen kann, im Himmel für sich Vergebung zu finden? So meine ich es, damit erfüllt würde, dass jedem mit dem Maß zugemessen wird, das er andern gegenüber gebraucht hat.

Frage 287. Was folgt dann? Gott möge uns nicht in Versuchung führen, sondern vom Bösen erlösen.

Frage 288. Fasst du dies alles in eine Bitte? Jawohl, Es ist eben nur eine einzige Bitte; der zweite Teil ist die Auslegung des ersten.

Frage 289. Was ist der Inhalt? Der Herr möge es nicht geschehen lassen, dass wir in Sünde geraten oder ihr verfallen und so vom Teufel und den Begierden unseres Fleisches, die uns ständig bekriegen, besiegt werden [Röm 7,23]. Er möge uns vielmehr mit seiner Kraft zum Widerstand ausrüsten, uns durch seine Hand stützen und mit seinem Schutz versehen und decken, damit wir so beschirmt unter seiner treuen Obhut leben können.

Frage 290. Auf welche Weise geschieht dies? Indem wir unter der Leitung seines Geistes von solcher Liebe und Sehnsucht nach Gerechtigkeit erfüllt werden, dass wir Sünde, Fleisch und Teufel überwinden und entsprechend von einem solchen Hass gegen die Sünde, dass er uns von der Welt unangefochten in reiner Heiligkeit erhält. Denn auf der Kraft seines Geistes beruht unser Sieg.

Frage 294. Was bedeutet der angehängte Schlusssatz: »Dein ist das Reich und die Kraft und die Herrlichkeit in Ewigkeit?« Wir werden hier noch einmal daran erinnert, auf Gottes Macht und Geist als Grundlage für unsere Gebete zu vertrauen und in keiner Weise auf uns. Außerdem werden wir dadurch gelehrt, alle unsere Gebete mit einem Lobpreis zu beschließen.

Frage 295. Dürfen wir nichts anderes von Gott erbitten, als was in diesem Mustergebet enthalten ist? Es steht uns zwar frei, mit anderen Worten und auf andere Weise zu beten; allerdings muss daran festgehalten werden, dass Gott kein Gebet gefallen kann, das nicht auf dieses hier als den einzigen Maßstab rechten Betens zurückgeht.

## *Gebete im Gottesdienst* (Genfer Gottesdienstordnung, 1542)[4]

Am Ende der Predigt spricht der Pfarrer die Aufforderung zum Gebet und beginnt wie folgt: »Allmächtiger Gott, himmlischer Vater, du hast uns zugesagt, uns in unseren Bitten zu erhören, die wir im Namen deines lieben Sohnes Jesus Christus, unseres Herrn, vor dich bringen. Auch sind wir durch seine und der Apostel Lehre angewiesen, uns in seinem Namen zu versammeln, und haben dabei die Verheißung, dass er mitten unter uns sein will und unser Fürsprecher bei dir, um alles zu erhalten und zu erlangen, worum wir auf Erden nach seinem Willen bitten.«

[Gebet für die Pfarrer:] »Wir bitten dich auch, wahrer Vater und Retter, für diejenigen, die du deinen Gläubigen zu Hirten eingesetzt hast und denen du die Sorge für die Seelen und die Verbreitung deines heiligen Evangeliums übertragen hast, du wollest sie führen und leiten durch deinen Heiligen Geist, damit sie als treue und ehrliche Diener deiner Herrlichkeit erfunden werden. Immer mögen sie das Ziel vor Augen haben, alle armen verirrten Schafe zu sammeln und dem Herrn Jesus Christus, dem Oberhirten und Fürstbischof, wieder zuzuführen, damit sie von Tag zu Tag in ihm in aller Gerechtigkeit und Heiligkeit gedeihen und zunehmen. Auf der anderen Seite wollest du alle Kirchen aus dem Rachen der reißenden Wölfe und von allen Mietlingen befreien, die nur ihrem Ehrgeiz oder Vorteil nachgehen und nicht einzig und allein der Erhöhung deines heiligen Namens und dem Heil deiner Herde.«

[Gebet um Glauben für alle Menschen:] »Danach bitten wir dich, gütiger Gott und barmherziger Vater, für alle Menschen überhaupt, weil du als Heiland der ganzen Welt erkannt sein willst, durch die Erlösung, die in deinem Sohn Jesus Christus geschehen ist. Gib, dass diejenigen, die noch entfernt sind von seiner Erkenntnis und sich in Finsternis und Gefangenschaft von Irrtum und Unwissenheit befinden, durch die Erleuchtung deines Heiligen Geistes und die Verkündigung deines Evangeliums auf den rechten Weg des Heils zurückgeführt werden, nämlich dich als einzig wahren Gott zu erkennen und den, welchen du gesandt hast: Jesus Christus. Dass diejenigen, die du schon mit deiner Gnade erreicht und durch die Kenntnis deines Wortes erleuchtet hast, täglich an Gutem zunehmen, reich gemacht durch deine geistlichen Segnungen, damit wir alle zusammen dich mit einem Herz und einem Munde loben und deinem Christus, unserem Meister, König und Gesetzgeber, Ehre und Huldigung geben.«

[Gebet für die Verfolgten:] »Ebenso befehlen wir dir, o Gott allen Trostes, diejenigen an, die du heimsuchst und züchtigst durch Kreuz und Verfolgung, sei es durch Armut, Gefängnis, Krankheit, Verbannung oder andere körperliche Not oder Anfechtung des Geistes: dass du sie deine väterliche Zuneigung erkennen und vernehmen lassest, damit sie sich von ganzem Herzen zu dir wenden und nach ihrer Bekehrung vollen Trost empfangen und von allem Übel befreit sind.«

[Gebet für die Diaspora:] »Im besonderen befehlen wir dir all unsere armen Brüder, die unter der Tyrannei des Antichrists zerstreut sind, vertrieben von der Weide des Lebens und der Freiheit beraubt, öffentlich deinen Namen anzurufen, die sogar im Gefängnis festgehalten und von den Feinden deines Evangeliums verfolgt werden: dass es dir gefalle, Vater der Gnade, sie zu stärken durch die Kraft deines Geistes, damit sie nicht schwach werden, sondern standhaft bleiben in deiner heiligen Berufung. Schütze sie und hilf ihnen; du weißt, dass sie es nötig haben. Tröste sie in ihrer Anfechtung, bewahre sie unter deinem Schutz gegen die Wut der Wölfe, mehre in allen die Gaben deines Geistes, damit sie dich im Leben und im Tod verherrlichen.«

## *Zwei Gebete* (Anhang zum Genfer Katechismus, 1545)[5]

Dankgebet nach Tisch. Psalm 117,1f.: »Lobet den Herrn, alle Nationen! Lobsinget ihm, alle Völker! Denn seine Barmherzigkeit waltet vielfältig über uns, und seine Wahrheit bleibt in Ewigkeit.« Herr Gott, wir sagen dir Dank für alle die Wohltaten, die wir unaufhörlich aus deiner Hand empfangen. So danken wir dir dafür, dass es dir gefällt, uns in diesem leiblichen Leben zu erhalten und mit allem, was zum Notwendigen für unseren Leib gehört, zu versorgen, und besonders dafür, dass du uns erneuern willst zu der Hoffnung auf ein besseres Leben, das du uns in deinem heiligen Evangelium offenbart hast. Wir bitten dich auch, du mögest nicht zulassen, dass unser Herz sich auf Erden in diesen vergänglichen Dingen verwurzle, sondern gib, dass wir immer aufwärts schauen in der Erwartung unsers Herrn Jesus Christus, bis er erscheine, um uns zu erlösen. Amen.

Abendgebet. Herr, Gott, es hat dir bei der Schöpfung gefallen, die Nacht für die Ruhe des Menschen wie den Tag für seine Arbeit zu bestimmen. Darum wollest du mir die Gnade erweisen, in dieser Nacht den Leib so ruhen zu lassen, dass meine Seele immer zu dir wacht und mein Herz sich zu dir in Liebe erhebt. So möge ich mich von aller irdischen Sorge lösen und mich, wie es meiner Schwachheit Not tut, stärken, ohne dich zu vergessen. Lass aber die Erinnerung an deine Güte und Gnade immer in meinem Gedächtnis haften und gib damit meinem Gewissen ebenso seine geistliche Ruhe wie dem Leib die seine. Ferner möge mein Schlaf sich nicht über die Maßen ausdehnen, um sich der Bequemlichkeit meines Leibes in übertriebener Weise zu beugen, sondern sich nach der Gebrechlichkeit meiner Natur richten und nur solange dauern, dass ich wieder fähig bin, dir zu dienen. Auch möge es dir gefallen, mich an Leib und Seele unbefleckt zu erhalten und mich vor allen Gefahren zu bewahren, so dass selbst mein Schlaf deinen Namen verherrliche. Und da dieser Tag nicht vergangen ist, ohne dass ich armer Sünder dich vielfach erzürnt habe, wollest du, so wie jetzt die von dir auf die Erde gesandte Finsternis alles verbirgt, durch deine Barmherzigkeit auch alle meine Fehltritte begraben, damit du mich nicht um ihretwillen von deinem Angesicht verwirfst. Erhöre mich, mein Gott, mein Vater, mein Heiland, durch unseren Herrn Jesus Christus! Amen.

## *Nach dem künftigen Leben trachten* (Institutio, 1559)[6]

(Institutio III,9,2). Wir stehen hier vor einem Entweder-Oder, neben dem es kein Drittes mehr gibt: Entweder muss uns die Erde unwert sein, oder aber sie hält uns in maßloser Liebe gefangen! Lebt also in uns irgendwie die Sorge um die Ewigkeit, so müssen wir fleißig darauf dringen, dass wir uns aus diesen üblen Fesseln herauswinden. Nun hat aber das gegenwärtige Leben gar viel Schmeichelndes, mit dem es uns betören, viel scheinbare Anmut und Lieblichkeit und Süßigkeit, mit der es uns locken will, und deshalb tut es uns sehr Not, dass wir immer wieder davon weggerufen werden, um nicht von dergleichen Reizen umstrickt zu werden. Ich möchte doch wissen, lieber Leser: Was würde geschehen, wenn wir hier eine dauernde Fülle von Gütern und Glück zu genießen bekämen, wo uns doch noch nicht einmal der beständige Stachel des Übels recht dazu aufrütteln kann, das Elend dieses Lebens zu bedenken!
Des Menschen Leben ist wie ein Rauch oder ein Schatten – das ist nicht nur gelehrten Leuten wohlbekannt, sondern es gilt auch den Einfältigen als eine allbekannte sprichwörtliche Wahrheit. Man hat auch erkannt, dass es sich dabei um eine Wahrheit handelt, die zu wissen ganz besonders nützlich ist, und darum hat man sie mit vielen trefflichen Aussprüchen angepriesen. Und doch gibt es schier nichts, was wir nachlässiger erwägen und weniger bedenken! Denn bei allem, was wir ins Werk setzen, tun wir so, als wollten wir hier auf Erden unsterblich werden! Wenn ein Leichenzug uns begegnet oder wenn wir zwischen Gräbern einhergehen, so tritt uns da das Bild des Todes vor die Augen, und angesichts dessen – das gebe ich zu – philosophieren wir wohl gewaltig über die Eitelkeit dieses Lebens! Indessen tun wir auch das nicht immer, und meistens macht alles das gar keinen Eindruck auf uns. Aber wo wir ans Philosophieren geraten, da ist das eine Augenblicksweisheit – sobald wir den Rücken wenden, ist sie bereits verflogen, und sie hinterlässt nicht die mindeste Erinnerungsspur. Kurz, sie verweht wie ein Theaterbeifall bei irgendeinem ergötzlichen Spiel! Aber wir schlagen uns nicht nur den Tod aus dem Sinn, sondern auch die Sterblichkeit selber, als ob nie ein Gerücht davon zu uns gedrungen wäre, und wenden uns wieder zu oberflächlicher Sicherheit zurück, als ob wir auf Erden unsterblich wären. Wenn uns einer einmal das Sprichwort hersagt, der Mensch sei ein Eintagstier, so geben wir das zwar zu; aber wir achten es doch so wenig, dass der Gedanke, wir hätten hier dauernden Bestand, trotzdem tief im Herzen festsitzt. Wer will da noch leugnen, dass wir es alle aufs höchste nötig

haben – ich meine, nicht bloß mit Worten daran gemahnt, sondern – mit möglichst vielen Erfahrungen davon überführt zu werden, wie jämmerlich es um unser irdisches Leben bestellt ist! Denn selbst wenn wir davon überführt sind, so hören wir doch kaum auf, vor falscher, törichter Bewunderung dieses Lebens zu erstarren, als ob es die höchste Vollendung des Guten in sich trüge! Hat es Gott nötig, uns zu erziehen, so ist es wiederum unsere Pflicht, auf ihn zu hören, wenn er uns ruft und uns in unserer Stumpfheit aufstachelt, damit wir die Welt gering achten und uns von ganzem Herzen daran machen, nach dem zukünftigen Leben zu trachten.

(Institutio III,9,3). So sollen sich die Gläubigen an die Verachtung des gegenwärtigen Lebens gewöhnen, aber doch so, dass daran weder ein Hass gegen dies Leben entsteht, noch auch Undankbarkeit gegen Gott. Denn mag auch dies Leben mit unendlichem Jammer erfüllt sein, so zählen wir es doch mit Recht zu den Segnungen Gottes, die man nicht verachten darf. Wenn wir in ihm also keinerlei göttliche Wohltat anerkennen, so machen wir uns einer nicht geringen Undankbarkeit gegen Gott selbst schuldig. Besonders für die Gläubigen muss es ein Zeugnis des göttlichen Wohlwollens sein, denn es ist doch ganz dazu bestimmt, der Förderung ihres Heils zu dienen. Gott will sich nämlich, bevor er uns das Erbe der ewigen Herrlichkeit offen enthüllt, durch geringere Beweisstücke als unser Vater erzeigen: Solche Beweise sind all die Güter, die er uns tagtäglich zuteil werden lässt. Wenn uns also dieses Leben dazu dient, Gottes Güte kennen zu lernen, wie können wir es dann verschmähen, als ob es auch nicht einen Funken Gutes in sich trüge? Diese Empfindung und Gesinnung müssen wir annehmen, um dieses Leben zu den Gaben der göttlichen Freundlichkeit zu rechnen, die wir nie und nimmer von uns weisen dürfen. Die Schrift gibt uns dafür sehr viele und völlig klare Zeugnisse. Aber selbst wenn die nicht da wären, so mahnte uns auch die Natur selber, dem Herrn unseren Dank dafür zu sagen, dass er uns an das Licht dieses Lebens gebracht hat, dass er uns dies Leben zum Gebrauch überlassen hat und uns alle erforderlichen Mittel darreicht, um es zu erhalten.

Wir haben noch viel mehr Ursache zum Danken, wenn wir erwägen, dass wir in diesem Leben gewissermaßen auf die Herrlichkeit des Himmelreichs vorbereitet werden. Denn der Herr hat es so geordnet, dass die, welche einst im Himmel gekrönt werden sollen, zuvor auf Erden Kämpfe bestehen, damit sie nicht triumphieren, ohne die Schwierigkeiten des Krieges überstanden und den Sieg erfochten zu haben. Dazu kommt noch eine weitere Ursache [zum Danken]: Wir fangen schon in diesem Leben unter gar vielerlei Wohltaten an, die Süße der Güte Gottes zu schmecken, und dadurch soll unsere Hoffnung und unser Verlangen geschärft werden, ihre völlige Offenbarung zu erwarten. Es steht also fest, dass unser irdisches Dasein, wie wir es leben, eine Gabe der göttlichen Freundlichkeit ist, um derentwillen wir Gott verpflichtet sind und demgemäß auch an ihn gedenken und ihm dankbar sein müssen. Ist das aber deutlich, dann werden wir auch recht darangehen, den jämmerlichen Zustand dieses Lebens zu betrachten; dadurch werden wir eben auch von der allzu großen Gier nach ihm frei gemacht, zu der wir, wie gesagt, von Natur ganz von selbst geneigt sind.

(Institutio III,9,4). Wenn also die Gläubigen das sterbliche Leben erwägen, dann soll dabei als Hauptgesichtspunkt Folgendes dienen: Wenn sie erkennen, dass dies Leben an und für sich nichts anderes als ein Elend ist, so sollen sie mit desto größerer Freudigkeit und Bereitschaft sich ganz dem Trachten nach jenem kommenden, ewigen Leben widmen. Ist es einmal zu diesem Vergleich gekommen, dann kann man das irdische Leben nicht nur ruhig gering schätzen, sondern soll es auch im Vergleich mit dem zukünftigen gänzlich verachten und verschmähen. Denn wenn der Himmel unsere Heimat ist, was ist dann die Erde anders als Verbannung? Wenn das Auswandern aus dieser Welt der Eingang ins Leben ist, was ist die Welt dann anders als ein Grab? Was bedeutet dann das Verweilen in der Welt anders, als dass wir in den Tod versunken sind? Führt uns die Befreiung vom Leibe zu wahrer Freiheit – was ist dann dieser Leib anders als ein Kerker? Wenn die höchste Seligkeit darin besteht, dass wir Gottes Gegenwart genießen, ist es dann nicht ein Elend, sie noch entbehren zu müssen? Wir »wallen« aber wirklich »ferne vom Herrn« (II Kor 5,6), bis wir von dieser Welt den Abschied genommen haben. Vergleicht man also das irdische Leben mit dem himmlischen, so wird man es ohne Zweifel leicht verachten und unter die Füße treten. Jedoch sollen wir es nie und nimmer hassen, es sei denn, sofern es uns der Sünde unterworfen sein lässt; aber auch dieser Hass soll nicht eigentlich auf das Leben selber gerichtet werden. Wie dem aber auch sei, wir sollen jedenfalls diesem Leben gegenüber in der Weise Widerwillen und Hass empfinden, dass wir nach seinem Ende verlangen, zugleich aber auch bereit sind, nach dem Willen des Herrn in ihm zu verbleiben; unser Widerwille soll also fern von jeglichem Murren und aller Ungeduld sein. Das Leben ist eben wie ein Wachtposten, auf den uns der Herr gestellt hat und den wir nicht verlassen dürfen, bis er uns abberuft. So beweint auch Paulus sein Los, weil er länger, als er es wünschen könnte, von den Fesseln des Leibes gebunden gehalten wird, und er seufzt in heißem Verlangen nach Erlösung (Röm 7,24), und doch will er Gottes Befehl gehorchen und bekennt, dass er zu Leben und Sterben bereit ist (Phil 1,23f.). Er weiß, dass er es Gott schuldig ist, seinen Namen durch Tod oder Leben zu verherrlichen (Röm 14,8), und da ist es Gottes Sache, festzustellen, was am meisten zu seiner Verherrlichung dient. Wenn wir also dem Herrn leben und sterben sollen (Röm 14,8), so wollen wir auch seinem Ermessen die Grenze von Tod und Leben überlassen. Aber doch so, dass wir im Sehnen nach dem Tode brennen und fleißig nach ihm trachten, das Leben aber gegenüber der kommenden Unsterblichkeit verachten und wünschen, es um der Sündenknechtschaft willen hinzugeben, wenn es dem Herrn gefällt.

(Institutio III,9,5). Es ist indessen geradezu ungeheuerlich, dass viele Menschen, die sich für Christen ausgeben, jene Sehnsucht nach dem Tode gar nicht kennen und sich stattdessen dermaßen vor ihm ängstigen, dass sie schon erzittern, wenn sie ihn irgendwie nennen hören, als ob er etwas ganz Verderbenbringendes, Unglückseliges wäre! Es ist gewiss nicht verwunderlich, dass das natürliche Empfinden in uns erschrickt, wenn es davon hört, dass wir aufgelöst werden sollen. Auf keine Weise zu ertragen ist es aber, dass auch in einem Christenherzen nicht das Licht der Frömmigkeit leuchten sollte, das solcherlei Ängste mit überlegenem Troste überwindet und unterdrückt! Denn wenn wir bedenken, dass diese unbeständige, gebrechliche, vergängliche, baufällige, welke, faule Hütte unseres Leibes abgerissen werden soll, um alsbald in beständige, vollkommene, unvergängliche, himmlische Herrlichkeit verwandelt zu werden – muss dann unser Glaube das nicht heiß ersehnen, wovor unsere Natur zurückschreckt? Wenn wir beachten, dass wir durch den Tod aus der Verbannung heimgerufen werden, um in unserer Heimat, und zwar unserer himmlischen Heimat unsere Wohnstatt zu finden – sollte uns daraus gar kein Trost erwachsen?

Aber man wendet ein: Es gibt kein Ding, das nicht danach strebt, sich zu erhalten! Das gebe ich durchaus zu, und ich behaupte, dass wir eben deshalb auf die zukünftige Unsterblichkeit schauen müssen; denn da wird uns ein bleibender Zustand zuteil, wie er auf Erden nirgendwo sichtbar ist! Großartig ist es, wenn Paulus uns lehrt, dass die Gläubigen fröhlich in den Tod gehen, nicht weil sie »entkleidet«, sondern weil sie »überkleidet« zu werden begehren (II Kor 5,2). Selbst die unvernünftigen Lebewesen, ja, gar die seelenlosen Geschöpfe bis herunter zu Holz und Steinen wissen ja um ihre gegenwärtige Eitelkeit und schauen nach dem jüngsten Tag, dem Auferstehungstag, aus, damit sie mit den Kindern Gottes von der Eitelkeit frei werden (Röm 8,19). Sollten da nicht wir, die wir mit dem Lichte der Vernunft begabt, ja, über alle Vernunft hinaus vom Geiste Gottes erleuchtet worden sind, sollten wir nicht, wenn es um unser Sein und Wesen geht, unsere Herzen über diesen Erdenstaub erheben? […]

Als feststehend wollen wir aber die Tatsache ansehen, dass keiner in Christi Schule rechte Fortschritte gemacht hat, der nicht mit Freuden auf den Tag seines Todes und der letzten Auferstehung wartet! Mit diesem Kennzeichen beschreibt nämlich Paulus alle Gläubigen (Tit 2,13), und die Schrift hat allgemein die Gepflogenheit, uns dahin zu verweisen, wenn sie uns die Ursache zu vollkommener Freude vor Augen halten will. Der Herr sagt: »Frohlocket und hebet eure Häupter auf, darum dass sich eure Erlösung naht« (Lk 21,28). Ich frage nur: Ist es denn zu begreifen, dass in uns bloß Trauer und Entsetzen hervorruft, was doch nach dem Willen des Herrn nur dazu dienen sollte, Frohlocken und Jubel in uns zu erwecken? Wenn es so bei uns steht – weshalb rühmen wir uns dann noch des Herrn als unseres Meisters? Nein, wir wollen einen besseren Sinn in uns aufkommen lassen und gegen allen Widerstand der blinden, stumpfen

Fleischesbegierde ohne Zögern das Kommen des Herrn nicht nur herbeiwünschen, sondern es mit Seufzen und Sehnsucht als das glückseligste von allen Ereignissen erwarten! Denn er wird uns als Erlöser kommen, der uns aus diesem unergründlichen Schlund von Übel und Elend herauszieht und uns in das selige Erbe seines Lebens und seiner Herrlichkeit einführt!

(Institutio III,9,6). Es ist doch wirklich so: Das ganze Volk der Gläubigen gleicht, solange es auf dieser Erde wohnt, notwendig den Schafen, die zur Schlachtbank geführt werden; denn es muss Christus, seinem Haupte, gleichgestaltet werden (Röm 8,36). Die Gläubigen wären also die trostlosesten unter allen Menschen, wenn sie ihr Herz nicht zum Himmel erhöben und dadurch all das, was in dieser Welt ist, überwänden und die gegenwärtige Gestalt der Dinge hinter sich ließen (I Kor 15,19). Aber wenn sie einmal ihr Haupt über alles Irdische erhoben haben, dann sehen sie wohl, wie die Gottlosen in blühendem Reichtum und in Ehren leben, sie nehmen es wahr, wie sie ungestörten Frieden genießen, wie sie in allerlei Pracht und Überfluss stolz dahergehen und alle Vergnügungen im Überfluss haben – sie werden auch durch die Bosheit der Gottlosen bedrückt, müssen von ihrem Stolz Verachtung leiden, werden von ihrer Habgier ausgeplündert und von anderlei Willkür geplagt –, aber dennoch werden sie auch in solchen Übeln leicht standhalten. Denn vor ihren Augen steht der Tag, an dem der Herr seine Gläubigen in die Ruhe seines Reiches aufnimmt, an dem er »alle Tränen abwischen wird von ihren Augen«, an dem er sie mit dem Kleid der Herrlichkeit und der Freude antut, sie mit der unaussprechlichen Süßigkeit seiner Freuden weidet, an dem er sie zur Gemeinschaft an seiner erhabenen Herrlichkeit erhebt und sie endlich des Teilhabens an seiner Seligkeit würdigt (Jes 25,8; Off 7,17).

## *Glaube an das ewige Leben* (Genfer Katechismus, 1537)[7]

»Ich glaube an die Auferstehung des Fleisches, an das ewige Leben. Amen.« Zunächst wird uns hier gelehrt, die kommende Auferstehung zu erwarten. Es werde nämlich geschehen, dass der Herr mit derselben Macht, durch die er seinen Sohn von den Toten auferweckt hat, aus Staub und Verderbnis das Fleisch jener zu neuem Leben rufen werde, die vor dem Tag des großen Gerichts vom Tod verschlungen sein werden. Wer dann lebend angetroffen wird, geht mehr durch eine plötzliche Umgestaltung als durch den natürlichen Weg des Todes in das neue Leben ein. Weil indessen die Auferstehung den Guten und Bösen gemeinsam ist, allerdings unter verschiedenen Bedingungen, ist der letzte Satzteil hinzugefügt, der zwischen unserem Zustand und dem der anderen unterscheidet. Unsere Auferstehung wird nämlich so sein, dass nach der Auferweckung von der Verderbnis zur Unverderblichkeit, der Sterblichkeit zur Unsterblichkeit und an Leib und Seele verherrlicht, der Herr uns in eine Seligkeit aufnehmen wird, die ohne Ende dauern wird, ohne irgendeine Eigenschaft der Veränderung oder Verderbnis. Dies wird die wahre und ganze Vollkommenheit in Leben, Licht und Gerechtigkeit sein, wenn wir untrennbar dem Herrn anhangen werden, der wie eine unversiegbare Quelle alle Fülle in sich enthält. Und diese Seligkeit wird das Reich Gottes sein, ganz erfüllt von Klarheit, Freude, Kraft und Glück – Dinge, die jetzt weit außerhalb der menschlichen Erkenntnis liegen und die wir nur durch einen Spiegel und undeutlich sehen, bis der Tag gekommen sein wird, wo der Herr uns seine Herrlichkeit von Angesicht zu Angesicht sehen lassen wird.

Wenn der Glaube, wie wir gehört haben, eine sichere Überzeugung von Gottes Wahrheit ist, die uns weder betrügen noch täuschen noch leer oder falsch sein kann, werden alle jene, welche diese Gewissheit erfasst haben, ebenso sicher auch erwarten, dass Gott seine Verheißungen erfüllen wird, die ihrer Überzeugung nach nicht anders als wahr sein können. Derart ist die Hoffnung also nichts anderes als die Erwartung jener Dinge, die der Glaube als von Gott in Wahrheit verheißen glaubt. So glaubt der Glaube, dass Gott wahrhaft ist; die Hoffnung erwartet, dass er zu gegebener Zeit seine Wahrheit zeigt. Der Glaube glaubt, dass Gott unser Vater ist; die Hoffnung zählt darauf, dass er sich uns gegenüber immer als solcher erweist. Der Glaube glaubt, dass uns das ewige Leben gegeben wird; die Hoffnung erwartet, dass es einmal offenbart werden wird. Der Glaube ist das Fundament, auf dem die Hoffnung ruht; die Hoffnung nährt und stützt den Glauben. Denn wie niemand etwas von Gott erwarten oder erhoffen kann, ohne zuerst seinen Verheißungen geglaubt zu haben, so muss anderseits die Schwachheit unseres Glaubens, damit er auch in Müdigkeit nicht verzage, durch Hoffen und geduldiges Erwarten gestärkt und bewahrt werden.

---

1 Institutio (1559) III,20,2.11.28.

2 Genfer Katechismus von 1537, in: CStA 1.1,182–187.194f.

3 Genfer Katechismus von 1545, in: CStA 2,96–109.

4 Genfer Gottesdienstordnung von 1542, in: CStA 2,164–169.

5 In: Reformierte Bekenntnisschriften und Kirchenordnungen in dt. Übers., bearb. u. hg. v. *P. Jacobs*, Neukirchen 1949, 67f.

6 Institutio (1559) III,9,2–6.

7 Genfer Katechismus von 1537, in: CStA 1.1,180–183.

# 12 Seelsorge, Humor und Lebensgenuss

Unter den Stichworten Seelsorge, Humor und Lebensgenuss kommen weniger beachtete Seiten von Calvins Persönlichkeit und Wirken zur Sprache. Die oftmals hervorgehobene und gelegentlich auch beklagte Strenge von Calvins Charakter erweitert sich damit um Aspekte, in denen seine Aufgeschlossenheit für das praktische Leben und seine Facetten ihren Ausdruck finden. Die Seelsorge ist nach Calvins Überzeugung neben der Predigt und dem Unterricht die entscheidende Lebensäußerung der Kirche, in der alle Aufmerksamkeit dem Leben des Mitmenschen gilt. Insbesondere Calvins Briefe sind eine reichhaltige Quelle, in der sich seine Sorge um Menschen in den Grenzsituationen von Krankheit und Martyrium studieren lassen. In diesen Texten zeigt sich seine theologische Erkenntnis, das eigene Leben und das der anderen Menschen im Horizont der beständigen Sorge und Barmherzigkeit Gottes zu sehen. Weiter bietet Calvins Humor ein vielfältiges Bild, das u.a. Selbstironie und spitze Polemik in der Auseinandersetzung mit den Institutionen der römischen Kirche einschließt. Einige Abschnitte aus Calvins Werken belegen, dass der Reformator, dem weithin eine asketische Lebenshaltung zugeschrieben wird, auch Lebensfreude und Lebensgenuss hochschätzt, sofern Gott als Geber der Gaben geachtet und diese nicht gegen den Mitmenschen gewendet werden.

*Besuch der Kranken* (Genfer Gottesdienstordnung, 1542)[1]

Die Aufgabe eines wahren und treuen Dieners [der Kirche] besteht nicht nur darin, das Volk, dem er als Pfarrer zugeordnet ist, öffentlich zu unterrichten. Vielmehr soll er, soweit dies möglich ist, jeden Einzelnen ermahnen, ermutigen, ins Gespräch nehmen und trösten. Nun hat der Mensch dann das größte Bedürfnis nach der geistlichen Lehre unseres Herrn, wenn er von unserem Herrn durch Betrübnis heimgesucht worden ist, sei es durch Krankheit oder durch andere Übel, ganz besonders in der Stunde des Todes. Da fühlt er sich nämlich vielmehr als in seinem ganzen Leben in seinem Gewissen bedrängt, sowohl von Gottes Gericht, vor das er sich jetzt gerufen sieht, als auch von den Angriffen des Teufels, der alle Anstrengungen unternimmt, die arme Person niederzuwerfen und sie in Verwirrung zu stürzen. Darum ist es die Aufgabe der Pfarrer, die Kranken zu besuchen und sie durch das Wort des Herrn zu trösten. Er soll ihnen zeigen, dass alles, was sie erleiden und erdulden, von der Hand Gottes und aus seiner gütigen Vorsehung kommt, dass er denen, die an ihn

glauben, nichts schickt, als was zu ihrem Guten und zu ihrem Heil dient. Dazu soll er geeignete Zeugnisse aus der Schrift nehmen. Wenn er sieht, dass ihre Krankheit gefährlich ist, soll er ihnen je nach ihrem Gemütszustand noch weitergehenden Trost spenden. Das heißt, wenn er merkt, dass die Furcht vor dem Tod sie erschreckt, soll er ihnen zeigen, dass es darin für die Glaubenden keinen Grund zur Verzweiflung gibt: Jesus Christus ist ihr Führer und Beschützer, der sie durch den Tod in jenes Leben führt, in das er selbst eingetreten ist. Durch solche und ähnliche Darlegungen soll er ihnen jene Furcht und jenen Schrecken nehmen, den sie vor dem Gericht Gottes empfinden.
Wenn er sieht, dass sie vom Bewusstsein ihrer Sünden nicht ausreichend niedergeschlagen sind, soll er ihnen erklären, welches die Gerechtigkeit Gottes ist, vor welcher sie nicht bestehen können außer durch sein Erbarmen, indem sie Jesus Christus als ihr Heil umfangen. Wenn er dagegen sieht, dass sie in ihren Gewissen betrübt sind und in Unruhe wegen ihrer Sünden, soll er ihnen Jesus Christus lebhaft vor Augen führen und darstellen, wie in ihm alle armen Sünder, die nicht auf sich selbst vertrauen, sondern sich auf seine Güte verlassen, Erleichterung und Zuflucht finden. So wird ein guter und treuer Diener zu prüfen haben, welches Mittel richtigerweise anzuwenden ist, um die Leidenden und Betrübten zu trösten – entsprechend dem Gemütszustand, den er bei ihnen feststellt, und alles gemäß dem Wort unseres Herrn. Und wenn der Pfarrer sogar etwas hat, mit dem er die armen Betrübten auch leiblich trösten und ihnen beistehen kann, soll er daran nicht sparen, sondern allen ein wahres Beispiel der Liebe geben.

### *Besuch Kranker und Gefangener* (Genfer Kirchenordnung, 1561)[2]

Vom Krankenbesuch: Manche versäumen es, wenn sie krank sind, sich in Gott durch sein Wort zu trösten. So kommt es, dass viele ohne Zuspruch und Lehre des Evangeliums sterben, das dem Menschen doch gerade dann ganz besonders heilsam ist. Aus diesem Grund haben wir verfügt, dass niemand drei ganze Tage lang krank im Bett liegen darf, ohne dies einen Pfarrer wissen zu lassen, und dass jeder daran denkt, die Pfarrer zu benachrichtigen, wenn er diese zur rechten Zeit haben will. So werden sie nicht von ihrem Amt abgehalten, in welchem sie der ganzen Kirche dienen. Um allen Ausreden zuvorzukommen, verfügen wir, dass dies öffentlich bekannt gemacht werden soll. Vor allem soll den Eltern, Freunden und Krankenpflegern geboten werden, nicht zu warten, bis der Kranke im Sterben liegt, denn in diesem letzten Augenblick nützen die tröstenden Worte in den meisten Fällen nichts mehr.
Vom Gefangenenbesuch: Wir haben außerdem verfügt, dass an einem bestimmten Tag in der Woche Zusammenkünfte mit den Gefangenen stattfinden sollen, damit sie Zuspruch und Ermahnung erhalten. Dabei soll einer der Ratsherren beauftragt werden, daran teilzunehmen, damit

dort nichts Unrechtes geschieht. Wenn jemand gefesselt in Einzelhaft liegt und man ihn nicht herausführen will, so kann der Rat, wenn es ihm gut erscheint, einem Pfarrer den Zugang erlauben – wie erwähnt in Begleitung –, um ihn zu trösten. Wenn man nämlich wartet, bis man die Verbrecher zur Hinrichtung führen muss, sind sie meist derart von Angst erfüllt, dass sie nicht in der Lage sind, etwas aufzunehmen oder zu hören. Festgesetzt wurde dazu der Samstagnachmittag.

## *Trost an einem Vater* (Brief an Monsieur de Richebourg, 1541)[3]

Was mich angeht, so hätte ich ja nichts vom Schmerz gespürt über den Tod von Claude [= Lehrer von Louis de Richebourg] und Louis [= Sohn von Monsieur de Richebourg], wenn nicht diese unsere Kinder sich aufgemacht hätten, nach Straßburg zu kommen. Und doch könnte mich das große Leid, das ich um beide trage, nie dazu bringen, mit Reue an den Tag zu denken, da sie, mehr gelenkt von Gottes Hand als geführt vom eigenen Willen, von mir in Freundschaft aufgenommen wurden – in eine Freundschaft, die nicht nur bis ans Ende standhielt, sondern auch wuchs, zunahm und stärker wurde von Tag zu Tag. So freue ich mich also, dass sie so, wie sie gewesen sind, mit mir gelebt haben. Und da sie nun sterben mussten, so freue ich mich doch, dass sie bei mir gestorben sind, wo sie doch friedlich und in guter Ruhe ihre Seele in die Hände Gottes haben befehlen können, und dass ihnen nicht widerfahren ist, da zu sterben, wo die Zudringlichkeit derer, die ihnen hätten helfen müssen, ihnen mehr Leid und Böses getan hätte als der Tod selbst. Denn nun sind unter frommen Ermahnungen und in beständiger Anrufung des Namens Gottes ihre gläubigen Seelen von dieser armen Erde gegangen, froh ihrer Vereinigung mit Christus. Ich wollte nicht einmal jetzt frei sein von all der Traurigkeit, um den Preis, dass ich sie nie gekannt hätte. Denn ich hoffe, dass ich bis ans Ende eine heilige, ja sogar süße und angenehme Erinnerung an sie festhalte.

Aber Sie werden fragen, was nützt es mir, dass mein Sohn ein Knabe war, der das Größte hoffen ließ, nun, da er mir in der Blüte seiner Jahre geraubt wurde? Das wäre ja, wie wenn Christus durch seinen Tod nicht wohl verdient hätte, zu herrschen über Lebendige und Tote! Wenn wir doch zu ihm gehören, wie wir sollen, warum sollte er nicht Macht haben über uns im Leben und im Tod? Wie es nun auch sei, dass nach Ihrer Meinung oder nach meiner Ihr Sohn nur kurze Zeit gelebt hat, so muss es uns doch genügen, dass er den Lauf vollendet hat, den ihm der Herr bestimmt hat. Doch wollen wir nicht denken, dass er gebrochen sei noch in der Blüte, da er doch für den Herrn zur Reife gekommen ist. Denn wir müssen sagen, alle die sind zur Reife gekommen, die der Herr von hier heimgeholt hat, wenn wir nicht etwa ihn anklagen wollen, er nehme unüberlegt einen vor der Zeit weg. Das ist von allen wahr, aber von Louis ist es eine ganz gewisse und richtige Rechnung. Denn so alt ist er geworden, dass er mit wahrem Zeugnis bekräftigen konnte, er sei ein Glied Christi. Nachdem er solche Frucht getragen, erlosch sein Leben, und er ward uns genommen. Vielmehr ist er aus diesem dahineilenden und schwindenden Schattenleben aufgenommen in die wahre Unsterblichkeit. Glauben Sie nicht, Sie hätten den verloren, den Sie in der seligen Auferstehung, im Gottesreich wiederbekommen werden? So haben die beiden gelebt, so sind sie gestorben, dass ich nicht daran zweifle, dass sie beim Herrn sind. So wollen auch wir wandern, dass wir zu dem Ziel kommen, das sie erreicht haben. Daran wollen wir nicht zweifeln, dass Christus sie und uns zu untrennbarer Gemeinschaft sammeln wird, einst in dem unvergleichlich schönen Teilnehmen an seiner Herrlichkeit. Hüten Sie sich also, Ihren Sohn zu betrauern als einen Verlorenen, da Sie doch erkennen, dass der Herr ihn bewahrt, dass er ewig der Ihre bleibe, während er jetzt doch nur provisorisch auf einen Augenblick Ihnen anvertraut war. Keinen geringen Trost muss Ihnen doch auch der Gedanke an das bieten, was Ihnen geblieben ist. Sie haben ja noch Charles, der nach unser aller Urteil so ist, dass jeder sich einen solchen Sohn wünschte. Glauben Sie nicht, dass ich das Ihren Ohren zuliebe sage oder irgendetwas Ihnen zuliebe übertreibe. Das ist nicht meine Art und Gewohnheit. Ich will also ganz einfach sagen, was ich meine und was ich auch jedem Fremden sagen würde. Der junge Mann ragt über andere hinaus, erstens an besonderer Frömmigkeit und wahrer Gottesfurcht, die aller Weisheit Anfang ist, dann auch an Feinheit seines ganzen Wesens, angenehmen Sitten und ungewöhnlicher Bescheidenheit und Selbstbeherrschung. Das Lob spende ich ihm nicht etwa nach bloßem Hörensagen; denn ich richtete darauf stets meine Aufmerksamkeit, seine Geistesart ganz zu durchschauen. [...] Wie viel ein solcher Sohn wert ist, um den Verlust, durch den Sie der Herr nun mit Kummer geschlagen hat, zu erleichtern, können Sie selbst beurteilen und werden es auch selbst tun, um darin gegen Gott nicht undankbar zu sein. Sie werden sagen, es sei aber doch zu schwer, die Vaterliebe so zu verbannen oder zu unterdrücken, dass Sie beim Tod Ihres Sohnes keinen Schmerz empfänden. Das verlange ich von Ihnen auch durchaus nicht, dass es Sie nicht schmerze. Denn solche Lebensklugheit lernen wir in Christi Schule nicht, dass wir die uns von Gott gegebenen menschlichen Gefühle ablegen und aus Menschen Steine werden. Das alles zielt vielmehr nur dahin, dass Sie Ihrem ganzen gerechten Schmerz ein Ziel und Maß setzen; dass Sie wohl weinen, wie es die natürliche Vaterliebe von Ihnen fordert, aber sich nicht ganz der Trauer hingeben. Ich habe mich Ihnen auch nicht deshalb [als Tröster] aufgedrängt, weil ich Ihrer Klugheit, Festigkeit und Seelengröße misstraute, sondern bloß, weil ich meine Pflicht Ihnen gegenüber nicht versäumen wollte. [...] Der Herr Christus behüte Sie und Ihr Haus und leite Sie alle mit seinem Geist, bis Sie dahin kommen, wohin Louis und Claude vorausgegangen sind.

### *Betreuung von Pestkranken* (Brief an Viret, 1542)[4]

Die Pest beginnt auch hier heftiger aufzutreten, und wenige von den Erkrankten kommen davon. Wir werden einen von unserem Kollegium zum Beistand der Kranken bestimmen müssen. Da Pierre [Blanchet] sich dazu anbot, überließen wir alle es ihm gerne. Wenn ihm etwas widerfährt, fürchte ich, nach ihm mich in diese Gefahr begeben zu müssen. Denn, wie du sagst, wir sind eines jeden Schuldner und dürfen denen nicht fehlen, die vor anderen unseren Dienst begehren. Und doch rate ich nicht dazu, dass wir die ganze Gemeinde verlassen, um einem Teil beizustehen. Aber solange wir in unserem Amte sind, sehe ich nicht, was wir zur Entschuldigung vorbringen könnten, wenn wir aus Furcht vor der Ansteckungsgefahr die im Stiche ließen, die unsere Hilfe am nötigsten haben.

### *Begleitung einer Sterbenden* (Brief an Madame de Cany, 1549)[5]

Gegen fünf Uhr morgens ging ich zu ihr [= Madame de Normandie, Freundin von Madame de Cany]. Nachdem sie sehr geduldig zugehört hatte, was ich ihr dem Ernste der Stunde entsprechend sagte, sprach sie: »Die Stunde nähert sich; ich muss die Welt verlassen; dieser Leib will sich nur noch auflösen; aber ich bin sicher, dass mein Gott mich in sein Reich heimholen wird. Ich weiß sehr wohl, dass ich eine arme Sünderin bin, aber ich vertraue auf seine Güte und auf den Tod und das Leiden seines Sohnes. Also zweifle ich nicht an meinem Heil, denn er hat mich seiner gewiss gemacht. Ich vertraue mich ihm an, ihm als meinem Vater.« Gerade als sie diese Worte gesprochen hatte, stellten sich noch andere Besucher ein. Ich sagte dann noch einige Worte, wie es mir schicklich schien, und wir beteten zu Gott entsprechend den Umständen. Nachdem sie nochmals ihre Sündenerkenntnis dargelegt und Gott um Vergebung gebeten und ihre Vergebungsgewissheit bezeugt hatte, begann sie ganz spontan das Miserere zu singen, so wie wir es in der Kirche tun, mit lauter, kräftiger Stimme, wenn auch nicht ohne Mühe. Sie bat auch, man möge fortfahren. Ich legte ihr in Kürze den Psalminhalt aus, da ich sah, welche Freude und Erbauung sie daran hatte. Sie sagte zu mir, nachdem sie mich bei der Hand gefasst hatte: »Wie glücklich bin ich und welch guten Grund habe ich doch in Gott, dass er mich hierher gebracht hat, damit ich hier sterbe. Wenn ich noch in diesem unglücklichen Gefängnis wäre, wagte ich es nicht, den Mund zu öffnen und meinen christlichen Glauben zu bekennen. Ich habe hier nicht nur die Freiheit, Gott zu rühmen, sondern ich habe auch viel gute Ermunterung, die mich in meinem Heil bekräftigt.« Manchmal sagte sie auch: »Ich kann nicht mehr.« Worauf ich ihr antwortete: »Gott wird für Sie können. Er hat es Ihnen ja bis hierher gut gezeigt, wie er den Seinen hilft.« Sie sagte sogleich: »Ich glaube es, und er lässt mich seine Hilfe spüren.«

Ihr Ehemann war anwesend in einem Zustand, dass er uns sehr leid tat, und doch wunderten wir uns über seine Standhaftigkeit. Er war in tiefer Trauer und bedrängt von extremer Angst, ich sah es. Dennoch brachte er es über sich, mit seiner Gattin zu sprechen, als hätten sie zusammen eine glückliche Reise zu machen. Während ich mit ihr sprach, erlitt sie heftige Magenschmerzen. Gegen neun oder zehn Uhr beruhigten sie sich. Als läge sie nicht in Erschöpfung, hörte sie nicht auf, Gott zu loben, sich immer wieder zu demütigen und ihr Heil und all ihr Wohl in Jesus Christus zu suchen. Als ihr die Sprache versagte, hörte sie dennoch nicht auf, mit ihrem Gesicht zu reden und Zeichen der Aufmerksamkeit zu geben sowohl bei den Gebeten als auch bei den Ermutigungen, die man ihr machte. Zum Schluss war sie so friedlich, dass nur ihr Aussehen den Schein des Todes erweckte. Am Ende, als ich bereits dachte, sie sei hinübergegangen, sagte ich: »Nun lasst uns zu Gott beten, dass er uns die Gnade gebe, ihr zu folgen.« Als ich aufstand, wandte sie ihre Augen zu mir, wie zum Dank dafür, dass wir ausharrten im Gebet und in der Tröstung. Darauf nahmen wir keine Lebenszeichen mehr wahr. Sie schied so friedlich dahin, als wäre sie eingeschlafen.

### *Trost im Martyrium* (Brief an gefangene Studenten, 1553)[6]

Überall, wohin wir auf Erden blickten, hat uns Gott unsere Waffen zerbrochen. Da ist es nur gut, dass wir nie um die Hoffnung betrogen werden, die wir auf ihn und seine heilige Verheißung setzen. Ihr habt Euch darauf gegründet zu der Zeit, da es schien, Ihr könntet noch Menschenhilfe finden, und wir es auch dachten. Und so sehr es auch den Anschein hatte, als könntet Ihr durch menschliche Mittel davonkommen, so hat das doch Eure Augen nie so verblendet, dass Euer Herz sich abgewandt und Euer Vertrauen sich hierhin und dorthin gerichtet hätte. In dieser Stunde mahnt Euch nun die Notwendigkeit, mehr als je all Euer Sinnen zum Himmel zu richten. Wir wissen ja noch nicht, wie es ausgehen wird, aber da es scheint, Gott wolle Euer Blut gebrauchen zur Versiegelung seiner Wahrheit, so ist nichts besser, als Ihr bereitet Euch auf dieses Ende vor und bittet ihn, Euch so seinem Wohlgefallen untertan zu machen, dass nichts Euch hindert, ihm zu folgen, wohin er Euch ruft. Denn Ihr wisst, liebe Brüder, wir müssen [uns selbst] so abgestorben sein, dass wir uns für ihn zum Opfer bringen können. Ihr müsst auf jeden Fall noch harte Kämpfe bestehen, damit sich an Euch erfüllt, was dem Petrus gesagt wurde: Man wird Euch führen, wohin Ihr nicht wollt (Joh 21,18). Aber Ihr wisst, in welcher Macht Ihr streiten sollt. Wer sich darauf stützt, kann nie überrascht und noch weniger verwirrt werden. So baut darauf, liebe Brüder, dass Ihr in der Not gestärkt werdet durch den Geist unseres Herrn Jesus, nicht zu fallen unter der Bürde der Versuchung, so schwer sie auch ist, so wenig wie er, der über die Versuchung so glorreichen Sieg davontrug, der uns ein unfehlbares Pfand auch unseres Triumphes inmitten unseres Elends ist. Da es nun ihm gefällt, Euch bis in den Tod zu brauchen zur Verteidigung seiner Sache, so wird er Euch auch seine starke Hand bieten zum tapferen Kampf und nicht leiden, dass ein Tropfen Eures Blutes unnütz bleibe. Und wiewohl man die Frucht davon nicht gleich bemerkt, so wird mit der Zeit doch mehr daraus erwachsen, als wir sagen können. Aber je mehr er Euch das Vorrecht gegeben, dass Eure Gefangenschaft berühmt geworden ist und das Gerücht davon überallhin gedrungen, umso mehr soll, dem Satan zum Trotz, auch Euer Tod weithin Widerhall finden, damit der Name unseres lieben Gottes verherrlicht werde. Ich für meinen Teil zweifle daran nicht, dass, wenn es dem lieben Vater gefällt, Euch heimzuholen, er Euch bisher aufbewahrt hat, damit Eure lange Gefangenschaft eine Vorbereitung sei, um die besser aufzurütteln, die er durch Euer Ende zu erbauen beschlossen hat. Denn was die Feinde tun mögen, sie können das nie begraben, was Gott an Euch leuchten lässt, dass man es von ferne sieht.

Ich will Euch nun nicht mehr lange trösten und ermahnen, da ich wohl weiß, dass der Vater im Himmel selbst Euch hat spüren lassen, was sein Trost vermag, und Ihr schon eifrig genug darauf bedacht seid, zu betrachten, was er Euch in seinem Worte bietet. Er hat schon so sehr durch die Tat gezeigt, wie seine Kraft in Euch wohne, dass wir sicher sein dürfen, er wird es auch vollenden bis zuletzt. Ihr wisst, wenn wir aus dieser Welt scheiden, so gehen wir nicht auf ungewisses Abenteuer: nicht nur, weil Ihr gewiss seid, dass es ein Leben im Himmel gibt, sondern auch, weil Ihr sicher seid, dass unser Gott Euch aus Gnaden als seine Kinder angenommen hat, so geht Ihr ein wie in Euer Erbgut. Dass Gott Euch verordnet hat zu Märtyrern seines Sohnes, sei Euch noch ein Zeichen mehr dafür. Bleibt noch der gegenwärtige Kampf, in den uns der Geist Gottes nicht zu gehen, sondern zu laufen heißt. Es sind harte betrübende Versuchungen, den Stolz der Feinde der Wahrheit so gewaltig groß zu sehen, ohne dass er von oben her unterdrückt wird, und ihre Wut so überschäumend, ohne dass Gott für die Seinen zu ihrer Erleichterung sorgt. Fällt uns dann aber ein, dass geschrieben steht, unser Leben sei verborgen (Kol 3,3) und wir sollten sein wie Gestorbene – das ist keine Lehre für einen Tag, sondern für alle Zeit –, so finden wir es nicht so seltsam, dass die Trübsal anhält. Wenn es Gott gefällt, den Feinden so lange den Zügel schießen zu lassen, so ist es unsere Pflicht, uns stillzuhalten, wiewohl die Zeit unserer Erlösung sich verzögert. Übrigens, da er versprochen hat, Richter sein zu wollen über die, die sein Volk geknechtet haben, so dürfen wir nicht daran zweifeln, dass er auch denen eine fürchterliche Strafe bereitet hat, die seine Majestät in so maßlosem Stolz verachtet und so grausam die verfolgt haben, die seinen Namen rein anrufen. Handelt, liebe Brüder, nach dem Satze Davids: Ich vergesse des Gesetzes des Herrn nicht, wiewohl ich meine Seele immer in den Händen trage, sie aufzugeben in jedem Augenblick (Ps 119,61.109.135). Da er Euer Leben braucht zu einer so gro-

ßen Sache, wie es das Zeugnis für sein Evangelium ist, so seid gewiss, dass ihm Euer Leben wertvoll ist. Denn die Zeit ist nahe, dass die Erde aufdecken wird das Blut, das verborgen lag, und dass wir entkleidet werden dieses hinfälligen Leibes und vollständig wiederhergestellt werden. Indessen sei durch unsere Schmach der Name des Sohnes Gottes gepriesen, und wir wollen damit zufrieden sein, dass das uns sicher bezeugt ist, dass wir nur verfolgt und geschmäht werden, weil wir hoffen auf den lebendigen Gott. Darin haben wir Grund genug, alle Welt in ihrem Stolz zu verachten, bis wir versammelt werden in das ewige Reich, in dem wir die Güter voll genießen werden, die wir jetzt in der Hoffnung besitzen.
Liebe Brüder, ich empfehle mich von Herzen Eurem Gebet und bitte den lieben Gott, Euch in seiner Obhut zu halten, Euch mehr und mehr zu stärken in seiner Macht, Euch spüren zu lassen, wie er für Euer Wohl sorgt, und in Euch die Gaben seines Geistes zu mehren, damit sie zu seinem Ruhme dienen bis ans Ende. Ich empfehle mich den anderen Brüdern nicht insbesondere, weil ich denke, dieser Brief soll Euch allen gelten. Ich wollte Euch bisher nicht schreiben, wie unsicher Eure Lage sei, aus Furcht, Euch umsonst damit zu betrüben. Nochmals bitte ich den lieben Gott, seine Hand über Euch auszustrecken zu Eurer Erhaltung.

### *Sorge um die Armen* (Predigt über Deuteronomium 15,11–15)[7]

Nicht ohne Grund befiehlt Gott denen, die Güter haben, eine offene Hand zu haben für die Armen und Hungernden dieser Erde. Damit sagt er uns nämlich, dass wir ihm dienen sollen und genau, wie das zu geschehen habe: Wir sollen ihm die Ehre geben durch die Güter, die er uns reichlich schenkte. Er sendet uns die Armen gewissermaßen an seiner statt als seine Einzieher. Und obschon unsere milde Gabe Menschen zugute kommt, so sieht es Gott doch so an, als ob wir ihm selbst in die Hand gegeben hätten, was wir einem Armen geben. Im Blick auf Gott handelt es sich bei unserem Tun nicht um Gabe, die wir ihm geben, sondern um schuldigen Dank für das Gute, das er uns erwiesen hat. Aber dennoch nimmt er die Barmherzigkeit, die wir unseren armen Brüdern erzeigen, an, als ob sie ihm selber gälte. Darum heißt es auch, dass, wer sein Ohr dem Schrei des Armen verschließt, von Gott auch nicht erhört werden wird, wenn er selber ins Schreien kommt. Auf der anderen Seite aber, wenn wir barmherzig sind und die Not der Armen uns zur Hilfe antreibt, so wird Gott auch gegen uns Erbarmen erweisen und uns in der Not helfen. Darum sagt Mose hier, warum Gott befiehlt, dem Armen gegenüber, der unter uns wohnt, eine offene Hand zu haben: Gott gibt sie uns, damit wir keine Entschuldigung haben und nicht sagen können: Ich weiß nicht, wo ich Gutes tun könnte. Weil unser Herr uns die Mittel gibt, Gutes zu tun, kann man keine Ausflüchte finden. Wir bleiben immer schuldig, wenn wir die Gelegenheit zur Wohltat nicht ergreifen. Unser Herr

Jesus Christus wird dann noch deutlicher, wenn er sagt, dass er nicht immer unter uns sein werde, wohl aber die Armen. Indem er den Akt der körperlichen Salbung zu seiner Ehrung guthieß, obschon diese Salbung verschwenderisch schien, sagte er doch: Gut, für diesmal. Sonst aber weist er die Jünger an die Armen. Warum? Er sagt damit: Das ist kein gewöhnlicher Dienst, den er da [mit der Salbung] verlangt. Er verlangt weder für sich noch für den Vater, dass man ihm wertvolle Dinge darbiete. Er will aber, dass man den Armen gebe, was man ihm anbieten wollte. Das wollen wir uns doch gut merken, dass unser Herr die Almosen für die Armen als Opfergaben für sich anschaut. Verbrauchen wir uns also nicht darin, ihm Dinge anzubieten, wie wenn er nichts erhielte aus unseren Händen, da er uns doch an die weist, die unsere Hilfe nötig haben. [...]
Wenn es um unseren Profit oder Schaden geht, dann können wir alles sehr gut beurteilen. Geht es aber um den anderen, dann sind wir blind. Die also, die Leute in ihrem Dienst haben, sollen denken: Was wollte ich, vernünftigerweise, wenn ich an ihrer Stelle stünde? Doch nichts anderes, als mein Gewissen es mir zeigt. Denn, wenn es auch keinen Richter gibt, mich zu verurteilen, und keinen Rechtsapparat, mich anzuklagen, so genügt doch das Gewissen, mich zu überführen. So sehen wir, wie dieses Gesetz, so speziell es auch für Israels Lebensordnung gedacht war, doch heute noch für uns eine Lehre enthält, die uns nützlich ist: Wir sollen mit denen, die bei uns in Diensten stehen, so umgehen, dass sie nicht übermäßig unter Druck stehen und wir sie nicht grausam behandeln. Kurz, wir sollen menschlich sein und jedem nach seinem Bedürfnis wohl tun und zeigen, dass wir sein Wohl im Augen haben. Es genügt nämlich nicht, dass der Mund so spricht, wenn nicht auch die Hände je und je entsprechend mithandeln. Das haben wir uns hier zu merken. Schauen wir uns also den Text gut an. Wenn unser Herr hier eine genaue Abwägung unserer Güter vornimmt, dann will er uns zeigen, dass zuletzt eine Abrechnung erfolgen wird. Wir sollen also rasch aufhören, mit Ausflüchten unsere Hände in Unschuld zu waschen, und ja nicht sagen: Oh, ich kann nicht so viel tun, wie man für gut findet. Wir sollen uns nicht so verhalten wie die, die immer Ausreden haben, wenn man vom Almosen spricht, so dass es scheint, man müsste sie vors Richtbeil zerren, damit sie endlich ihren Geldbeutel öffnen. Um also nicht solche Ausflüchte vor Gott zu finden, sollen wir uns merken, dass er alles, was er uns gegeben, nicht vergessen hat und von uns Rechenschaft fordern wird. Heute schon. Und erst recht, welche Entschuldigung sollte man vorbringen am Tag der Offenbarung, wenn die Bücher geöffnet werden? Dann werden doch auch die geheimsten Dinge ans Licht kommen! Wenn ein Mensch sich dann als Betrüger herausstellt, verwerflich für die Menschen, wird er dann etwa dem Gericht Gottes entkommen? Schauen wir also, dass wir uns auf Erden nützlich machen. Jeder soll sich die Art und Weise, wie der Heilige Geist hier spricht, wohl merken. Denn so werden wir geprüft. So

sehr wir uns auch drücken, sobald vom Geben die Rede ist, so soll doch unser keiner den Rücken wenden, sondern jeder soll sich nach seinen Möglichkeiten und Umständen engagieren.

### *Praktische Lebenshilfe* (Predigt über Matthäus 5,5–7, 1560)[8]

Wenn wir die einen krank, die anderen arm und ohne allen Besitz, andere in irgendeinem Zerwürfnis und in Herzensangst sehen, es gehe nun Leib oder Geist an, dann sollen wir davon denken, ja, er gehört zu unserem Leib. Und dann sollen wir gleich durch die Tat zeigen, dass wir barmherzig sind. Denn wir können tausendmal verkünden, dass wir mitleidig seien mit den Leidenden; wenn wir sie nicht [mit der Tat] unterstützen, sind alle unsere Redensarten nichts wert. So sagen es ja viele: Ach, um diesen armen Mann tut es mir sehr leid, und danach wischen sie sich den Mund ab und wollen ihm nicht beistehen. Nachdem sie gesagt haben, dass es zum Erbarmen sei, wird es keinen geben, den das noch weiter bekümmert. Kurz gesagt: Man sieht die Welt voll Erbarmen, wenn man dem Mundwerk vertraut. Aber es gibt nur Heuchelei.

### *Gottes Gnadenwahl* (Predigt über Genesis 25f., um 1560)[9]

Wie sehr wir auch verachtet werden von der Welt und man uns nicht zujubelt, so ist es doch so, dass Gott das, was gemäß der Welt und dem äußerlichen Scheine nach verächtlich ist, mehr würdigt als das, was glänzt und sich vor den Menschen groß zur Schau stellt. Und darin ist erfüllt, was gesagt ist beim heiligen Lukas, dass das, was hier unten hoch und ausgezeichnet ist, dennoch nicht gepriesen ist bei Gott, vielmehr er es oftmals verabscheut wie die Kraft Esaus; sicher wird sie immer gepriesen werden, wenn die Menschen darüber Richter sind; aber die Einfachheit Jakobs findet größere Achtung bei Gott und seinen Engeln.
Lasst uns also wandeln, wie unser Herr es uns befiehlt, und wir wollen uns nicht beunruhigen, wenn das, was Gott uns von seinen Gaben gegeben hat, nicht sofort sichtbar wird. Beispiel: Es gibt viele, die gelten nichts bei Gott; dennoch genießen sie großes Ansehen bei jeder Gelegenheit. Man sieht die Leute von Rang und Qualität, die gewichtigen pflegen Umgang; sie sind beliebt, sie leben hoch in Ehren und sie sind nicht extrem geizig. Kurz, es gibt bei ihnen solche Ehrbarkeit, dass es scheint, als seien sie Engel; man wird sie überall loben. Daneben aber gibt es arme Handwerker, Arbeiter, arme Unwissende, die nicht die Gelegenheit haben, sich groß hervorzutun, denn sie werden kurzgehalten in ihrem Laden und in ihrem kleinen Haushalt. Sie arbeiten, um ihre Kinder zu ernähren. Man wird keinen großen Lärm um sie machen; sie werden nie redegewandt sein, um zu zeigen, wie groß ihre Klugheit sei; und wenn

man sie reden lässt, wird man nur Dummheit feststellen nach allgemeiner Meinung. Und dennoch hat Gott sie erwählt und auserwählt. Er heißt eben das gut, was keinen Wert hat. Wie sehr es auch scheint, es sei eine schäbige Sache, wenn ein Mensch da ist, um zu nähen oder um irgendetwas anderes zu machen und zu arbeiten, dann ist doch soviel sicher, dass das ein Dienst ist, den Gott höher schätzt, als wir es uns vorstellen können. Also, wenn wir wissen, dass wir nichts sind nach dem äußeren Schein, sollen wir dennoch nicht meinen, dass unser Stand deswegen schlimm sei. Darum: Schämen wir uns unserer Schwachheit nicht, auch wenn wir nur die Augen nach oben richten können und uns niedergelegt haben im Staube. Ebenso ist es doch unserem Vater Jakob ergangen, der das Vorbild für alle Erwählten Gottes und seine Kinder war.

## *Begegnungen mit einem Betrüger* (Brief an Myconius, 1542)[10]

Vernimm zum Anfang, dass dieser Mensch [= der Betrüger Alberge] seit vielen Jahren nichts anderes tut, als herumzufahren, die einen um Geld, die anderen um Kleider zu betrügen, und so vom Schwindel lebt, wie es solche Landstreicher eben machen. Schon vor unserer Verbannung war er öfters hierher gekommen, um eine Stelle zu suchen. Aber er fand keine, weil er nur an eine berühmte Schule wollte, wie hierzulande überhaupt keine ist, und große Besoldung verlangte. Bald darauf kam er wieder, wie gewöhnlich mit der Klage, er sei von Straßenräubern geplündert worden. Er ging in ein Städtchen in der Nachbarschaft und bewarb sich um die Stelle des Schulvorstehers, erhielt sie aber nicht. Diese Zurückweisung setzte er uns auf die Rechnung, obwohl wir dort so wenig Einfluss hatten durch Ansehen oder Gunst, dass, wenn bekannt gewesen wäre, er missfalle uns, er schon allein deshalb die Stelle bekommen hätte. Und doch ist Gott unser Zeuge, dass wir damals nichts anderes suchten, als wie er irgendwo eine Stellung finde, die ihm passend und annehmbar sei. Später kam er nach Straßburg und erpresste 20 Batzen von mir, die ich selbst anderswo entlehnen musste. Denn ich hatte damals meine Bücher verkauft und war ganz von Geldmitteln entblößt. Er versprach, er werde sie mir innerhalb weniger Tage zurückgeben. Eine wertlose Kiste ließ er als Pfand bei mir stehen. Nach ein paar Monaten kam er wieder und bat mich lächelnd oder vielmehr höhnisch grinsend, ob ich ihm nicht ein paar Kronen leihen könne. Ich gab zur Antwort, ich brauche selbst die Summe wieder, die er bereits habe. Darauf brachte der Schwindler heimlich die Kiste aus meiner Bibliothek weg und wollte sie der Frau Bucers übergeben; die wies sie aber zurück und warnte mich. Ich schalt ihn nun vor einigen Zeugen wegen seiner Unverschämtheit. Ein halbes oder vielleicht ein ganzes Jahr darauf schrieb er mir einfach einen Brief, er werde zu Baden belagert, der ganze Adel des Landes habe sich gegen ihn verschworen. Er könne nicht anders entkommen, als wenn ich ihm einen Lastträger schicke, der ihn in einer Warenkiste fortschaffe. Bedrot bekam

einen fast gleichlautenden Brief; wir lachten, und ich habe ihm in ein paar Worten geantwortet. Denn wir vermuteten stark, er sei selbst in der Stadt. Seit der Zeit ist er mir nicht wieder zu Gesicht gekommen; es sind anderthalb Jahre seither verstrichen. Da ich wusste, dass viele Kleinigkeiten in der Kiste waren, öffnete ich sie vor vielen Zeugen. Es waren faule Äpfel drin und allerhand Trödel, halbzerrissene Bücher, und zwar so geringe wie des Despauterius [Schulbücher] und ähnliche. Ich fand auch Briefe, die er mir gestohlen hatte.
Sturm weiß das, denn ich ließ ihn rufen. Wir legten alles wieder hinein, nicht ohne viel Gelächter. Als Grynäus heiligen Angedenkens nach Worms kam, erzählte er, Alberge sei in Basel. Als ich [von Straßburg] abreiste, befahl ich meinen Leuten, sie sollten ihm die Kiste zurückschicken. Da begann der Schwindler, sobald er es erhalten hatte, zu schreien, ich sei ein Dieb; ich hätte ihm viele unvergleichliche Bücher entwendet. Er kam nach Lausanne und trug das auch Viret vor. Neulich, als er wieder hierher kam, war er etwa zehn Tage in der Stadt, ohne dass ich es wusste. Dann griff ich ihn auf Virets Antreiben an und fragte ihn, ob er mir etwa eine Anklage wegen Diebstahls anhängen wolle. Als er sagte, er sei um wertvolle Bücher gekommen, hieß ich ihn einen ganz unverschämten Schwindler. Am folgenden Tag drang er in meinem Haus auf mich ein, nicht nur mit Schimpfworten, sondern mit einem wütenden tätlichen Angriff. Deshalb wurde er in Haft gesetzt. Als ich treuherzig die Obrigkeit für ihn bat und man ihn schon rufen wollte, um ihn ohne Strafe zu entlassen, erzählte der Kerkermeister, er habe dort noch viel schrecklicher über mich geschimpft. So ließ er selbst nicht zu, dass man ihm gnädig war, und doch war seine Strafe geringer, als er es verdient hätte. Dass er klagt, es sei ihm etwas geraubt worden, ist sein altes Lied. Er konnte ja früher schon keine drei Meilen weit reisen, ohne unter die Räuber zu fallen. Überall rühmt er sich auch, er habe unschätzbare Bücher in Hülle und Fülle. So hat er mir, als er meine Hilfe zu seiner Befreiung aus der Belagerung in Baden verlangte, seine Bücher zum Pfand lassen wollen, die er in Basel hätte. So sagte er auch einmal in Bern, als er von mir und Farel 10 Kronen haben wollte, er habe in deinem Haus ein großes Fass voll Bücher stehen und 50 böhmische Dukaten. So hat er auch neulich in den Wirtshäusern sich mit nichts anderem gerühmt als mit der prächtigen Bibliothek, die er in Basel zurückgelassen habe. Eigentlich ist's eine Schande, dass ich zu meiner Verteidigung nur ein Wort sage. Ich glaube, ich habe so gelebt, dass ich über dem Verdacht des Diebstahls stehe.

### *Erlebte Gastfreundschaft* (Brief an Fabri, 1545)[11]

Es tat mir und meinem Begleiter aus manchen Gründen leid, dass wir Dich nicht zu Hause trafen; besonders, weil wir uns mit dir über verschiedene Dinge zu besprechen wünschten. Dazu kam aber noch das eine, dass wir deine Frau nicht dazu bringen konnten, uns einfach als Hausgenossen zu behandeln. Denn sie trieb es so verschwenderisch, dass es mir vorkam, wir seien bei jemand ganz Unbekanntem zu Besuch. Zwar ließ sic sich zureden. Öfters bat sie, ich möchte nur befehlen, was mir beliebe. In allem anderen folgte sie mir, nur darin bestand sie auf ihrem Willen, dass sie viel zuviel Aufwand machte für unsere Verpflegung. Es stand immer doppelt soviel Essen da, als nötig gewesen wäre. Das hat uns aber keineswegs gehindert, ganz ungeniert von deiner Gastlichkeit Gebrauch zu machen. Jedenfalls waren wir so gut aufgehoben, wie wenn du da gewesen wärest. Da ich Viret geschrieben hatte, an welchem Tage ich hier sein werde, hatte ich gehofft, er werde mit dir gleich herüberfahren. Nun habt Ihr unterdessen stets widrigen Wind gehabt. Nun aber vernimm noch kurz einiges, damit ich Dich nicht, nachdem wir dein Haus leergegessen, auch an Neuigkeiten leer lasse.

## *Polemik gegen römische Satzungen* (Institutio, 1559)[12]

(Institutio IV,10,10). Bei ihnen [= den römischen Klerikern] gilt es doch als eine unendlich größere Sünde, wenn einer am Ende des Jahres die Ohrenbeichte unterlassen, als wenn er das ganze Jahr hindurch den schandbarsten Lebenswandel geführt hat! Sie halten es doch für unvergleichlich frevelhafter, wenn man am Freitag die Zunge mit einem geringen Geschmäcklein von Fleisch hat in Berührung kommen lassen, als wenn man den ganzen Leib alle Tage lang mit Hurerei verunreinigt hat! Es gilt bei ihnen als ganz wesentlich schlimmer, wenn man an einem Tage, der wer weiß welchem unbedeutenden Heiligen geweiht ist, die Hand an ein ehrliches Stück Arbeit gelegt hat, als wenn man immerfort alle Glieder mit den übelsten Bubenstücken beschäftigt gehalten! Wenn ein Priester durch eine rechtmäßige Ehe gebunden wird, so halten sie das für viel, viel »sündhafter«, als wenn er sich in tausendfältigen Ehebruch verstrickt! Wenn man eine zugesagte Wallfahrt nicht vollbracht hat, so soll das unendlich schlimmer sein, als wenn man bei allen Versprechungen das gegebene Wort bricht! Wenn man für den verschwenderischen und ebenso überflüssigen wie nutzlosen Prunk der Kirchengebäude kein Geld vergeudet hat, so gilt das als ungleich größere »Sünde«, als wenn man die Armen in ihrer allerschlimmsten Not im Stich gelassen hat. Viel frevelhafter soll es sein, wenn man an einem Götzenbild ohne Ehrenbezeigung vorbeigegangen ist, als wenn man jegliche Art von Menschen schmählich behandelt hat! Unendlich schlimmer soll es sein, wenn man zu bestimmten Stunden nicht langatmige Worte ohne Sinn und Verstand dahergemurmelt hat, als wenn man in seinem Herzen niemals ein rechtes Gebet gesprochen!

Wenn das nicht heißt, Gottes Gebote um der eigenen »Aufsätze« willen ungültig zu machen (Mt 15,3) – was dann? Wo sie doch die Beobachtung

der Gebote Gottes bloß kühl und nur, um der Pflicht zu genügen, den Leuten anbefehlen – nichtsdestoweniger aber auf den strengen Gehorsam gegenüber ihren eigenen Satzungen mit Eifer und ängstlichem Nachdruck dringen, als ob diese alle Kraft der Frömmigkeit in sich beschlössen. Wo sie die Übertretung des göttlichen Gesetzes bloß mit geringfügigen Strafgenugtuungen ahnden, selbst den mindesten Verstoß gegen ein einziges ihrer eigenen Dekrete dagegen mit keiner leichteren Strafe rächen als mit Kerker, Verbannung, Feuer und Schwert! Wer Gott verachtet – gegen den sind sie nicht so streng und unerbittlich; wer aber sie verachtet, den verfolgen sie mit unversöhnlichem Hass bis zum äußersten. Und alle, deren Einfältigkeit sie gefangenhalten, unterweisen sie derart, dass sie es mit mehr Gleichmut ansehen würden, wenn Gottes gesamtes Gesetz umgestoßen, als wenn ein Tüttelchen an den Geboten – wie sie sagen: – der »Kirche« verletzt würde. Zunächst liegt schon ein schweres Vergehen darin, dass man sich um ganz geringer und, wenn man bei Gottes Urteil stehen bleibt, freigelassener Dinge willen gegenseitig verachtet, verurteilt und verwirft. Als ob das nun aber noch nicht übel genug wäre, so legt man jetzt jenen »wertlosen Elementen dieser Welt«, wie sie Paulus im Galaterbrief nennt (Gal 4,9), mehr Gewicht bei als den himmlischen Offenbarungsworten Gottes. Und so kommt es dazu: Wer im Ehebruch beinahe freigesprochen wird, der wird über Essen und Trinken verurteilt, wem die Hure gestattet wird, dem versagt man ein Eheweib! Soweit bringt man es nämlich mit jenem pflichtvergessenen »Gehorsam«, der von Gott je mehr abweicht, je mehr er sich den Menschen zuwendet.
(Institutio IV,19,32). Sie sagen, ihren »Diakonen« fiele die Aufgabe zu, dass sie den Priestern zur Seite stünden, dass sie bei allem, was im Vollzug der Sakramente verrichtet wird, Dienst leisteten, nämlich bei der Taufe, bei der Salbung, bei der Schale und beim Kelch, dass sie die Opfergaben herbeibrächten und auf den Altar legten, dass sie den Tisch des Herrn bereiteten und deckten, das Kreuz trügen und das Evangelium und die Epistel dem Volke vorläsen und vorsängen. Findet sich hier nun auch nur ein Wort von dem wahren Amt der Diakonen?
Jetzt wollen wir auch hören, wie man die Einsetzung dieses »Diakonen« vollzieht: »Dem Diakon, der ordiniert wird, legt allein der Bischof die Hand auf.« Der Bischof legt ihm das »Orarium« und die »Stola« auf die linke Schulter, damit er begreift, dass er das leichte Joch des Herrn auf sich genommen hat, um nun alles, was zur linken Seite [= zur Seite des Herzens] gehört, der Gottesfurcht zu unterwerfen. Er legt ihm auch den Text des Evangeliums vor, damit er sich als dessen Herold erkenne. Was hat das nun mit den Diakonen zu tun? Die Papisten tun genau so, wie wenn jemand sagte, er wolle Apostel einsetzen, und ihnen dabei doch bloß die Aufgabe zuerteilte, Weihrauch zu verbrennen, Bilder zu putzen, Kirchengebäude zu kehren, Mäuse zu fangen und Hunde wegzujagen! Wer würde es dulden, dass man eine solche Art Menschen als »Apostel« bezeichnete und sie mit den Aposteln Christi selbst vergliche? Sie sollen

also von jetzt an nicht mehr weiter die Lüge aussprechen, das wären Diakonen, die sie doch bloß zu ihren Schauspielereien einsetzen! Ja, selbst durch den Namen geben sie genugsam zu erkennen, von welcher Art dieses Amt ist. Sie nennen diese Leute nämlich »Leviten« und wollen ihr Wesen und ihren Ursprung auf die Söhne Levis zurückgeführt wissen. Das können sie von mir aus tun, wenn sie sie nur nicht weiterhin mit fremden Federn schmücken.

## *Freiheit und Lebensgenuss* (Institutio, 1559)[13]

(Institutio III,10,2). Der Hauptgrundsatz soll dabei folgender sein: Der Gebrauch der Gaben Gottes geht nicht vom rechten Wege ab, wenn er sich auf den Zweck ausrichtet, zu dem uns der Geber selbst diese Gaben erschaffen und bestimmt hat. Er hat sie nämlich zu unserem Besten erschaffen und nicht zu unserem Verderben. Deshalb wird keiner den rechten Weg besser innehalten als der, welcher diesen Zweck fleißig im Auge behält. Wenn wir nun also bedenken, zu welchem Zweck er die Nahrungsmittel geschaffen hat, so werden wir finden, dass er damit nicht bloß für unsere Notdurft sorgen wollte, sondern auch für unser Ergötzen und unsere Freude! So hatte er bei unseren Kleidern außer der Notdurft auch anmutiges Aussehen und Anständigkeit als Zweck im Auge. Kräuter, Bäume und Früchte sollen uns nicht nur mancherlei Nutzen bringen, sondern sie sollen auch freundlich anzusehen sein und ihren Wohlgeruch haben. Wäre das nicht wahr, so könnte es der Prophet nicht zu den Wohltaten Gottes rechnen, dass »der Wein des Menschen Herz erfreut« und dass »seine Gestalt schön werde vom Öl« (Ps 104,15). Dann könnte uns die Schrift auch nicht immer wieder zum Lobpreis seiner Güte daran erinnern, dass er selbst solches alles den Menschen gegeben hat! Auch die natürlichen Gaben der Dinge selbst zeigen uns ausreichend, wozu und wieweit man sie genießen darf. Hat doch der Herr die Blumen mit solcher Lieblichkeit geziert, dass sie sich unseren Augen ganz von selber aufdrängt, hat er ihnen doch so süßen Duft verliehen, dass unser Geruchssinn davon erfasst wird – wie sollte es dann ein Verbrechen sein, wenn solche Schönheit unser Auge, solcher liebliche Duft unsere Nase berührte? Wie, hat er denn nicht die Farben so unterschieden, dass die eine anmutiger ist als die andere? Wie, hat er nicht Gold und Silber, Elfenbein und Marmorstein solche Schönheit geschenkt, dass sie dadurch vor anderen Metallen und Steinen kostbar werden? Hat er nicht überhaupt viele Dinge über den notwendigen Gebrauch hinaus kostbar für uns gemacht?
(Institutio III,10,3). Deshalb fort mit jener unmenschlichen Philosophie, die uns die Kreaturen nur zur Notdurft will brauchen lassen und uns damit einer erlaubten Frucht der göttlichen Wohltätigkeit beraubt, auch nur da zur Geltung kommen kann, wo sie einem Menschen alle Sinne weggenommen und ihn zum Klotz gemacht hat! Aber nicht weniger flei-

ßig müssen wir auf der anderen Seite der Begierde des Fleisches begegnen; wenn man die nicht in die Ordnung zwingt, dann geht sie ohne Maß über die Ufer, und sie hat, wie gesagt, ihre Fürsprecher, die ihr unter dem Vorwande der uns zugestandenen Freiheit alles und jedes erlauben. Ihr legt man nun zunächst dadurch einen Zügel an, dass man festhält: Es ist alles dazu für uns erschaffen, dass wir den Geber erkennen und ihm für seine Güte gegen uns Dank sagen. Wo bleibt aber solche Danksagung, wenn man sich an Speisen und Wein derart maßlos übernimmt, dass man stumpf oder zur Erfüllung der Pflichten der Frömmigkeit oder seines Berufs untüchtig wird? Wo bleibt die Erkenntnis Gottes, wenn das Fleisch vor lauter Überfluss zu schändlicher Gier ausschweift, wenn es mit seiner Unreinheit das Herz ansteckt, so dass man nicht mehr sehen kann, was gut und ehrbar ist? Was die Kleider angeht – wo bleibt da die Dankbarkeit gegen Gott, wenn wir sie überreich zieren und uns dann selbst in ihnen bewundern und andere gering schätzen, oder wenn wir uns durch ihren Glanz, ihre Pracht zur Unkeuschheit verleiten lassen? Wo bleibt die Erkenntnis Gottes, wenn unser Herz an die Großartigkeit unserer Kleider gefesselt ist? Viele Leute geben ja alle ihre Sinne dem Genuss dermaßen hin, dass ihr Herz davon erdrückt zu Boden liegt. Viele haben an Marmor oder Gold oder Gemälden solches Vergnügen, dass sie gleichsam selber zu Marmor werden, sich gewissermaßen in Metall verwandeln oder den gemalten Bildern ähnlich werden! Andere werden vom Duft der Küche und von der Süße der Wohlgerüche dermaßen abgestumpft, dass sie nichts Geistliches mehr zu riechen vermögen! Das Gleiche kann man auch in Bezug auf andere irdische Güter beobachten. Deshalb wird offenbar schon durch die hier gegebene Erwägung die Freiheit, Gottes Gaben zu missbrauchen, einigermaßen im Zaum gehalten, und es bestätigt sich hier die Regel des Paulus, wir sollten für unser Fleisch nicht etwa so sorgen, dass es dabei seinen Lüsten leben könnte (Röm 13,14); denn wenn man den Lüsten zuviel nachgibt, dann treiben sie ihre Ausschweifung ohne Maß und Beherrschung!

(Institutio III,19,7). Nun das dritte Stück der christlichen Freiheit: Wir werden vor Gott in keinem der äußerlichen Dinge, die an sich »Mitteldinge« sind, an irgendwelche heilige Scheu gebunden, sondern dürfen sie ohne Unterschied bald brauchen, bald auch beiseite lassen. Auch die Erkenntnis dieser [Art von] Freiheit ist für uns sehr nötig; denn wo sie fehlt, da werden unsere Gewissen nie zur Ruhe kommen, und der Aberglaube wird kein Ende finden. Wir kommen heutzutage sehr vielen Leuten albern vor, wenn wir darum streiten, dass uns der Fleischgenuss freisteht, dass wir gegenüber Feiertagen und Kleidern und anderen, wie unsere Gegner meinen, »bedeutungslosen Possen« frei sind. Aber die Sache hat mehr Belang, als man gemeinhin glaubt. Denn sobald sich unser Gewissen einmal in diese Fesseln verstrickt hat, kommt es in ein langes und auswegloses Labyrinth hinein, aus dem sich nachher so leicht kein Ausgang mehr finden lässt. Wenn einer schon einmal zu zweifeln angefangen hat, ob er zu Tüchern, Hemden, Schnupftüchern und Tischtüchern Leinen brauchen darf, so wird er nachher schon nicht mehr sicher sein, ob ihm Hanf gestattet ist, und schließlich wird ihn selbst noch bei Werg der Zweifel überfallen! Er wird sich nämlich mit dem Gedanken herumschlagen, ob er nicht auch ohne Tischtuch speisen oder ohne Schnupftuch bestehen könnte! Wenn einer auf den Gedanken gekommen ist, feinere Speise sei nicht erlaubt, dann wird er am Ende nicht einmal mehr Brot und einfache Nahrungsmittel in Frieden vor Gott genießen; es kommt ihm eben in den Sinn, er könnte seinen Leib auch mit noch geringerer Speise erhalten. Wenn einer bei einigermaßen wohlschmeckendem Wein bereits Bedenken hat, so wird er bald nicht einmal gemeinen Krätzer mit gutem Frieden seines Gewissens trinken können, und am Ende wird er nicht einmal mehr wagen, Wasser anzurühren, das besser und reiner ist als anderes. Kurz, er wird schließlich dahin kommen, dass er es für Sünde hält, über einen quer im Wege liegenden Grashalm zu gehen – wie man so sagt. Der Streit, der hier anhebt, ist nicht leicht; aber es geht eben darum, ob es Gottes Wille ist, dies oder das zu brauchen – und Gottes Wille soll doch allen unseren Ratschlägen und Taten vorangehen! Da ist es denn unvermeidlich, dass die einen vor Verzweiflung in einen Abgrund der Verwirrung hinuntergerissen werden, die anderen aber Gott verachten, seine Furcht von sich werfen und sich in ihrem Irrtum einen eigenen Weg machen, da sie keinen gebahnten vor sich sehen. Wer sich in solche Zweifel verwickelt hat, der mag sich wenden, wohin er will: Er sieht überall einen unmittelbaren Anstoß für sein Gewissen!

(Institutio III,19,9). Es ist also ein verkehrtes Verständnis der christlichen Freiheit, wenn einige sie zum Deckmantel für ihre Begierden machen, um Gottes Gaben zu ihrer Lust zu missbrauchen, oder wenn man meint, sie sei nichts, wenn man sie nicht vor den Menschen gebrauchte, und wenn man dementsprechend bei ihrer Anwendung keine Rücksicht auf die schwachen Brüder nimmt!

In der ersten Weise wird zu unserer Zeit am meisten gesündigt. Denn es ist da fast keiner unter denen, denen ihr Vermögen größere Ausgaben gestattet, der nicht an üppigem Glanz sein Vergnügen hätte, wie er sich im Aufwand an Speisen oder im Schmuck des Leibes oder beim Bau von Häusern zeigt, der nicht durch allerlei Prunk unter den anderen Menschen hervorragen wollte und der sich nicht selber gewaltig in seinem Glanze gefiele! Und das alles verteidigt man unter dem Vorwand der christlichen Freiheit! Man sagt, das seien doch gleichgültige Dinge; gewiss, das gebe ich zu – nur muss man sie dann auch gleichgültig anwenden! Wo man diese Dinge, die sonst erlaubt sind, indessen allzu heftig begehrt, wo man hoffärtig auf sie pocht oder sie üppig verschwendet – da werden sie sicherlich, obwohl sie sonst an sich durchaus erlaubt sind, von solchen Lastern beschmutzt. Eine treffliche Unterscheidung unter den gleichgültigen Dingen finden wir in dem Wort des Paulus: »Den Reinen ist alles rein; den Unreinen aber und Ungläubigen ist nichts rein, sondern

unrein ist ihr Sinn sowohl als ihr Gewissen!« (Tit 1,15). Warum werden denn die Reichen verdammt, als die »ihren Lohn dahin haben« (Lk 6,24), die da »voll sind«, die »hier lachen« (Lk 6,25), die da »schlafen auf elfenbeinern Lagern« (Am 6,1.4), die da »einen Acker zum anderen bringen« (Jes 5,8) und »haben Harfen, Psalter, Pauken ... und Wein« bei ihren Gastmählern [Jes 5,12]? Ganz gewiss sind doch Elfenbein, Gold und Reichtümer gute Geschöpfe Gottes, die dem Gebrauch der Menschen überlassen, ja, von Gottes Vorsehung dazu bestimmt sind. Auch ist es doch nirgendwo untersagt, zu lachen oder sich zu sättigen oder neue Besitztümer mit den alten, ererbten zu verbinden oder sich am Klang der Musik zu erfreuen oder Wein zu trinken! Das ist gewiss wahr; aber wenn der Mensch, wo ihm die Fülle seines Besitzes dazu verhilft, sich in Vergnügungen wälzt, sich dabei übernimmt, Gemüt und Herz mit den Genüssen des gegenwärtigen Lebens trunken macht und immer nach neuen schnappt – dann ist solch ein Verhalten von der rechten Anwendung der Gaben Gottes sehr weit entfernt.
Sie sollen also die unmäßige Gier, die maßlose Vergeudung, die Eitelkeit und Anmaßung fahren lassen und mit reinem Gewissen Gottes Gaben rein anwenden! Sobald das Herz zu solcher Bescheidenheit geschickt ist, hat man die Regel des rechten Gebrauchs der Dinge bereits erfasst. Wo dieses Maßhalten dagegen fehlt, da gehen auch schlichte und gewöhnliche Vergnügungen bereits zu weit. Denn es ist schon recht, wenn man gesagt hat: Unter einem gewöhnlichen Rock und in grobem Lumpenzeug wohnt oft ein purpurstrotzendes Herz, und unter köstlicher Leinwand und Purpur verbirgt sich oft schlichte Demut! Deshalb soll jeder in seinem Stande karg oder mäßig oder glänzend leben – nur müssen alle daran denken, dass Gott sie dazu ernährt, zu leben und nicht zu schlemmen. So soll es jeder für das Gesetz der christlichen Freiheit halten, mit Paulus »gelernt« zu haben, »worin er ist, sich genügen zu lassen«, »niedrig sein und hoch sein« zu können, »in allen Dingen und bei allem geschickt zu sein beides, satt sein und hungern, beides, übrig haben und Mangel leiden!« (Phil 4,11f.).

### *Freude am Wein* (zu Psalm 104,15, 1557)[14]

»Der Wein erfreut [des Menschen Herz]«. Mit diesen Worten erinnert uns [der Psalmist] daran, dass Gott nicht nur für die lebensnotwendigen Belange der Menschen sorgt und ihnen gibt, was für den gewöhnlichen Lebensunterhalt hinreichen mag, sondern dass er sie in seiner Großzügigkeit noch sehr viel freundlicher behandelt, indem er ihre Herzen mit Wein und Öl aufheitert. Denn unsere Natur würde sich allemal mit einem Trunk Wasser begnügen; kommt Wein hinzu, so ist dies Gottes besondere Freigebigkeit. [...] Auch das letzte Satzglied, in dem es heißt, dass Brot das Herz des Menschen stärkt, interpretiere ich so: Zwar würde das Brot

völlig ausreichen, um das menschliche Leben zu erhalten, doch Gott schenkt zum Überfluss, wie man sagt, noch Wein und Öl hinzu. [Dieser erneute Hinweis] auf den Gebrauch des Brotes ist also keine überflüssige Wiederholung, sondern steht da zum Preis der Gnade Gottes, der die Menschen als ein überaus gütiger Vater mit Milde und Großmut wie seine Kinder erzieht. Deshalb betont [der Psalmist] nochmals, dass Gott, der sich schon in [der Gabe des] Brotes als liebevoller Ernährer erweist, vollends mit den leiblichen Genüssen zwei-, ja dreifach freigebig ist.
Im Übrigen müssen wir uns umso mehr hüten, den uns angebotenen Überfluss nicht durch Maßlosigkeit zu verderben, je freigebiger Gott uns Menschen gegenüber ist, denn es ist ja nichts verführerischer, als Gottes Wohltätigkeit zum Luxus zu missbrauchen. Nicht umsonst verbietet Paulus, die Sorge für das Fleisch seinen Begierden entsprechend auszuleben (Röm 13,14). Denn wenn wir dem Fleisch alles geben, was es begehrt, geht jedes Maß verloren. Wie Gott uns einerseits in seiner Güte gewährt, [was wir brauchen], so stellt er uns andererseits unter das Gebot der Mäßigung, damit sich jeder in seinem Überfluss freiwillig beschränke. Er lässt Rinder und Esel auf die Weide gehen, die zufrieden sind, wenn sie satt werden. Weil er uns aber weit mehr gibt, als wir brauchen, schreibt er uns ein gewisses Maß [an Selbstbeherrschung] vor, damit wir seine Wohltaten nicht mit zu großer Gier hinunterschlingen, und prüft in der uns überreich [geschenkten] Fülle unsere Haushalterschaft. Das nämlich ist die Regel für den rechtmäßigen Gebrauch: Was wir zum Leben haben, soll uns aufrechterhalten [und stärken], nicht aber erdrücken [und lähmen]. Auch ist das gegenseitige Teilen, das Gott uns gebietet, der wirksamste Zügel unserer Unmäßigkeit. An dieser Regel nämlich fehlt es den Reichen nicht, dass sie dem Mangel ihrer Brüder Abhilfe schaffen sollen [Röm 12,13]. Gewiss, weil der Psalmist die Unersättlichkeit der Menschen hier nicht mit Gottes Vorsehung in einen Topf wirft, schließen wir aus seinen Worten, dass man wohl Wein trinken darf, und zwar nicht nur, wo die Not es gebietet [I Tim 5,23], sondern auch zur Freude, doch soll sich diese Freude in nüchternen Schranken halten: vornehmlich, damit die Menschen nicht die Kontrolle über sich verlieren, ihre Sinne betäuben oder ihre Kräfte schwächen. Vielmehr sollen sie fröhlich sein vor ihrem Gott, wie Mose [in der Festtags-Tora] gebietet (Lev 23,40). Mit Dankbarkeit sollen sie sich ihrer Freude überlassen, so dass sie sich umso beweglicher für den Gehorsam gegen Gott frei halten. Wer sich in dieser Weise freuen kann, wird auch bereit sein, Traurigkeit zu ertragen, sooft es denn Gottes Wille ist.
Dasselbe gilt auch vom Öl. Wir wissen, dass Salböle bei den Juden häufig in Gebrauch gewesen sind wie bei den übrigen orientalischen [Völkern]. Heute gehen wir mit ihnen jedoch anders um, da Salben mehr zu medizinischen Zwecken aufbewahrt werden, als dass man sie zu seiner Lust und Freude anwendet. Doch sagt der Psalmist, Öl sei uns auch dazu gegeben, dass Menschen sich damit salben. Doch weil sie mehr als genug zu

Vergnügen und Wollust neigen, muss man im Auge behalten, dass das Gebot der Mäßigung von Gottes Wohltaten nicht zu trennen ist, damit ihre Freiheit sich nicht zur Schwelgerei hinreißen lässt. Diese Einschränkung muss man immer hinzusetzen, sonst könnte jemand aus dieser Lehre [einen Freibrief für] seine Willkür machen. Hat man die Menschen allerdings einmal kräftig dazu angehalten, ihre Begehrlichkeiten im Zaum zu halten, dann ist es für sie durchaus von Nutzen, sich klar zu machen, dass Gott maßvolle Vergnügen sehr wohl erlaubt, wenn die Mittel dazu vorhanden sind. Sonst könnten sie nicht einmal Brot und Wein jemals mit gutem Gewissen genießen, ja sie müssten sogar über den [guten] Geschmack des Wassers Skrupel haben und würden am Ende nur mit schwersten Bedenken zu Tische gehen. Indessen stürzt sich fast die ganze Welt wahllos ins Vergnügen hinein, weil sie nicht erwägt, was vor Gott erlaubt ist. Denn die beste Lehrmeisterin maßvollen Lebens muss uns Gottes väterliche Güte sein.

---

1 Genfer Gottesdienstordnung von 1542, in: CStA 2,222–225.
2 Genfer Kirchenordnung von 1561, in: CStA 2,262–265.
3 Brief an Monsieur de Richebourg vom April 1541, in: Briefe I,188–190.
4 Brief an Peter Viret vom Oktober 1542, in: Briefe I,233.
5 Brief an Madame de Cany vom 29. April 1549, in: *Chr. Möller* (Hg.), Geschichte der Seelsorge in Einzelporträts, Bd. 2: Von Martin Luther bis Matthias Claudius, Göttingen/Zürich 1995, 112f. (H. Scholl zu J. Calvin).
6 Brief an gefangene Studenten in Lyon vom April 1553, in: Briefe II,636–638.
7 Predigt über Dtn 15,11–15, in: *H. Scholl*, Hilfe für die Armen. Eine Predigt von Johannes Calvin, in: Reformierte Kirchenzeitung 124 (1983), 29.31f.
8 Predigt über Mt 5,5–7 vom 20.10.1560, in: Johannes Calvin 1509–1564. Eine Gabe zu seinem 400. Todestag, hg. v. *J. Rogge*, Berlin 1963, 147.
9 Predigt über Gen 25f. von Gottes Gnadenwahl, in: *Chr. Möller* (Hg.), Geschichte der Seelsorge in Einzelporträts, Bd. 2: Von Martin Luther bis Matthias Claudius, Göttingen/Zürich 1995, 116f. (H. Scholl zu J. Calvin).
10 Brief an Oswald Myconius vom 14.3.1542, in: Briefe I,218f.
11 Brief an Christophe Fabri vom April 1545, in: Briefe I,304.
12 Institutio (1559) IV,10,10; IV,19,32.
13 Institutio (1559) III,10,2f.; III,19,7.9.
14 Kommentar zu Ps 104,15, in: CStA 6,292–297.

# Quellen

Johannes Calvin, Unterricht in der christlichen Religion (Institutio Christianae Religionis). Nach der letzten Ausgabe von 1559 übers. u. bearb. v. O. Weber, im Auftrag des reformierten Bundes e.V. bearb. und neu hg. v. *M. Freudenberg*, Neukirchen-Vluyn 2008 (= Unterricht)

Calvin-Studienausgabe:
Bd. 1.1: Reformatorische Anfänge (1533–1541), hg. v. *E. Busch* u.a., Neukirchen-Vluyn 1994 (= CStA 1.1)
Bd. 1.2: Reformatorische Anfänge (1533–1541), hg. v. *E. Busch* u.a., Neukirchen-Vluyn 1994 (= CStA 1.2)
Bd. 2: Gestalt und Ordnung der Kirche, hg. v. *E. Busch* u.a., Neukirchen-Vluyn 1997 (= CStA 2)
Bd. 3: Reformatorische Kontroversen, hg. v. *E. Busch* u.a., Neukirchen-Vluyn 1999 (= CStA 3)
Bd. 4: Reformatorische Klärungen, hg. v. *E. Busch* u.a., Neukirchen-Vluyn 2002 (= CStA 4)
Bd. 5.1: Der Brief an die Römer. Ein Kommentar, hg. v. *E. Busch* u.a., Neukirchen-Vluyn 2005 (= CStA 5.1)
Bd. 5.2: Der Brief an die Römer. Ein Kommentar, hg. v. *E. Busch* u.a., Neukirchen-Vluyn 2007 (= CStA 5.2)
Bd. 6: Der Psalmenkommentar. Eine Auswahl, hg. v. *E. Busch* u.a., Neukirchen-Vluyn 2008 (= CStA 6)

Johannes Calvins Lebenswerk in seinen Briefen. Eine Auswahl von Briefen Calvins in dt. Übers. v. R. Schwarz, Bd. 1–3, Neukirchen 1961/1962 (= Briefe I–III)